ズバリ！異常が分かる

手相による病気診断法

医学博士
樫尾太郎 著

東洋書院

はしがき

古代ギリシアの医祖であるヒポクラテスは、「病気は自然が治し、医者はその報酬を得る」といった。

現在、わが国では、十万種類もの薬が使われていて、ちょっとカゼを引いたといっては、安直に薬局や医者の厄介になり、その結果、健康保険の赤字はふえるばかりである。

科学の進歩に反比例して、人間は弱くなったようである。

チクロ騒ぎで注目を引いたアメリカの食品医薬品局(Food and Drug Administration)は、効かない薬や副作用のある薬の摘発に乗り出して、製薬会社は恐慌風に見舞われている。効く薬ほど副作用が強く、かえって命を縮めるものである。そのよい例が制ガン剤であり、サリドマイドであり、副腎皮質ホルモンである。

昔からある「薬餌」ということばは、食物が薬だ、ということである。テレビは、よいことずくめの広告を流しているが、私たちは少し、薬の効用を過信しすぎているきらいがないでもない。

自分を守る者は自分である。自分や家族や同僚の手を見て、健康状態を判断し、家庭で手軽に病気の予防や治療ができるのが本書の使命である。

火事が起こってから消防車を頼む、というのではなく、火事を起こさないように心がけることが肝要である。幸福の鍵を握るのは健康なのであるから。

昭和四十六年四月

樫尾太郎

この本のご利用法

この本は、第一編「手相のあらまし」と第二編「健康診断」とから成っています。

「手相のあらまし」編では、手相に関する概説と、性質・健康との関係などを平易に説いてあります。

「健康診断」編では、症状によって病気を見分ける方法と、病気があらわす手相を系統別に分類、解説してあります。

時間のない方は、「手相のあらまし」の第一図を頭に入れて第一編をはぶき、必要なページを開いていただいて結構です。

なお、＊印のついたものは、その示すページに解説があります。

巻末には、療法さくいん、病名さくいんをつけました。

◇もくじ◇

第一編　手相のあらまし

手相は病気を予告する……14
手相の基本は「線」と「丘」……15
寿命をあらわす生命線15　感情をあらわす感情線18　知能をあらわす頭脳線19　見通しをあらわす運命線20　名声・財的繁栄をあらわす個性線21　皮膚の機能をあらわす健康線22　男女関係をあらわす結婚線22
丘
木星丘／土星丘／太陽丘／水星丘／火星上丘／月丘／金星丘／火星下丘
指は内臓器官を示す……24
血液のアルカリ度をつかさどる親指24　栄養器官をつかさどる人差指24　循環器をつかさどる中指25　神経系統をつかさどる薬指25　生殖器系統をつかさどる小指25
波瀾を示す左右の手の差……26
器用さを示す手の大・小……27

目次

手掌が示す性情……27
手の色が示す故障器官……28
手の形が示す罹りやすい病気……29
方形の手30　**へら形の手**30　**円錐形の手**31　**精神型の手**31　**混成型の手**32
手の丘……33
木星丘34　**土星丘**34　**太陽丘**35　**水星丘**35　**火星上丘**36　**月丘**36　**金星丘**37
火星下丘37
疾病を啓示する丘38
木星丘／土星丘／太陽丘／水星丘／火星上丘／月丘／金星丘／火星下丘／火星平原
自殺的傾向を示す丘39
木星丘／土星丘／火星丘／水星丘／月丘／太陽丘および金星丘
健康線と透視線……40
健康線41　**透視線**42
酸性かアルカリ性体質か……46
性質とその特徴……50

適応性／貧欲／明晰な思考力／不正直／離婚／雄弁／精力／ヒステリー性傾向／短気／無能力／放縦／結婚／憂うつ／過敏性／情欲／後家の徴

爪が示す健康度……58

変色している59　斑点と凹凸がある59　溝がある60　変形している60　厚さ・かたさに異常がある62

指紋が示す性格と健康……63

五指のすべてが渦64　五指のすべてが流れ64　親指だけ渦64　人差指だけ渦65　中指だけ渦65　薬指だけ渦66　小指だけ渦66　親指と人差指が渦67　親指と中指が渦67　親指と薬指が渦68　親指と小指が渦68　薬指と小指が流れ69　小指だけ流れ69　人差指と中指が渦70　人差指と薬指が渦70　人差指と小指が渦71　中指と薬指が渦71　中指と小指が渦72　薬指と小指が渦72　親指と人差指が流れ72　薬指だけ流れ73　人差指と小指が流れ73　中指と薬指が流れ74　人差指のみ流れ74　中指のみ流れ74　中指と小指が流れ75　人差指と中指が流れ75　親指と中指が流れ75　親指だけ流れ76　親指と小指が流れ76　親指と薬指が流れ76　人差指と薬指が流れ77

第二編　健康診断……79

Ⅰ　症状による病気の見分け方……80
なぜ症状は出るか……80
症状が示す疑われる病気……81
めまい81
耳の病気／血管・血液の病気／脳の病気
息切れ・息苦しい82
気管支喘息／心臓病／肺炎／肋膜炎
むくみ83
(顔が主にむくむ)腎臓病
(足が主にむくむ)心臓病／脚気／腹水症
せき・たん84
(熱がある)かぜ／肺炎／肺結核
(熱があまりない)気管支炎／喘息／肺ガン
のどの痛み85
(熱がある)扁桃炎／咽頭炎／ジフテリア
(熱がない)喉頭ガン
頭痛86
(熱が高くない)便秘／脳腫瘍／高血圧症／緑内障／一酸化炭素中毒
(熱がある)インフルエンザ／脳炎・髄膜炎

胸痛88
（熱がある）肋膜炎／肺炎
（熱がない）肋間神経痛／狭心症・心筋硬塞

腹痛89
胃潰瘍／十二指腸潰瘍／胆石・胆のう炎／虫垂炎／膵臓壊死／急性腸炎／腸閉塞／腎臓結石・尿路結石／子宮外妊娠／寄生虫症

吐血91
胃・十二指腸潰瘍／胃ガン／肝硬変

下痢91
急性腸炎／赤痢／慢性腸炎

血尿91
膀胱炎／尿路結石／尿路腫瘍／腎臓結核

尿が近い92
糖尿病／尿崩症／萎縮腎／腎盂炎・膀胱炎／腎臓結核・膀胱結核／前立腺肥大症

発熱93
（高熱）扁桃炎／急性関節リウマチ／脳炎／腎盂炎／腸チフス／急性肺炎／急性肋膜炎／白血病
（中程度の発熱）かぜ／肺炎／肺結核／慢性扁桃炎／胆のう炎

けいれん94
テタニー／てんかん／尿毒症／子癇／破傷風／脳炎／脳腫瘍

昏睡96
脳出血／てんかん／脳腫瘍

II　手相による健康診断……96

循環器系統の病気……96
脳溢血96　心臓病104　動脈瘤111　静脈瘤112

泌尿器系統の病気……115
腎臓病115　膀胱病122

消化器系統の病気……123
胃腸病123　肝臓病132

代謝系統の病気……138
糖尿病138　リウマチ140　熱病144

呼吸器系統の病気……151
肺結核151　咽喉炎とかぜ156

神経系統の病気……161

頭痛161　視力障害169　てんかん172　精神病176
生殖器系統の病気……182
婦人病と出産182　性病188　性能不能190
手相と宿便……194
むすび199
さくいん202

第一編

手相のあらまし

手相は病気を予告する

物をつくるのも、文字を書くのも、機械を操作するのも、また楽器を奏でるのも、すべて手の働きであり、手なくしては高度な産業や芸術は産み出せない。

手は、その持ち主の職業・知能・性格などをあらわしているが、その運勢というものは、なんといっても健康が基礎になる。正岡子規のように脊椎カリエスに罹って寝たきりでいても、当時の俳句界を牛耳っていた人もいるが、そういう人は例外で、健康なくしてはまず仕事も恋愛も成功はおぼつかない。

人間の体というものは、臓器器官に変調をきたすと、ただちに自律神経を介して大脳に直結し、脳脊髄神経を通じて手に影響があらわれる。脳溢血で半身不随になった人の手ははれぼったく、生命線・頭脳線・感情線といった主線が薄く、手全体が紫紅色を帯びて冷たい、といった症状となってあらわれる。

逆に、手の変化は脳脊髄神経の知覚神経を通じて脳に影響し、内臓器官にも作用する。手を使い過ぎると肩が凝り、腕のつけ根のリンパ腺がはれたり、肺が悪くなるということもある。

腕を怪我してから薬指と小指がのびなくなって、肺を病んだり、視力を落とす、といったことにもなる。

病気を予知して、これを未然に防ぎ、健康の保持・増進の手がかりとするのが「手相」である。

指紋や掌紋（手紋）は一生不変とされていて、個人識別に利用されている。しかし、手掌の線や指のつけ根の丘、指や爪の形・硬度・色・温度などは、身体の状況に応じて時々刻々に変化している。後天的な病気については、むしろ変化する因子のほうが重要である。

最近、手相を人間の眼で分析する代わりに、機械の眼を通してコンピュータで処理する方法が開発された。手相は、その科学性が実証されるにしたがい、医学の分野にその利用が高まっている。

手相の基本は「線」と「丘」

感情線・生命線・頭脳線の三主線を、東洋では、天紋・地紋・人紋と呼んで、それぞれ情・意・知をあらわしている。

寿命をあらわす生命線

親指のぐるりを取り囲む線で、親指の折れ目になるのを生命線という。生命線は本能線とも

手相各部名称

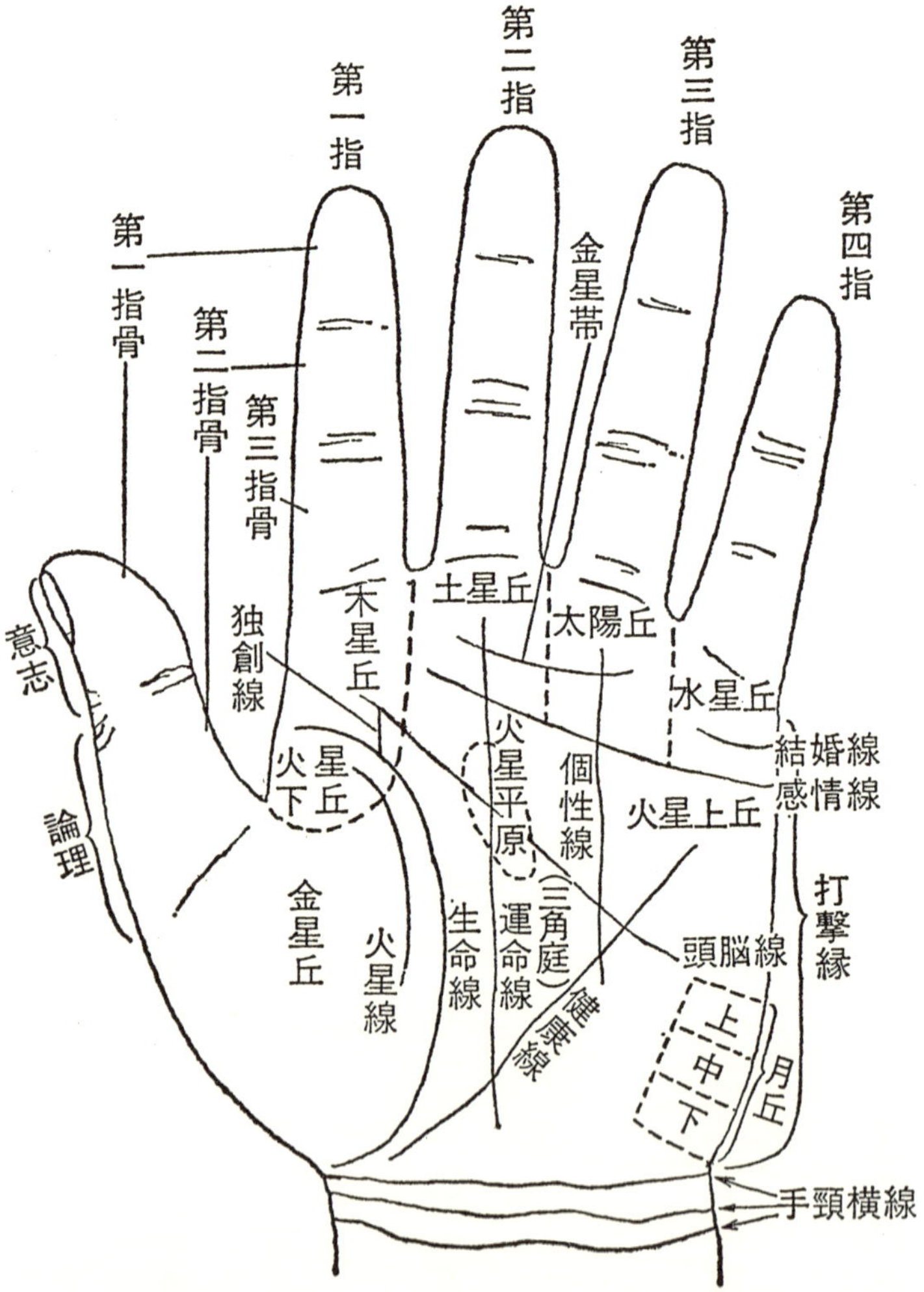

第一指
第二指
第三指
第四指
第一指骨
第二指骨
第三指骨
金星帯
意志
論理
独創線
木星丘
土星丘
太陽丘
水星丘
結婚線
感情線
火星下丘
火星平原
個性線
火星上丘
打撃線
金星丘
火星線
生命線
運命線
(三角庭)
健康線
頭脳線
上
中
下
月丘
手頸横線

第1図

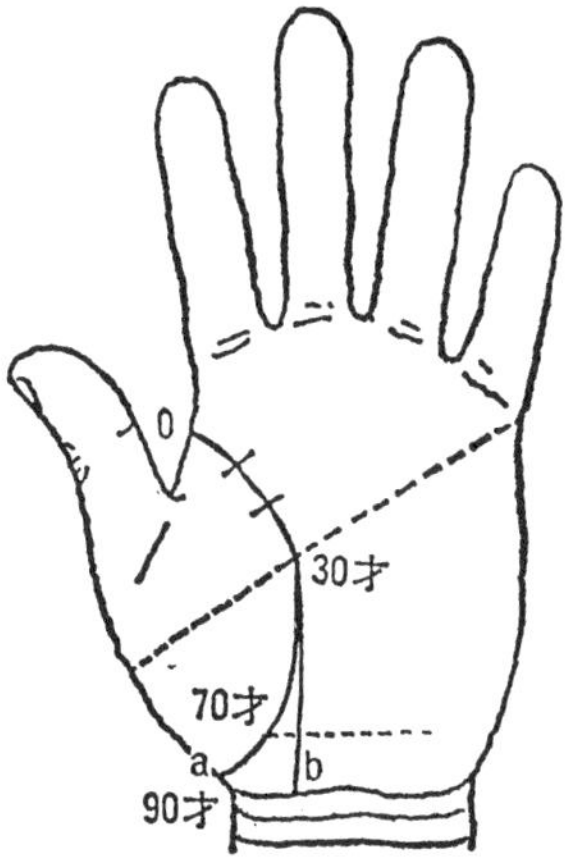

第2図

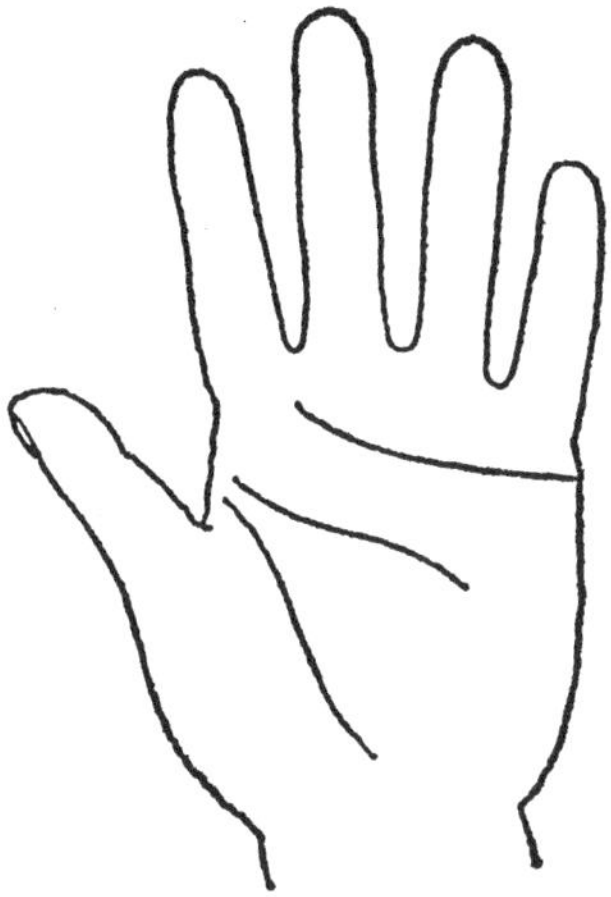

第3図

いい、体内の予備アルカリの充実度を示す。

正常な生命線は、親指と人差指の間の人差指寄りに起こり、大きく弧を描いて、第2図のaよりもbのようにまっすぐ下へ降りるのがよい。それは生命線の取り巻く面積の大きいほうがよいからである。第3図のように、終末が小指側のほうへ流れるのはよくない。

生命線は寿命をあらわすといわれ、両手の生命線の短い人は短命である。しかし、運命線が生命線の後半を代行して補っている場合もある。片手の生命線は長いが、もう一方が短いときは、助かるかどうかという危険な状態に陥る。

生活の変化の起こる年令を知るのが**流年法**であるが、生命線では起点を〇才、終末を九〇才とし、親指のつけ根の関節と小指のつけ根とを結ぶ線と交差するところが三〇才、手頸寄りの山に水平線を引き、交差するところを七〇才とみる（第2図）。

生命線上に黒点のあるのは、それに相当する年令のときに受けた怪我とか手術を示し、それが将来ならば、その時期に危険があることを予告している。

生命線上に島があるのは、その時期に慢性的な病気になることを示し、横棒で切断されているのは、急性の病気や災難に襲われるが、割合軽い（第4図）。第5図a、bのように切れているのは厄介な病気である。病気が良くなると、a′のような連絡する線があらわれる。ガンではいくつかの下向枝ができる。

感情をあらわす感情線

手掌の上部で、人差指のつけ根から起こって手掌の小指側で終わる線を、感情線という。これは中指・薬指・小指の三指の折れ目である。感情線は恋愛とか、親子の情とかの愛情をはじめ、感情をあらわしている。

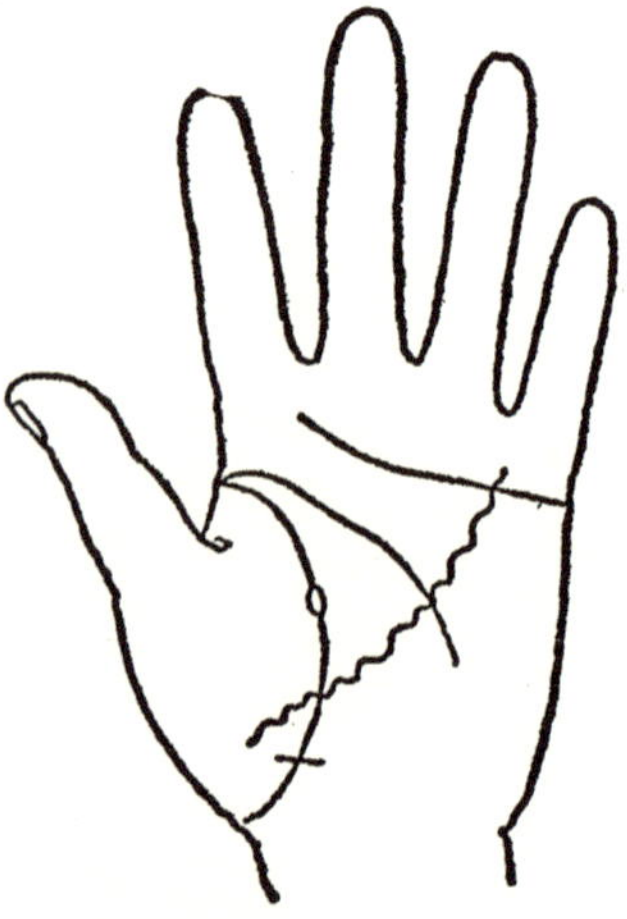

第4図

第5図

感情線が上に寄り過ぎた人は、情熱的で嫉妬深く、なにかにつけてケチをつけるが、下（手掌の中心）へ寄り過ぎた人は冷酷で肉体的魅力を受けつけず、貪欲・冷淡・利己主義である。

感情線の短い人は、算盤勘定づくで、長い人は、手鍋下げても、といったタイプである。

感情線は、生命線や頭脳線に比べて幅が広いのが普通だが、鎖状や波状になっているのはよくない。感情線は心臓線ともいい、中指・薬指・小指の力、感覚器官の機能を示すものである。手指の麻痺は感情線の乱れを招く。

感情線の内側に平行して同心円的に存在する金星帯は、感情線の勢威線または副感情線として働き、情熱を示し、細かいところに気がつくが、神経質で、腸が悪い。

知能をあらわす頭脳線

生命線と感情線の間にあり、人差指・中指・薬指・小指の四指の折れ目となるのを、頭脳線あるいは理知線といい、知能系統の状態をあらわす。

正常な頭脳線は生命線と離れて起こり、人差指と中指の下方で円形を描いて、親指の基節（論理）の下側（第二関節）を水平線とする位置までのびている（第6図）。

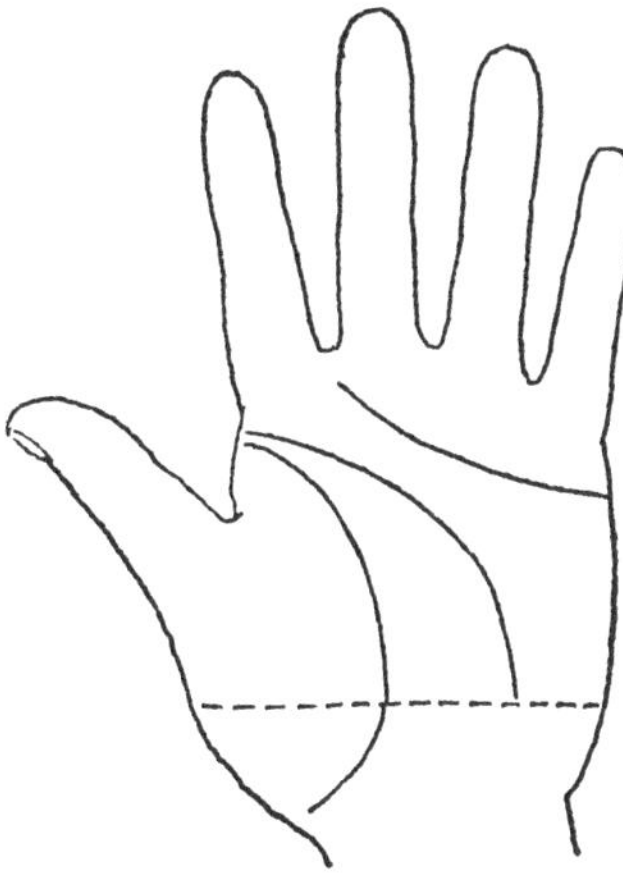

第6図

頭脳線が薄いものは、神経または脳の障害で、薄い箇所に相当する年令で、頭か神経の障害が起こる。頭脳上で年令を測定するには、起点を〇才、打撃縁を百才とし、運命線との交差点を三五才とする。

頭脳線を欠如する人は先天的脳疾患・便秘症で、知能の働きを先天的に欠いている。頭を始終使っている人は頭脳線は長くなる。頭脳線が長くてまっすぐで、はっきりしている人は常識に富んでいる。長くても薄い人、濃くても短い人は、軽はずみで自信力が弱い。頭脳線がはっきり手掌を横切り、健康線を貫いていて、しかも健康線がはっきりしている人は、記憶力に秀れている。

見通しをあらわす運命線

三主線は誰にでもあるが、人間性を発揮するには縦の線が必要になってくる。中指の延長線上にあるのを運命線といい、見通しをつける能力をあらわす。履歴、生涯中の仕事、生存中に起こるまたは伏在するでき事を示す。

成功とは自分に与えられた使命を悟り、使命に乗ることである。人生はドラマである。神が演出家、人間は俳優で、自分に振り当てられた役を立派に演ずることが世間から認められ、運命をよいほうに転換していくことになる。

大脳の前半は人差指のつけ根の木星丘に、後半は薬指のつけ根の太陽丘に相当する。前半は

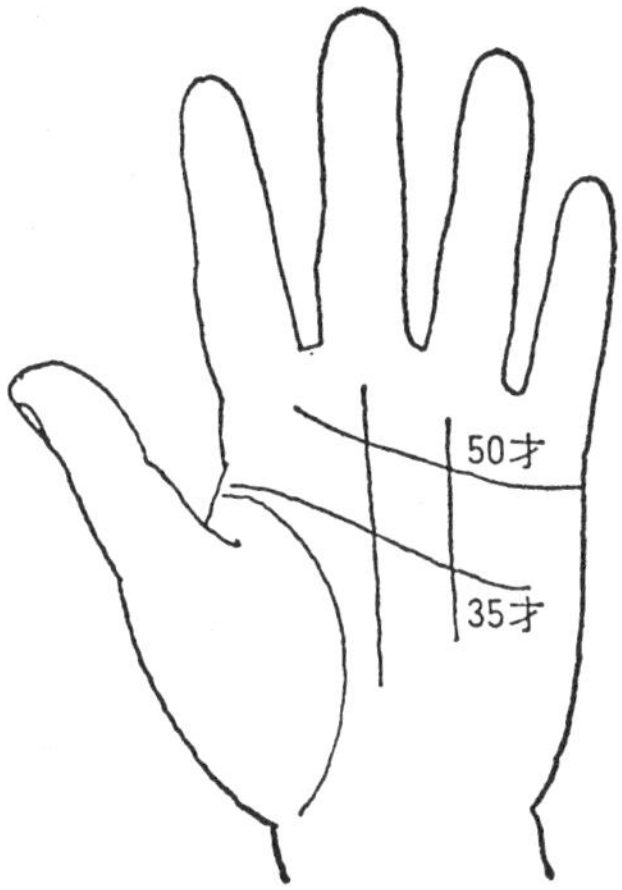

第8図

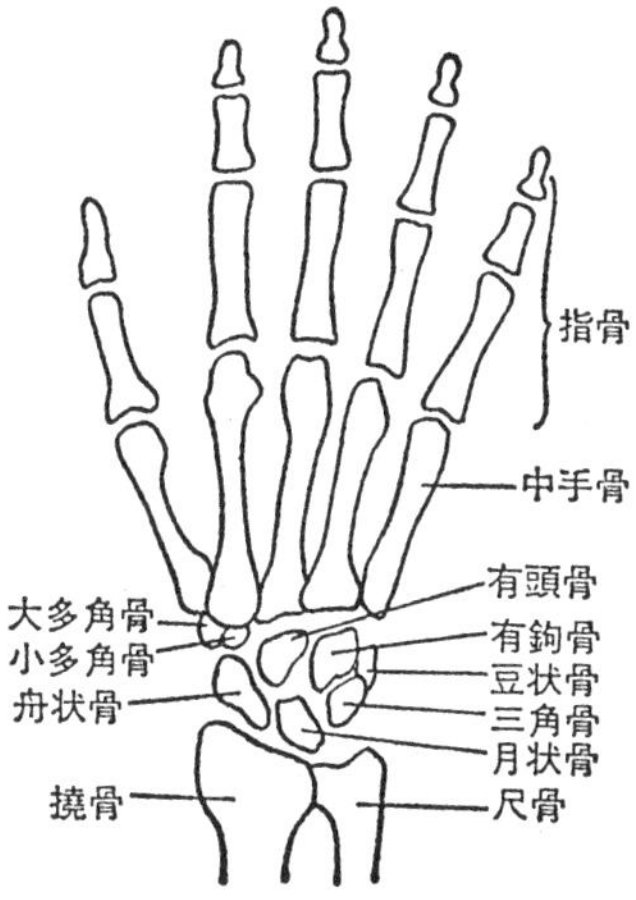

第7図

知覚神経の中枢で、後半は高等感情の中枢である。この二つの丘が運命線を境にして縦に二つに折れれば、見通しがつくことを示す。手頸は七つの骨（第7図）が組み合わさってよく動くようになっている。これが癒着《ゆちゃく》すると脳の判断力が弱まる。

名声・財的繁栄をあらわす個性線

薬指の延長上にある線を個性線または太陽線といい、運命線の姉妹線で、広義の第二運命線ともいえる。本人の具有する知能的・芸術的成功、本人の達成しうる名誉または名声・財的繁栄に関する意味をもっている。腕に覚えのある技術者・職人・芸術家・タレント・小説家などはこれが発達している。運命線があっても個性線のない事業家はいきづまる。

感情線と頭脳線、運命線と個性線が交差してひし型をつくるのが理想的で、個性線の頭脳線との交点を三五才、感情線との交点を五〇才とみる（第8図）。

皮膚の機能をあらわす健康線

小指球（月丘）の境界を斜めに走る線を健康線という。生命線の根本で親指のつけ根の金星丘の下から1/5のところで起こり、小指のつけ根の水星丘に向かう線が正常な健康線である。健康線は生命線の根を切らず、結婚線の下にあるものである。

健康線は肝臓線ともいい、肝臓、したがって皮膚の機能の如何を示す。健康線がはっきりしているのは、月丘の肉づきのよいことをあらわし、手掌の中央部の火星平原が適当な凹みをつくる。

男女関係をあらわす結婚線

結婚線は感情線と小指のつけ根との間にあって、打撃縁を水平に横切り、水星丘へ達する。長くて深い線は正式の結婚の示徴である。

結婚線が感情線に接近している人は、女子は二〇才前に、男子は二一才を越えて間もなく結婚する。第9図のように、結婚線が感情線と小指のつけ根との中間に近い人は、女子は二八才前後、男子は三五才前後で結婚する。結婚線が感情線と小指のつけ根との間の3/4より上にある人は、女子は三八才前後、男子は四五才前後で結婚する。

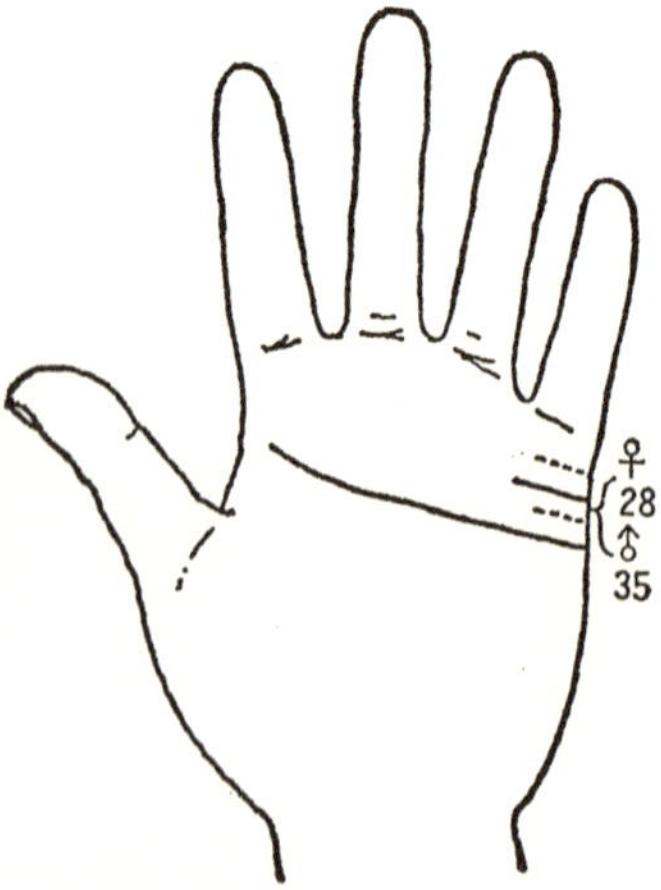

第9図

結婚線の先が上方へ曲がる人は結婚しないで終わり、斜めに下がるのは死別か離婚となる。

丘

丘を観察すれば（第10図）、健康状態を容易に判断することができる。
手掌の小指側の縁を打撃縁または打撃線という。

木星丘　人差指のつけ根にある。

土星丘　中指のつけ根にある。

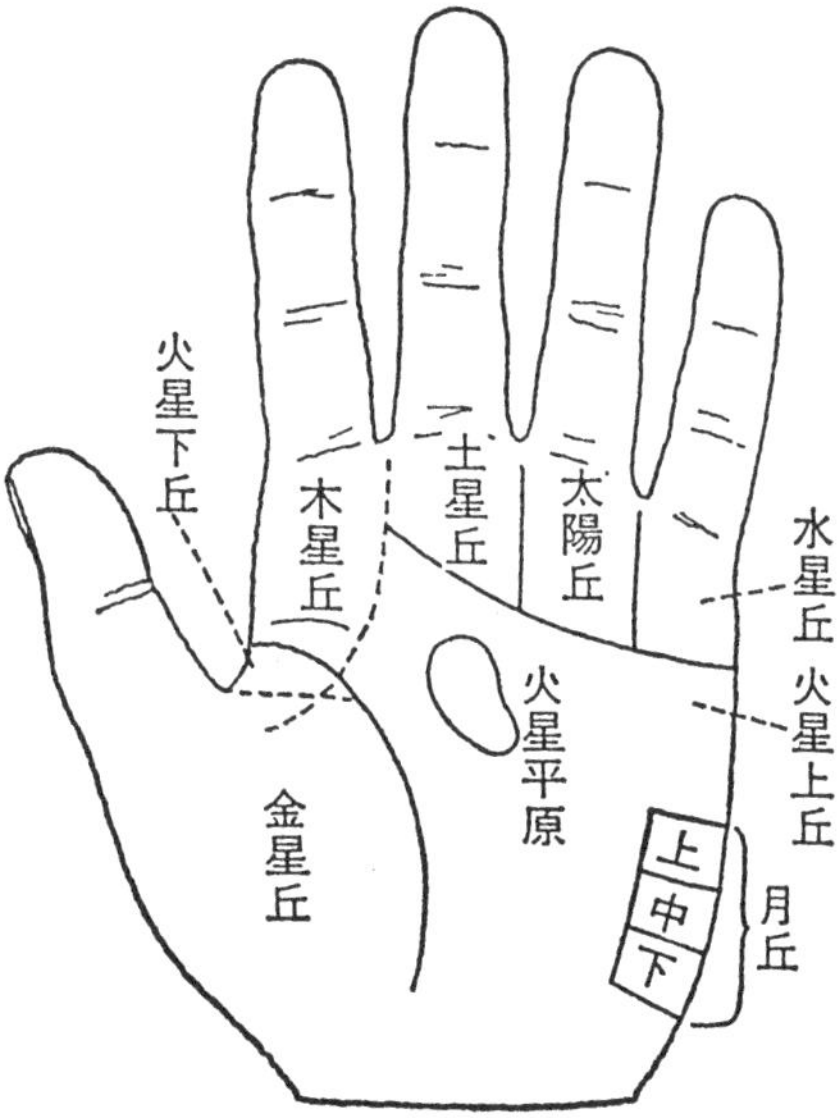

第10図

太陽丘　薬指のつけ根にある。

水星丘　小指のつけ根にある。

火星上丘　水星丘の直下で、感情線と頭脳線との間にあり、打撃縁に沿っている。

月丘　火星上丘の直下で、打撃縁に沿う。

金星丘　生命線で取り囲まれる部分の内で、親指と人差指とのつくる角の頂点から水平に引いた想定線から下にある部分。

火星下丘　右の想定線と木星丘の間にある部分。

指は内臓器官を示す

五本の指は、それぞれ性質や内臓器官を示す（第11図）。

血液のアルカリ度をつかさどる親指

親指は体液・血液のアルカリ度をつかさどり、したがって生命の本能に関係し、精神状態にも関与する。親指を内にして手を握ると人にだまされない。親指の第一指骨（末節）は意志力すなわち「意」を、第二指骨（基節）は論理（判断）すなわち「知」を、母指球隆起（金星丘と火星下丘）は本能すなわち「情」をあらわす。親指は長くてしっかりしているのがよい。弱い親指が手掌に近接しているのは、疾病に対して抵抗力が弱く、知的能力にも乏しい。

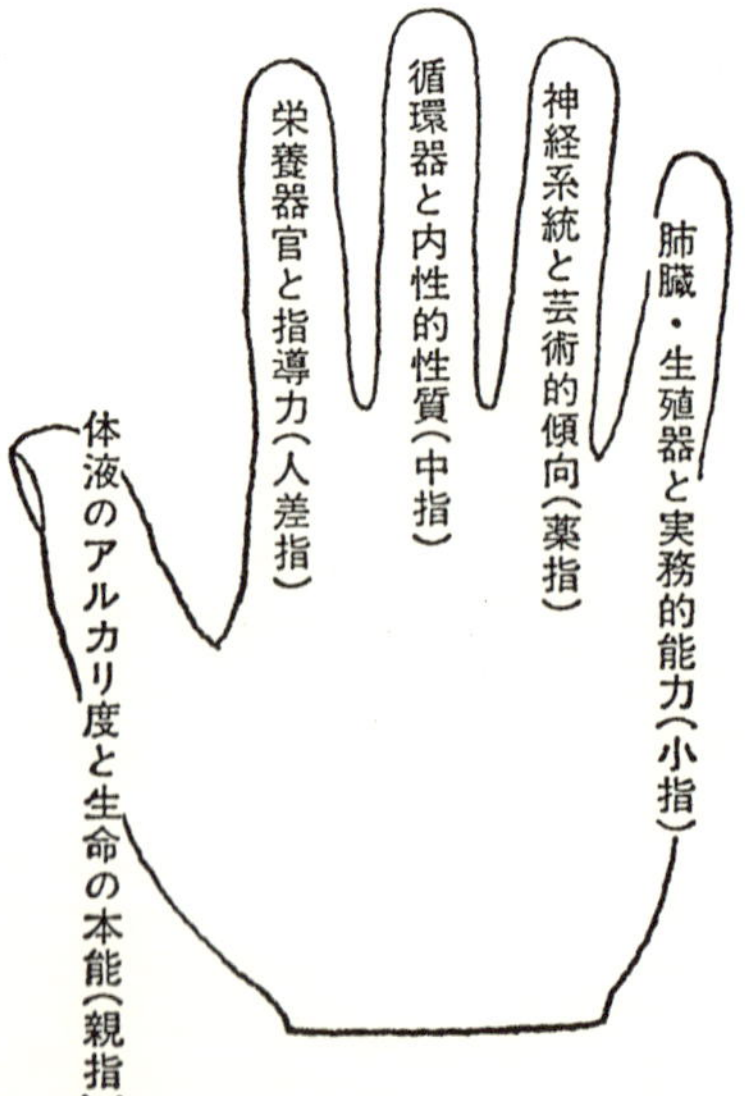

第11図

栄養器官をつかさどる人差指

人差指は肉体的には肝臓・胃・腸・膵臓・脾臓の栄養器官を、精神的には指導力をつかさどる。過食すると人差指が硬くなる。主として右手は肝臓、左手は胃に関係している。

循環器をつかさどる中指

中指は心臓・腎臓・血管の循環器に関係し、内省的性質をつかさどる。

神経系統をつかさどる薬指

薬指は神経系統と芸術的傾向をつかさどり、視覚中枢神経に関係する。てんかんや唖《おし》のなかには薬指の動かない人がいる。

生殖器系統をつかさどる小指

小指は肺臓・生殖器と実務的能力をつかさどる。小指のしっかりした人は雄弁・外交的・活動的であり、形の悪い人は、人をだましたり、盗癖の傾向がある。小指の発達した人は口八丁手八丁で、妾をつくるという方面に発展する人もある。

爪の生え際の皮膚のささくれは、ビタミンCの不足か過食が原因である。はさみで切っておくのがよい。

波瀾を示す左右の手の差

左右の手に差が少なければ平穏な生活であるが、差異が大きいと波瀾も多い。右手は大脳左半球から神経がきていて、後天的な方面をあらわし、左手は大脳右半球から神経がきていて、先天的な方面をあらわす。物を考えるときは頭を少し右に傾け、大脳左半球がいちばん高くなるようにする。大脳左半球が下がるのはあきらめたときである。

左利きの場合は左右が逆になる。左右の手が同じように利く人はまずいない。大部分は右利きで、右手を始終動かして右側の麻痺を防いでいるのである。左のS字状結腸は便がたまりやすく、したがって左脳は麻痺を起こしやすい。普通左手はあまり動かさないので、遺伝的素質がそのまま残り、右手は盛んに使うので、後天的な影響が強く作用する。若いときは先天的素質が、中年になってからは後天的要素が重きをなす。

俗に「女は右、男は左」というが、これは意味が

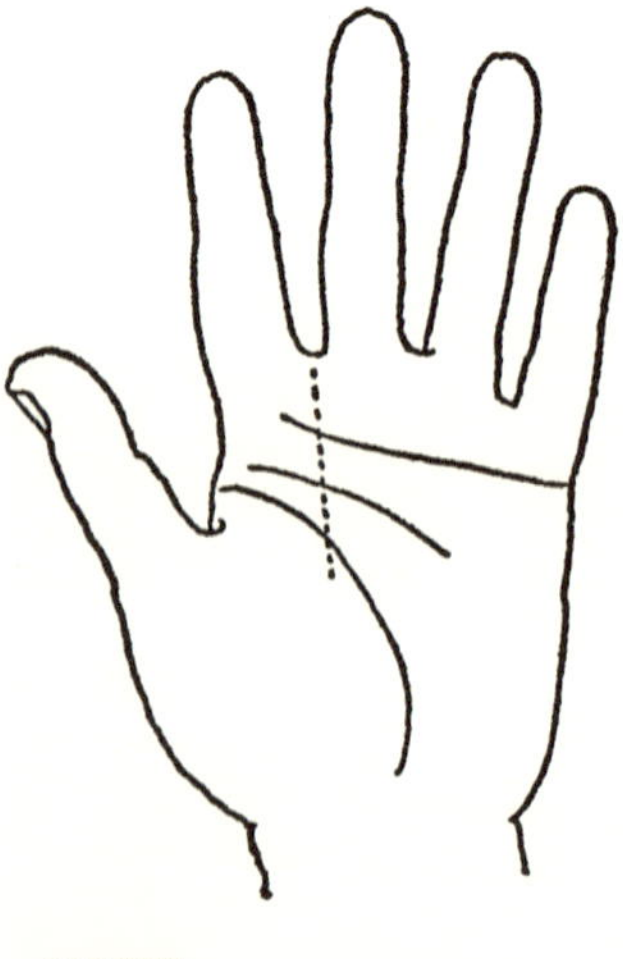

第12図

ない。ただ、妊婦の手掌では、人差指と中指の間の線の延長と生命線が交差する点（第12図）にズキズキと拍動を感じる。これが右手に強ければ右はらみで女の子、左手に強ければ左はらみで男の子が生まれることを示す。

器用さを示す手の大・小

身体に比べて手の大きい人は細かい仕事を行ない、詳細なことを愛好する。ダイヤモンドを細工する職人の手は大きいという。これに反し、手の小さい人は大きな仕事を好み、細事に拘泥しない。天下国家を論じる政治家は手が小さく、窓口の事務官は手が大きい。裁縫や料理の嫌いな旅館や料理屋の女主人も手が小さく、板前は手が大きい。つまり、手の小さい人は不器用で、手の大きい人は器用である。天下の大勢を眺めたり、経営の才となると、手の小さい人のほうが大局を握ることに長けている。

手掌が示す性情

手掌（てのひら）の性状を表にすると次の通りである。

手掌の特徴	手掌の性状
硬くて肉づきがよい	敏活で陽気な気質
柔かくて肉づきがよい	なまけ者
はなはだ柔かくて肉がはなはだ厚い	官能的な気質
厚くて肉づきがよい	精力的な気質
薄くて硬い	冷淡で落ち着きのない気質
薄くて柔かい	不活発な気質
優良な指をもち交差線が多い	いら立ちやすい、またはくよくよする気質

一般に、酸性体質の人の手掌は硬く、アルカリ性体質の人の手掌は柔かい。

手の色が示す故障器官

顔色をみれば、どの器官が悪いかが判るもので、その顔色と同じ色素が不足しているから、その色彩の物を食べるようにすると、健康色に戻る。たとえば、顔色の黄色い人はにんじん・

みかん・ゆばなどを食べるとよく、青い人は緑野菜、黒い人は黒豆・黒ごま・こんぶ・黒焼（動植物を蒸し焼きしたもの）、赤い人は小豆やりんごなどを食べるとよい。

白色は肺臓、黒色は腎臓と副腎、紫色は循環障害と呼吸困難、青色は胃腸、緑色は脾臓、黄色は肝臓、赤色は心臓の故障に関係している。

手掌の色もだいたい顔の色と同じである。

赤と白がみかげ石（かこう岩）のように、まだらに入り混じったのは、肝臓の障害で疲れやすいが、[*111]温冷浴をやるときれいになる。著しく青白いものは利己的で、貧血症である。特に金星丘の青い人は、その手と同側の腸に糞便がたまっている。

手の形が示す罹りやすい病気

長い手（女子に多い）は精神的で、頭脳線は小指球（月丘）に向かって下がるのが多く、短い手（男子に多い）は実際的で、頭脳線は水平に火星上丘に向かって横に走るものが多い。

これを更に分けると、指および手掌の形からして、次の五つの基本型に分けられる。

①方形の手―実務的な手
②へら形の手―精力的な手 } 短い手

③円錐形の手ー想像的な手
④精神型の手ー敏感な手
⑤混成型の手ー融通性のある手
（③④⑤）長い手

方形の手（第13図）
指ばかりでなく、手掌そのものまで方形をしている。実務的で、几帳面、お世辞はめったにいわず、想像力に乏しい。
職業としては政治家や科学者、技術者などが適している。

神経痛、胆石症に注意のこと。

へら形の手（第14図）
手掌は方形をしないで、手頸のところが幅広く、指のつけ根が狭くなっている。逆に手頸のところが狭くなっていることもある。前者は実務的性質が強く、後者は冒険的性質が著しい。指先が幅広い。精力的・独立的で個性が強く、退屈が苦痛である。

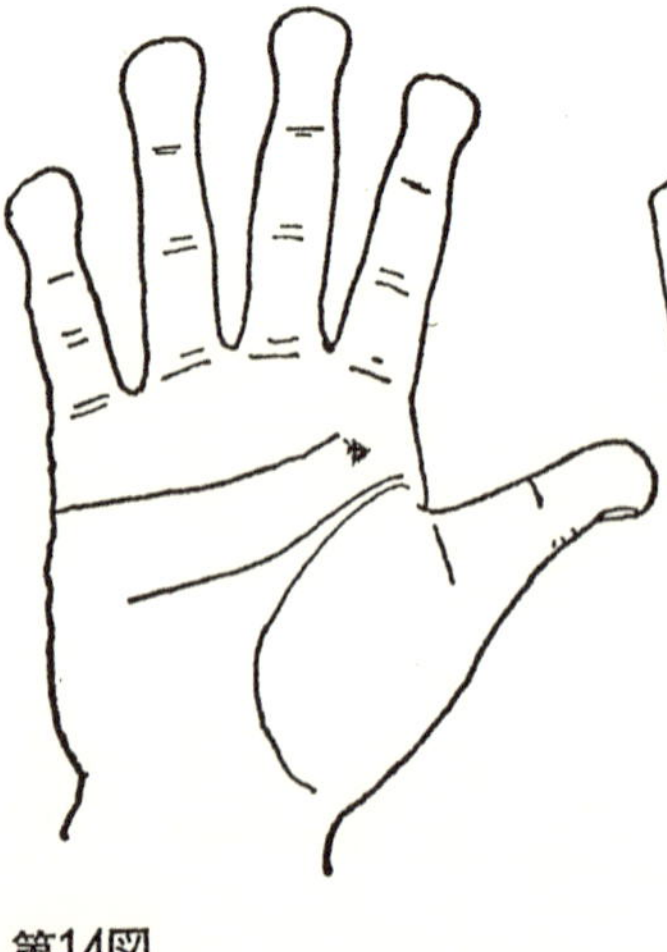
第14図

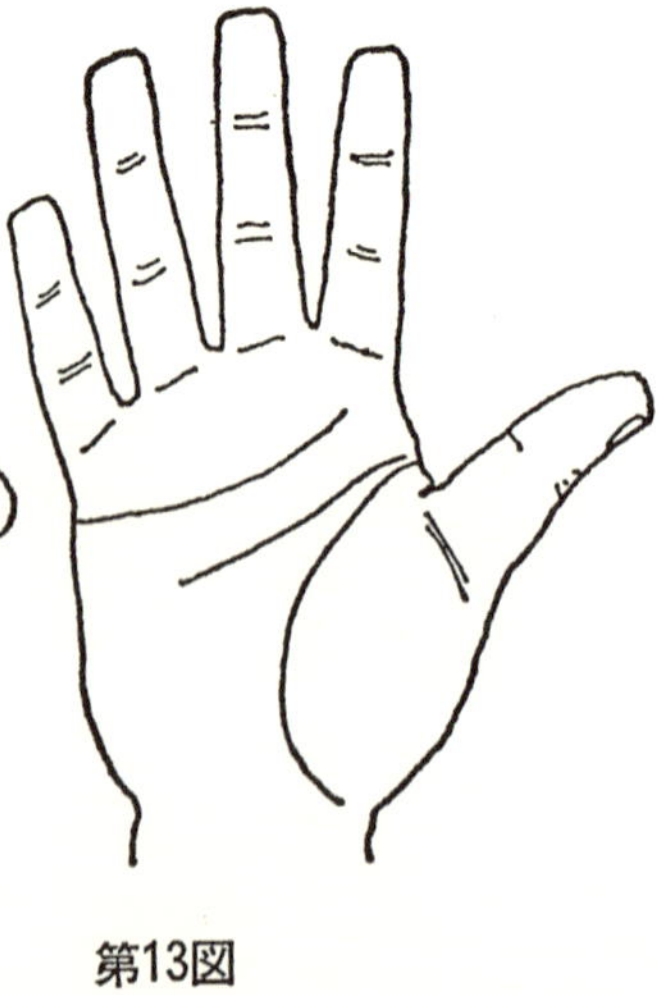
第13図

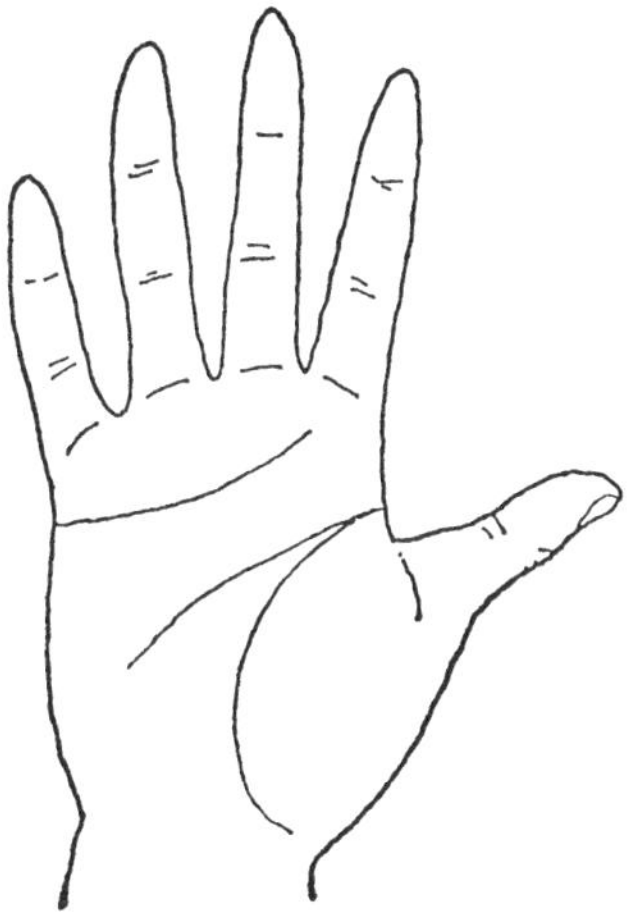

第16図

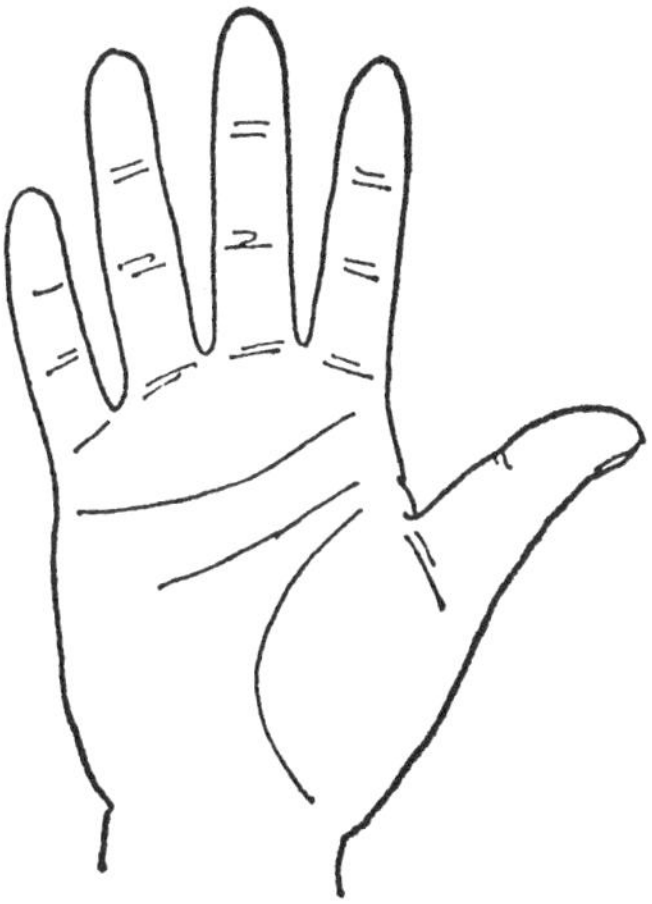

第15図

職業としては冒険家や探険家、スポーツマンが適している。

心臓病・脳溢血に注意のこと。

円錐形の手（第15図）

手掌は適度の大きさで、指のつけ根のところでやや細まっている。指先は丸くなっている。想像的な手で、美を熱愛し、美に敏感であるが、忍耐力を欠くために金もうけの面ではあまり成功しない。

職業では芸術家や作家が適している。

呼吸器の病気に注意のこと。

精神型の手（第16図）

指がほっそりして先が尖り、手が長くて幅が狭く、弱々しくみえる。敏感な手で、空想的・非実務的で、精力も体力も欠いている。この手の人は物質的な事柄を支配する方形の手の人と反対である。

職業は宗教家や詩人が適している。

憂うつ症になりやすい。胃腸病に注意のこと。

混成型の手（第17図）

ある指はへら形、ある指は方形、ある指は円錐形、ある指は精神型をしていることさえある。この手の持ち主は融通のよくきく人で、小才には長けているが、大きい天分は欠いている。

職業としては商人や外交員が適している。

病気になっても回復が早い。

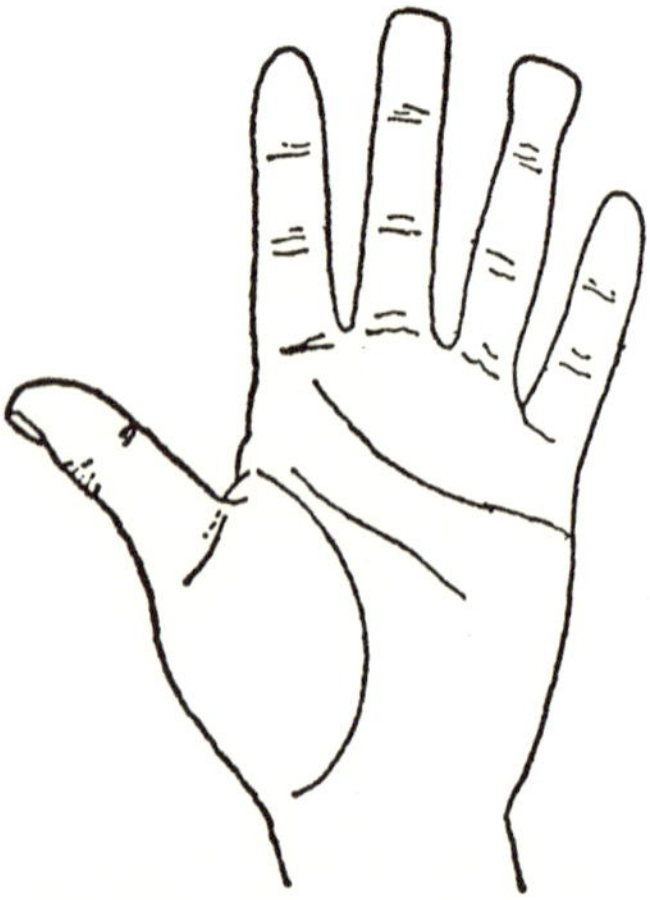

第17図

「ぬえ」という動物がある。いろいろな動物の特長を組み合わせた想像上の動物である。

動物でも、角のある動物は牙がなく、牙のある動物は爪がなく、武器は一つである。鬼というのは牛の角と象の牙と鷲の爪を持ち、おまけに虎の皮のふんどしまで着けて、金棒を持たせたので、少しも恐しさがなくなって、こっけいなものになってしまった。「多芸は無芸」というが、自分の得意とするものを一つにしぼって進んだほうが成功する。どういう方面に適しているかを知るのが手の形である。

手の丘

丘が重要なのは、手掌の本体(火星平原)や丘、特に指の下に無数の神経末端が集まっているためである。これらの神経末端はパチニ小体(層板小体)と称し、知覚神経の終末装置である。丘を、拡大鏡で観察すると、皮膚の外相的紋理を形成する細かな線が判る(第18図)。山の頂は三曲線群の切り方によって、楕円か放物線、または双曲線のいずれかになる(第19図)。

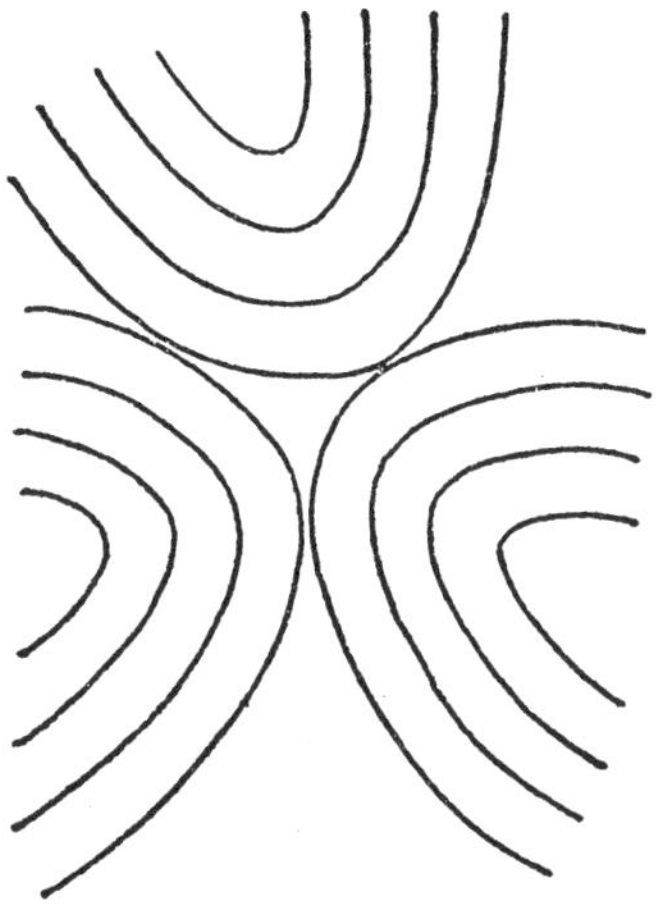

第18図

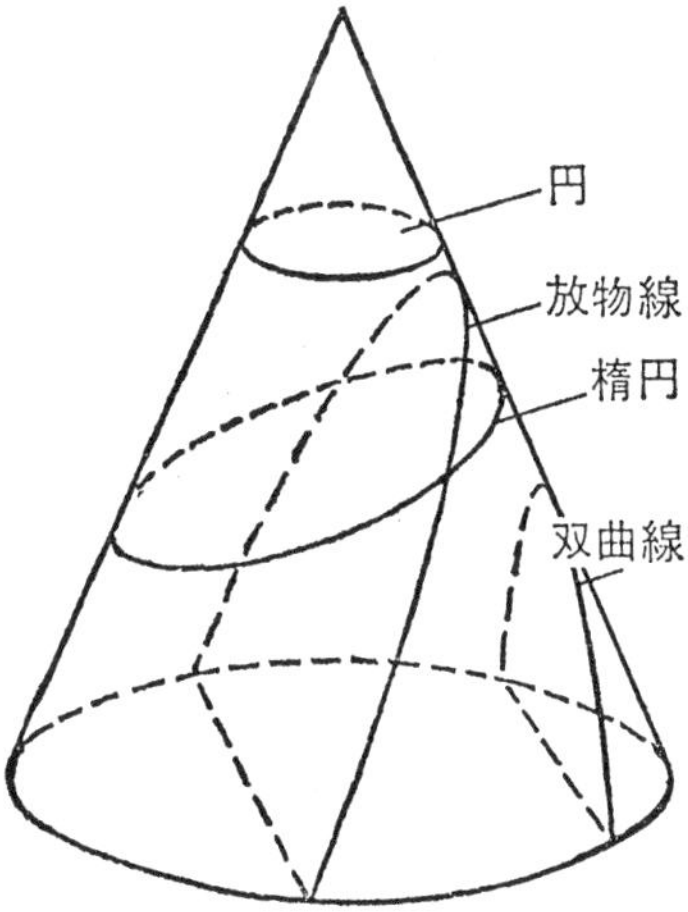

第19図

丘の状態と手の形との組み合わせを表にすると、

木星丘　野望と誇りをあらわす

指先＼丘	正常なもの	過度に発達したもの	欠如したもの
尖った指先	崇高な宗教的理念	迷信	敬虔《けん》さを欠く
円錐の指先	高潔な自尊心	芸術上の慢心	唯我独尊
方形の指先	日常生活上の自負心	虚栄心	自尊心を欠く
へら形の指先	偉大な事業上の自負心	自惚《うぬぼれ》	野卑

土星丘　憂うつと宿命をあらわす

指先＼丘	正常なもの	過度に発達したもの	欠如したもの
尖った指先	詩人的憂うつ	激しい病的な状態	超自然的物のみを願求
円錐の指先	物寂しい芸術的見解	病的状態	芸術上の現実主義者
方形の指先	孤独は好むが人間嫌いではない	人間嫌い	慢性的冷淡
へら形の指先	農業や他の安全で活動的な仕事に秀でる	他人を積極的に憎悪	よく働かず他人の交際に無頓着

太陽丘　芸術と科学をあらわす

指先＼丘	正常なもの	過度に発達したもの	欠如したもの
尖った指先	微妙な夢想家	狂人的天才	芸術上の夢をもたない
円錐の指先	理想的芸術家、作家	才能の自惚《うぬぼれ》	利口だが真の才能はない
方形の指先	秀れた芸術的天分がみえるが実際的でない	物欲の為に真の才能を弱める	知的な喜びを感受しない
へら形の指先	興奮と騒音を好む芸術家	才能のないホラ吹き。騒々しく、仕事ができない	芸術や他の教養を嫌う

水星丘　実業と金をあらわす

指先＼丘	正常なもの	過度に発達したもの	欠如したもの
尖った指先	直観力の豊かな学者	新しい宗教を夢想	秀れた思想と邪悪な思想、とが混入
円錐の指先	崇高な雄弁	実用物を発明	肉体的また知能的欠陥のために雄弁力が阻害される
方形の指先	雄大な発明家	危険な計画をする	科学または実業上の才能なし
へら形の指先	偉大な発明家	犯罪をもいとわぬ冒険家	無益な目的のために活動

火星上丘　精神の勇気をあらわす

指先＼丘	正常なもの	過度に発達したもの	欠如したもの
尖った指先	殉教者の勇気	宗教上の迫害者の狂暴さ	宗教の教義に対する臆病
円錐の指先	愛国者の勇気	虚栄心を傷つけられた人の狂暴さ	公衆に向かうことの臆病
方形の指先	兵士の勇気	計画に失敗した人の狂暴さ	日常生活上の臆病
へら形の指先	探険家の勇気	悪漢の狂暴さ	戦場における臆病

月丘　想像をあらわす

指先＼丘	正常なもの	過度に発達したもの	欠如したもの
尖った指先	最も秀れた想像力	精神錯乱	なし
円錐の指先	天分ある芸術家	法外な虚栄心	芸術の模倣に巧み
方形の指先	詩などに対する健全な愛好心	常識の欠如	平凡な生活
へら形の指先	自然に対する愛好心	しばしば激しい精神錯乱	明るい予想を欠く実行者

金星丘　愛情をあらわす

指先＼丘	正常なもの	過度に発達したもの	欠如したもの
尖った指先	精神的愛	邪《よこしま》な想像	愛をも超越
円錐の指先	詩人的な物質的愛	移り気	芸術を妻とする人
方形の指先	誠実な家庭的愛	情欲的	異性の魅力に無関心
へら形の指先	絶えず興奮させる相手を求める恋人または夫	多妻主義で愛人をやたらにもつ	異性を自己の活動的生活の妨害と見る人

火星下丘　肉体的勇気をあらわす

指先＼丘	正常なもの	過度に発達したもの	欠如したもの
尖った指先	宗教的あきらめ	不健全な肉欲追求	感情の鋭い魂
円錐の指先	禁欲主義	冷たい心	怒りやすい
方形の指先	忍耐力が強い	受動的残酷さ	肉体的または精神的苦痛に対する激しい恐怖
へら形の指先	疼痛《とうつう》にも恐怖にも無関心	能動的残酷さ	臆病

疾病を啓示する丘

疾病に冒されやすい傾向は、丘の異常な隆起または混沌とした線によっておおわれているかのいずれかによって示される。

木星丘　脳溢血（卒中）・のぼせ・肺疾患

土星丘　神経過敏症・痔《じ》・血液下降・脚・歯および耳の障害・麻痺・半身不随・リウマチ・肉体的欠陥およびこれに伴う障害（中指は循環系統だが、足脚の循環が遅いからここに故障を起こす）。

太陽丘　動悸・動脈瘤・眼の障害（視力喪失にまで及ぶことがある）。

水星丘　胆汁性障害・肝臓疾患・黄疸・法外な神経過敏症

火星上丘　咽頭炎・気管支炎・血液の障害

月丘　膀胱および腎臓の疾患・水腫・結石・視力減退・時として視力喪失（月丘に属するリンパ体質の結果）・痛風・貧血・婦人病

金星丘　生殖器の疾患

火星下丘　ここの陥没した人は梅毒・淋病で、過度に発達した人は色魔である。

火星平原　手掌の中央部で第20図の斜線の部分をいい、方形と三角庭から成り、栄養全体の健康をあらわす。

火星平原が扁平で高くなっている人は誇張・自慢がはなはだしく、扁平で低い人は臆病である。はなはだしく中凹のものは、

・生命線に寄ったところが中凹なのは家庭に悩みがある。

・頭脳線寄りのところが中凹なのは脳障害または卒中に冒される。

・感情線寄りのところが中凹なのは、失恋・心臓虚弱症に悩まされる。

・月丘寄りのところが中凹なのは、神経または関節の障害に冒される。

・総体が中凹なのは、一生失敗し、記憶を失う。

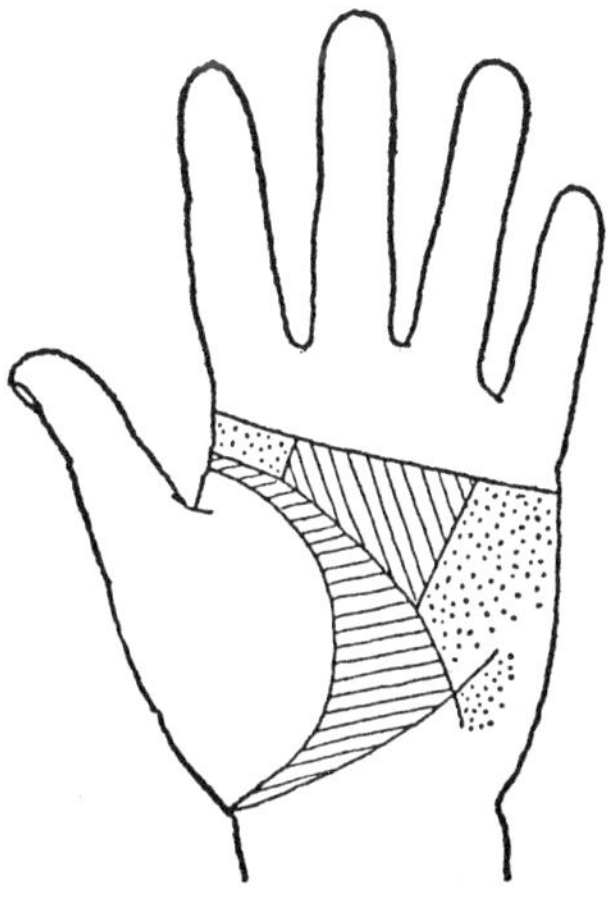

第20図

自殺的傾向を示す丘

木星丘　木星丘の卓越した人は滅多に自殺はしないが、自尊心がはなはだしく傷つけられたり、本来快楽的であるため、その官能的満足の消失しかけるときなどには自殺をも辞さない。

土星丘　土星丘の卓越した人は高所から飛び降りたり、ガスなどによる窒息を敢行して生命を絶つ傾向がある。
火星丘　火星上丘の卓越した人は短剣・ピストル・刀またはかみそりによって、生命を絶つ傾向がある。
水星丘　水星丘の卓越した人は毒薬によって自殺しようとする。土星丘のはなはだしく卓越した人もまたこの類に属している。
月丘　月丘の異常に発達した人は投身によって生活の重荷を免れようとする。
太陽丘および金星丘　太陽丘も金星丘もそれ自体としては自殺を誘致しない。太陽丘の大きい人は快活な性質をもっていて生活を楽しむ。金星丘の卓越した人は悲惨な境地にあるときでも、自ら慰める力に富んでいる。

いずれの丘が異常に隆起していても、そのことだけで自殺の傾向が示されているとはいえない。自殺の傾向があるかないかは、片手もしくは両手の他の局処における示徴によって決まる。

健康線と透視線

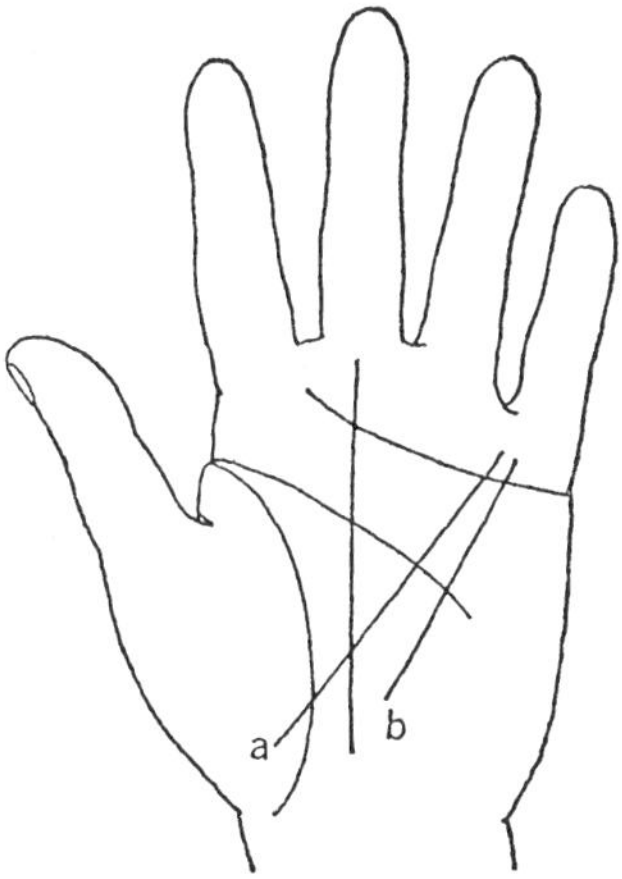

第21図

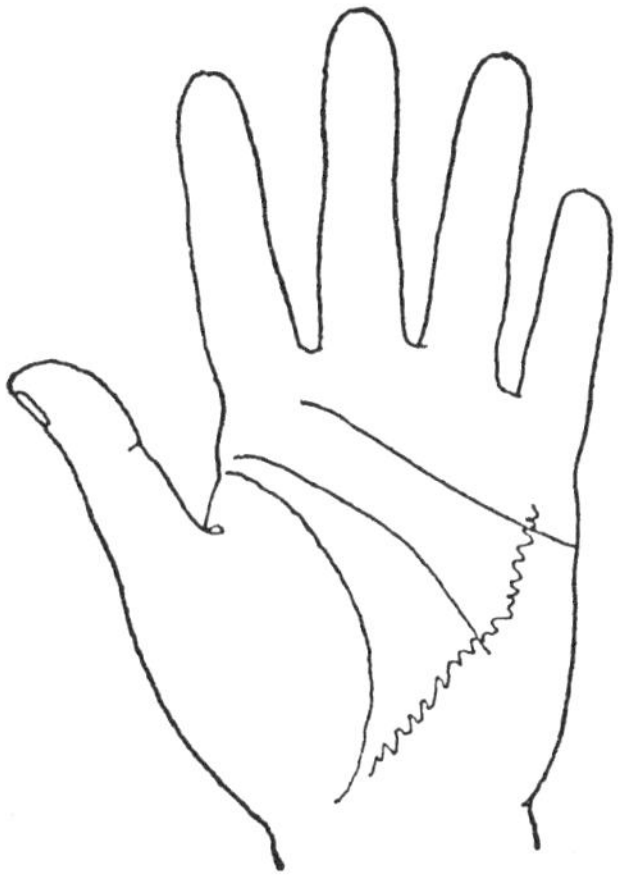

第22図

健康線

健康線は、手掌の小指側の月丘から水星丘に向かって斜めに登る。健康線のない人は不健康かというと、そうとは限らない。生まれつき健康でいて健康線のない人もある。

健康線が生命線と交差している場合（第21図a）は、健康が害される。生命線を切る線は生命線の力を弱めるからである。健康線は運命線と交わらないで、小指寄りから起こるのがよい（第21図b）。

貧弱な健康線は頭脳線の障害を伴う。

広くて浅い健康線は胃の弱いことを示す。

波状の健康線（第22図）は仕事に興廃があり、健康状態も不安定なことを示す。肝臓や腎臓が弱い。

はしご状になった健康線（第23図）は消化不良・大腸炎などをあらわす。ガンの場合もある。健康線の全長にわたって島（第24図）があるのは、のどと肺が弱い。

健康線の色は重要である。蒼白《そうはく》なのは血液循環が障害されている。健康線の特に感情線の近くが赤く、小さく扁平な爪を有している人は、心臓病を有している。ところどころポツポツと赤いのは発熱の傾向がある。

健康線が手に対して垂直に走っているのは、活力にあふれていることを示す。

透視線

月丘から半円を描いて上行し、感情線に触れ、あるいはこれと交差して水星丘に向かう線を透視線または直覚線という（第25図）。人生の神秘と魅力とを直観的に察する力を示している。予言者や霊媒にはこの線がある。

透視線は健康線の変形である。しかし、貧弱な健康線が十字のある透視線と並んでいる（第26図）の

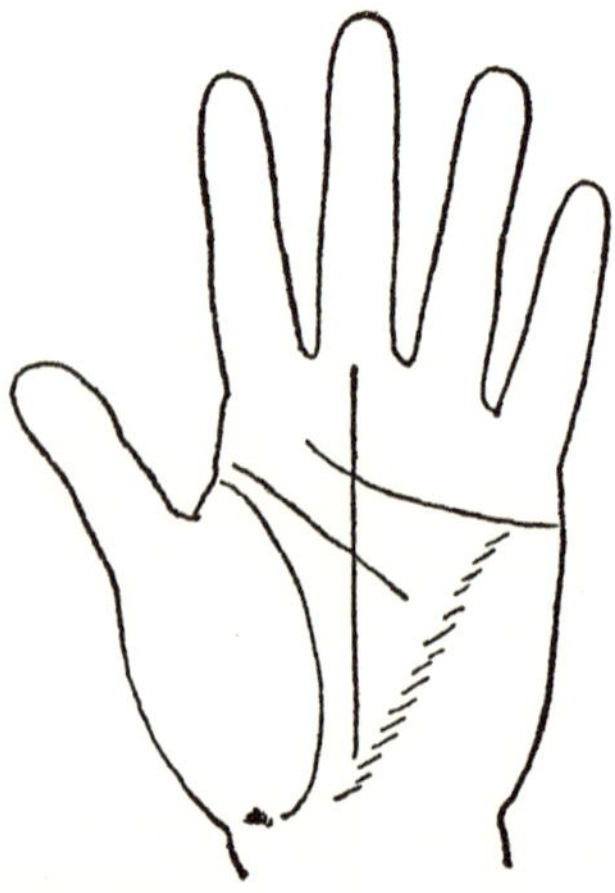

第23図

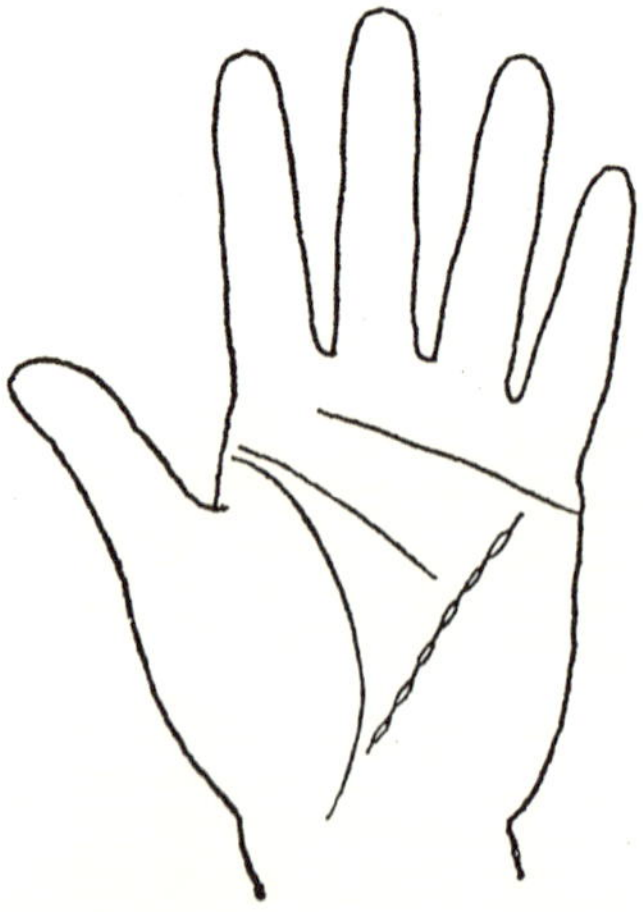

第24図

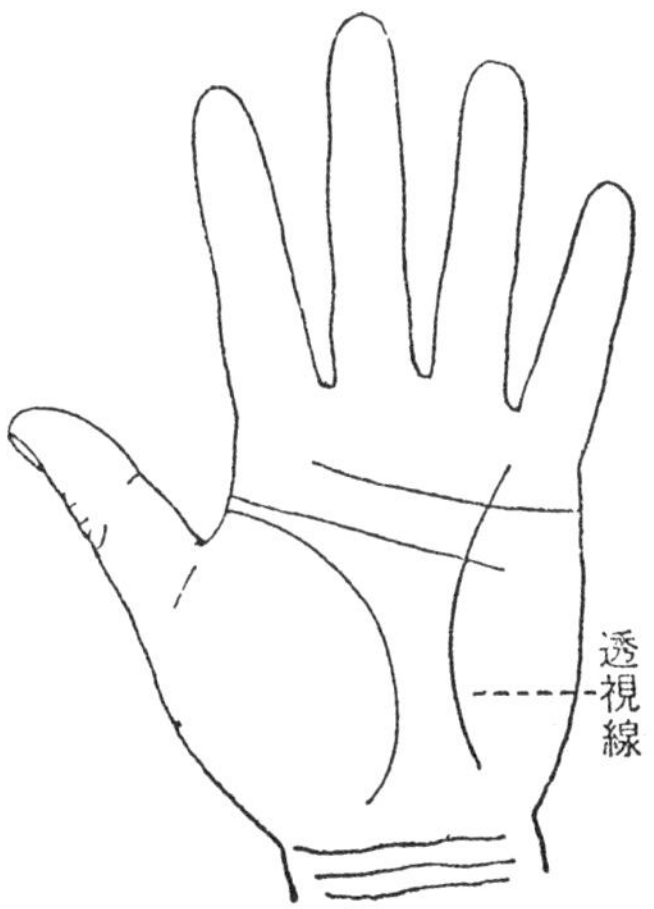

第25図

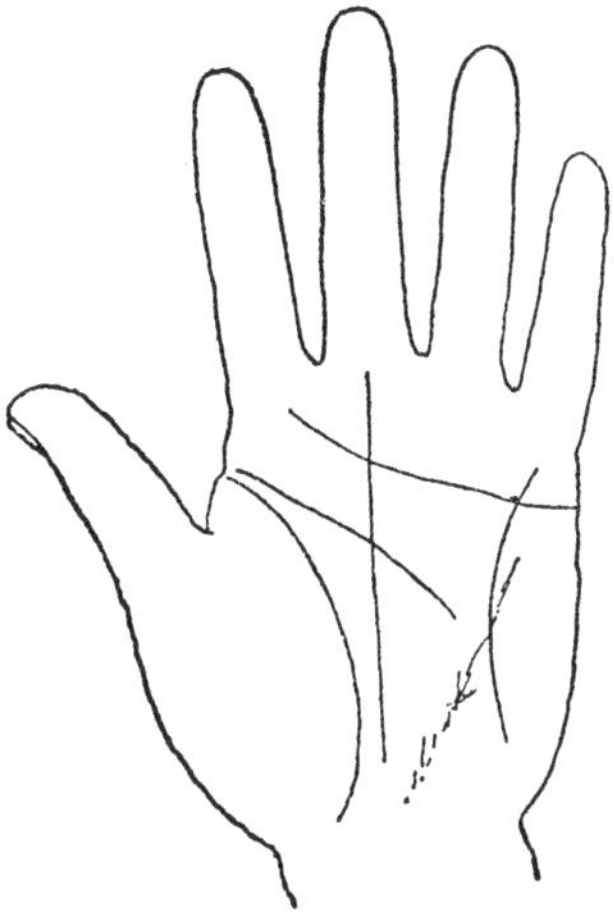

第26図

は、いかさまのテレパシー家や偽りの易者をつくる。

透視能力とか第六感とかいうのは、文化生活をする近代人には欠けているのが普通で、無理に潜在意識を引っ張り出そうとすると、テレパシーではなくて、それは妄想になる。「易者、身の上知らず」という諺《ことわざ》がある。他人の運命は判断できても、自分のことは判らないということである。損得がからむと判断は狂う。これで見料《けんりょう》はいくらもらおうと腹の中で計算したり、相場を張って大もうけをしてやろうと欲を出すと、失敗する。

透視線が斜めに下がる頭脳線と交差すると、想像力が知能を障害する（第27図）。

透視線の上向枝が人差指のつけ根に至る（第28図a）のは、神秘学者や占星術者として成功する。上向枝が薬指のつけ根に向かう（同b）のは名声を博する。透視線からの上向枝が中指のつけ根のサターン環を切るもの（同C）は履歴に傷がつく。

透視線の起始部にいくつかの島がある（第29図）のは夢遊病の傾向がある。

透視線の終末で小指のつけ根に星がある（第30図）のは、水星丘のつかさどる雄弁力と商売上の察知力によって大きな成功を収める示徴である。

　透視線をつくるには、火星上丘と月丘の部分を他方の手の親指で押して、半円形の折れ目をつくるようにするとよい。ただし、潜在意識は主としてグローミュー[*45]にあるので、生水・生野菜を摂取し、薄着になって毛管運動[*110]や温冷浴[*111]を行なってから透視をしないと熱中して体力を消耗することになる。霊媒やミコといった者が必ずしも健康・長命ではないのはそのためである。

　山へこもって断食をしたり、滝に打たれたりして修行した人が、透視力を得て、奇跡と騒がれ、たく

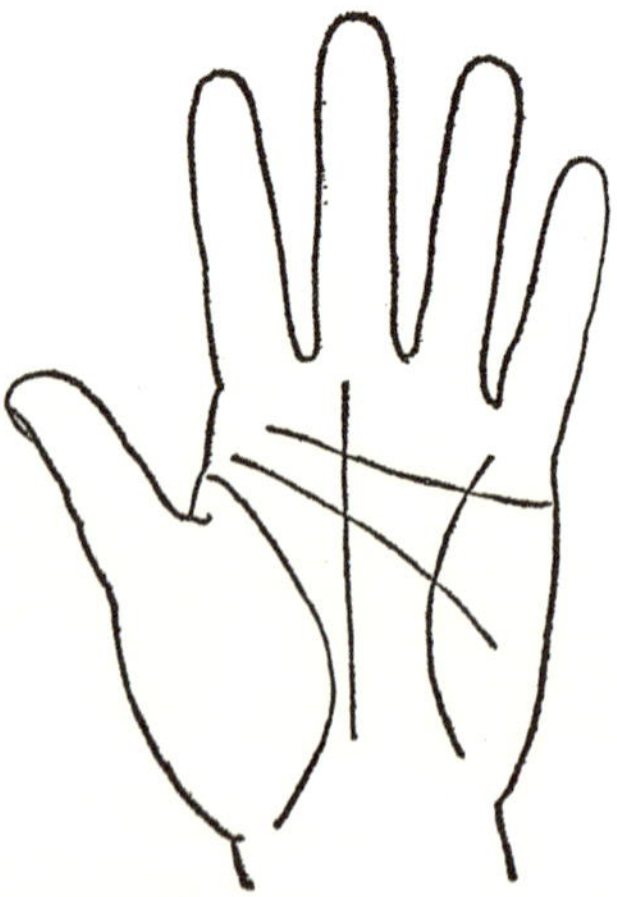

第27図

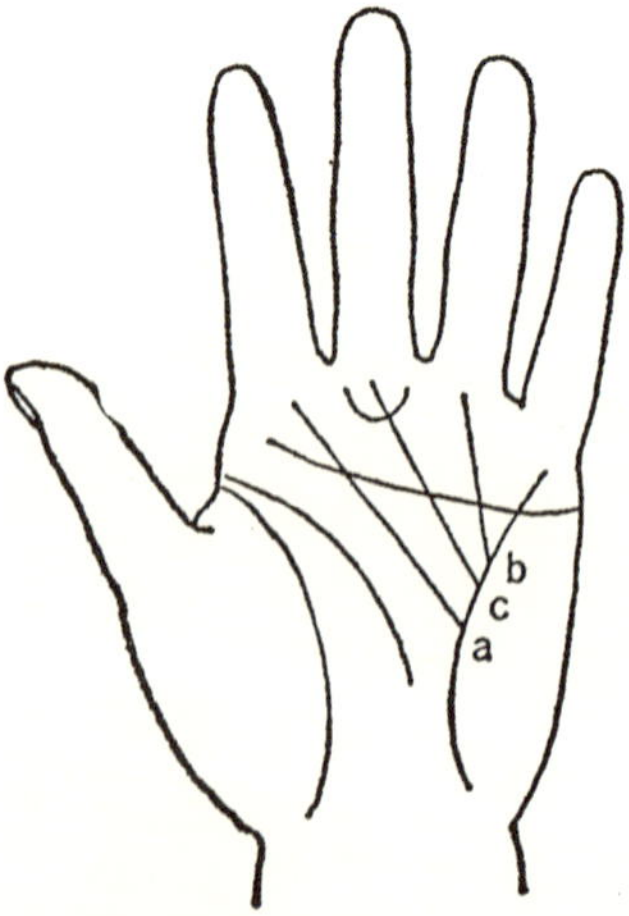

第28図

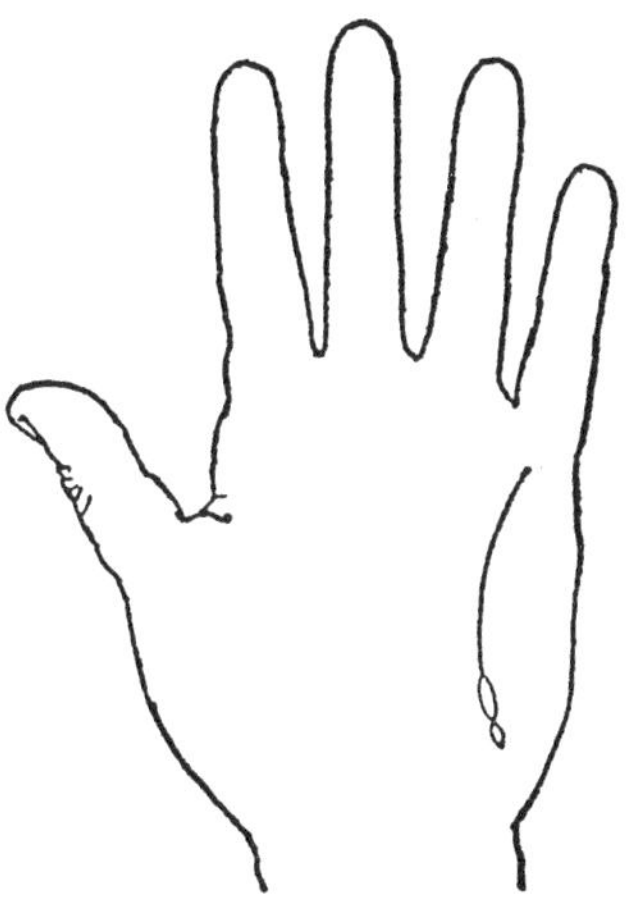

第29図

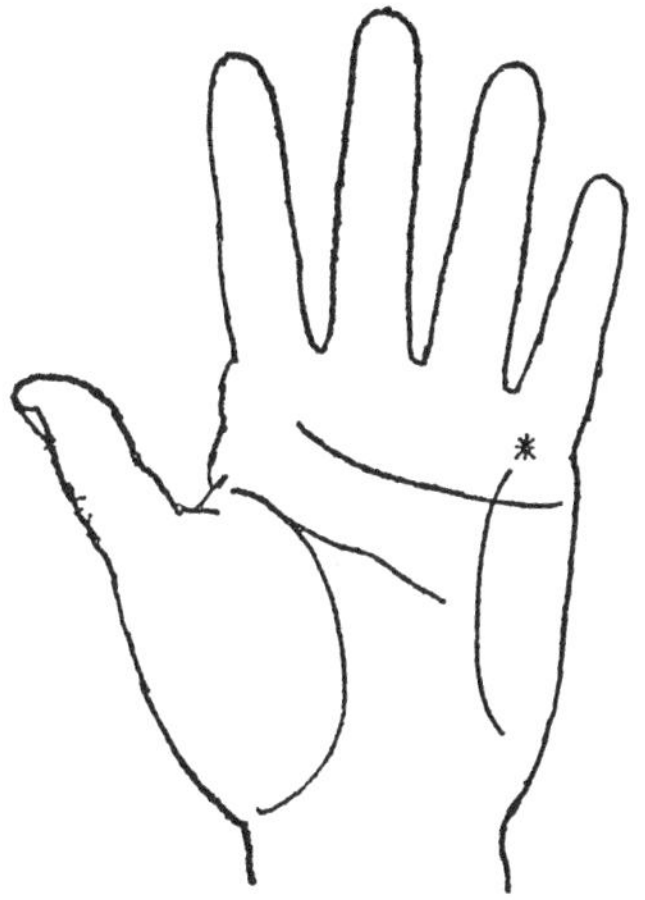

第30図

さんの信者が寄ってくる。お金やお供物が集まり、ごちそうを食べ、酒を飲んだり、菓子を食べたりして、神通力を失うという例が少なくない。これは文化生活に戻ったために、せっかく形成されたグローミューを破壊するからである。

グローミュー

動静脈吻合《ふんごう》管のこと。毛細血管を経由しないで動脈と静脈を連絡し、血圧を調節する。

グローミューは、①血液循環の調節、②体温の調節、③血圧の調節、④自律神経の場の形成、⑤ホルモンの分泌、などを行なうとされている。グローミューの壊れた人は、毛細血管が拡張し、手掌に網状の赤い線がみられる。

グローミューと毛細血管は交互に収縮・拡大して、血液循環や血圧を調節するが、四〇才ごろから退化し始め、老衰の進行につれて萎縮・硬化して、消滅

酸性かアルカリ性体質か

症状というのは、血液を弱アルカリ性に保とうという身体の調節作用である。吐くことによって余分の酸を捨て、下痢することによって余分のアルカリを捨てているのである。酸が多過ぎるときは、熱を出してアルカリを呼び起こす。

手相を見るに際しても、まず酸性体質かアルカリ性体質かを見分けることが必要である。

生命線の取り囲む領域はアルカリ性をつかさどるから、生命線は大きな弧を描いて下り、終末は手頸に向かって垂直に下りるほうがよい（第31図）

する。

グローミューはアルコールで硬くなったり、砂糖で融けたりするので、温冷浴や毛管運動で毛細血管を収縮させ、グローミューを拡張させて道を開き、生野菜を材料にしてグローミューの壁を再生することが、動脈硬化症や糖尿病を治す方法である。

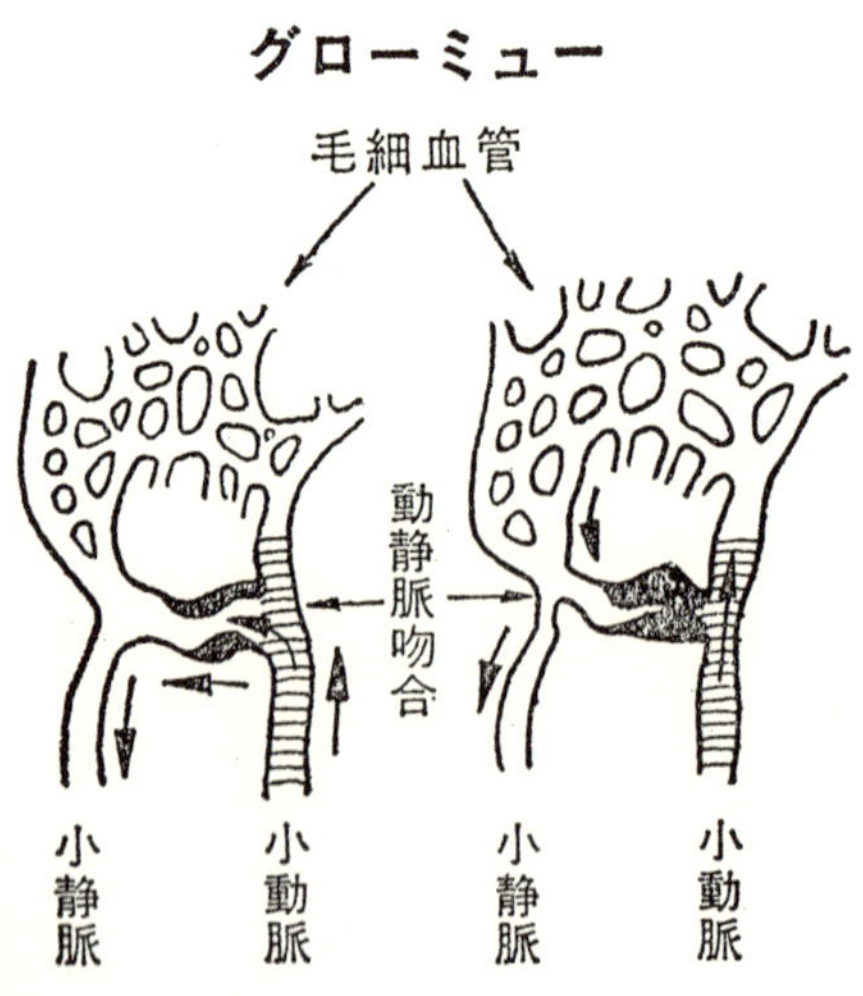

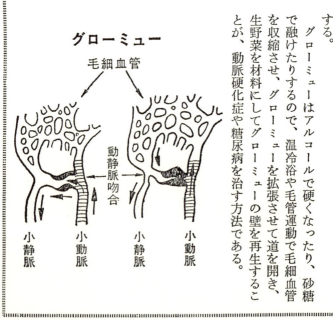

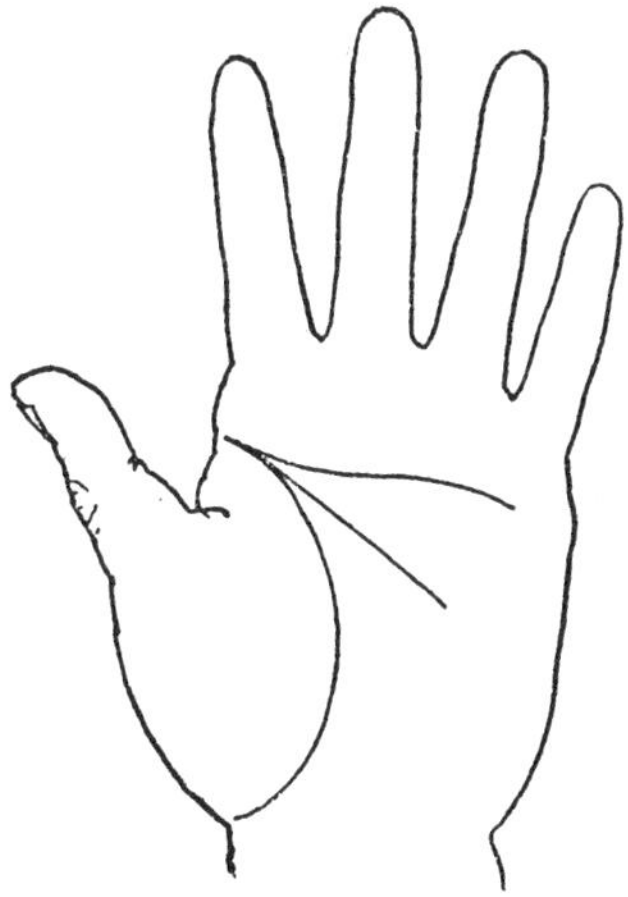

第32図

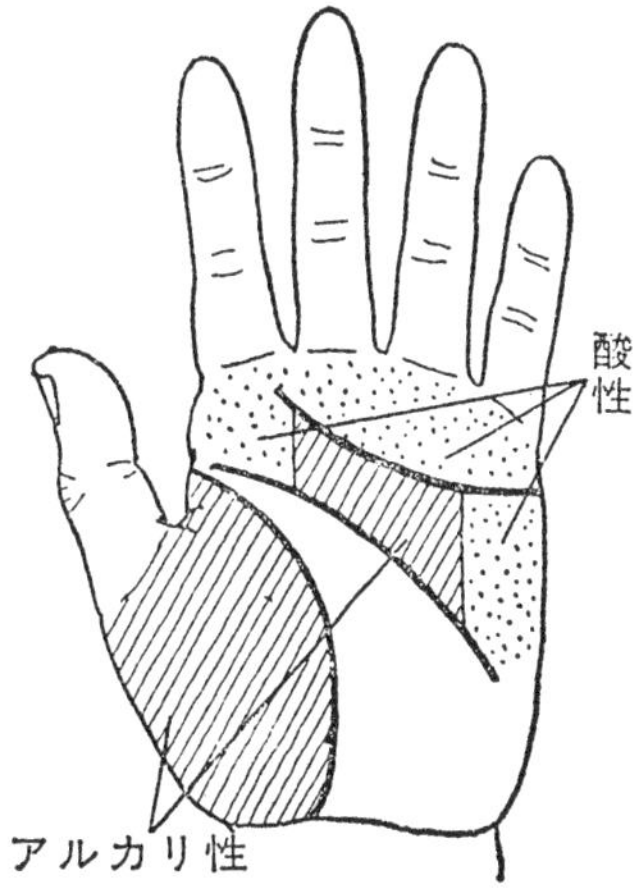

第31図

これに反して、感情線の取り囲む領域は酸性で、感情線の位置が下になるほど酸性は強くなる。したがって、頭脳線が水平に走るほどアルカリ性で、手頸に向かって斜めに下りるほど（月丘に入る）酸性である。

感情線と頭脳線にはさまれる部分を方形という。その中央部分（人差指と中指の間の延長線と薬指と小指の間の延長線で区切られる）はアルカリ性で、その両外側の部分は酸性である。

第32図のように生命線・頭脳線・感情線の三主線がひっついているのは、アルカリ過剰を意味する。こういう人は両肩が前へ出て姿勢が悪く、前腕を形成する二本の骨（撓《とう》骨と尺骨）が離れる傾向がある。これを直すには、手で同側の肩をつかみ、反対の手でひじを後上方へ押すようにする。

中指を中心として、指が小指側へ曲がる人はアルカリ性体質(アルカローシス)、親指側へ曲がる人は酸性体質(アシドーシス)である。アルカリ性過剰の代表はガン・喘息《ぜんそく》・テタニー・低血圧症・胃下垂であり、酸性過剰のそれは動脈硬化・脳溢血・糖尿病・発熱・かぜである。病気の約七割は酸性過剰により、三割はアルカリ性過剰によるとされている。安静・煮た野菜食・温浴・笑うなどは体液をアルカリ性に傾かせ、運動・肉食・水浴・怒るなどは体液を酸性に傾かせる。

酸性体質とアルカリ性体質の特徴を表にすると、次のようになる。

	酸性体質	アルカリ性体質
神経	交感神経緊張症	副交感神経(迷走神経)緊張症
皮膚	顔が生き生きしている	青白い
筋肉	身体がこわばっている	ぐにゃぐにゃで力がない
体格	四肢が胴より発達(長線扁平型)	四肢より胴が発達(短線丸型)
血圧	高血圧が多い	低血圧が多い
頭髪	はげ頭が多い	毛がこわく白髪になりやすい
眼球	内側へ寄る	外側へ寄る
瞳孔	大きい	小さい
手指	中指を軸として指が親指側へ曲がる	中指を軸として指が小指側へ曲がる

手掌	感情線の囲む面積が大	生命線の囲む面積が大
運動	動くと疲れる	動くと元気が出る
分泌	少ない（唾液、胃液、発汗など）	多い
睡眠	ねむい（昏睡）	ねむりにくい（不眠）
疾病	脳溢血、糖尿病、発熱など	ガン、喘息、テタニーなど
性向	衝動によって動き、悲観的、闘争的	勇気に乏しく、平和と快楽を要求

人間の身体は自然に酸・アルカリの調節ができるようになっているが、最も大きな役割は腎臓が果たしている。

①呼吸中枢によって、体液の酸性が高まると、呼吸を早めて炭酸ガスの放出を多くし、酸を少なくする。

②腎臓から酸性の尿やアルカリ性の尿を排泄して、体液を調節する。

③肝臓は蛋白質代謝によってアンモニアをつくり、そのアンモニアが酸過剰のときには血中に入って酸性を中和する。

④血管が酸過剰のときには拡大し、アルカリ過剰のときには収縮して、酸とアルカリの中和を行なうようになっている。運動選手や重労働をする人は、野菜や果物を多く摂る必要がある。オーストラリアの水泳選手マレー・ローズは、生野菜と果物を常食にしていた。

性質とその特徴

性格と病気とは非常に関係が深い。温和な性格の人はあまり病気をしない。また、病気になると性格も変わってくる。毎日鏡を見て、にこやかな顔をつくることも健康の秘訣である。

適応性　屈伸自在な親指および指によって示される。適応性があるということは、外界の変動に対処する準備が即座にできることを示す。それができないのはストレス症に冒される。ストレス症とは、寒暑・過労・心労・飢餓など、不快な条件に対して身体の防御作用によって起こる症状である。

貪欲　開きにくいような硬い手で示される。物欲にとらわれると腎臓を患う。

明晰な思考力　頭脳線がはっきりして傾き過ぎていないことによって示される。指が節くれだち、小指のつけ根の水星丘の下の火星上丘が発達していれば、この性質は更に強化される。

不正直　小指のつけ根の水星丘上の十字徴によっ

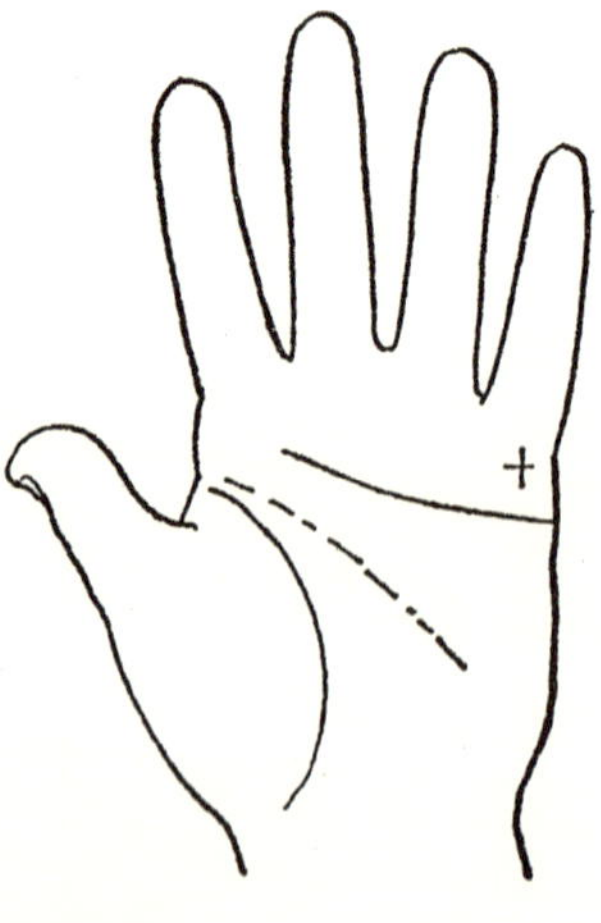

第33図

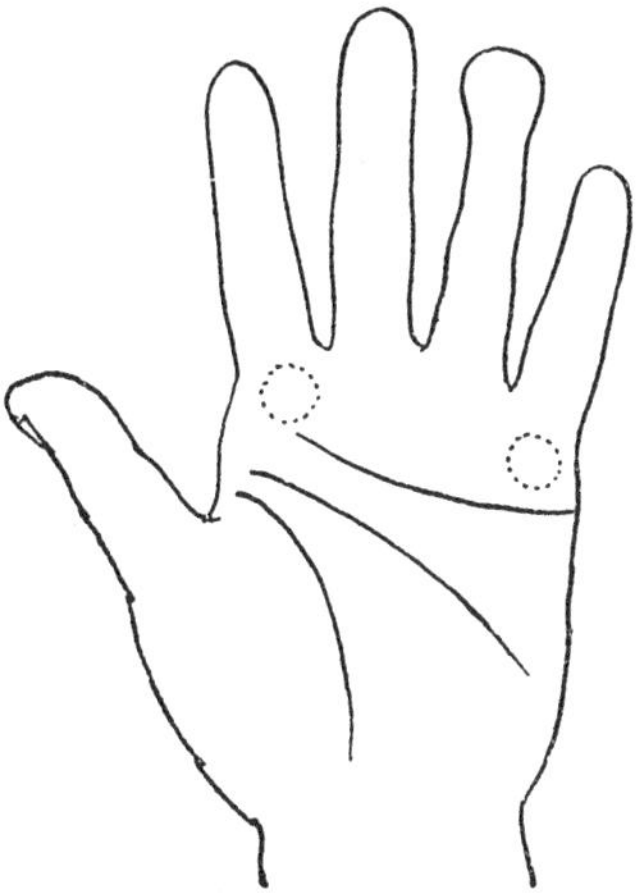

第35図

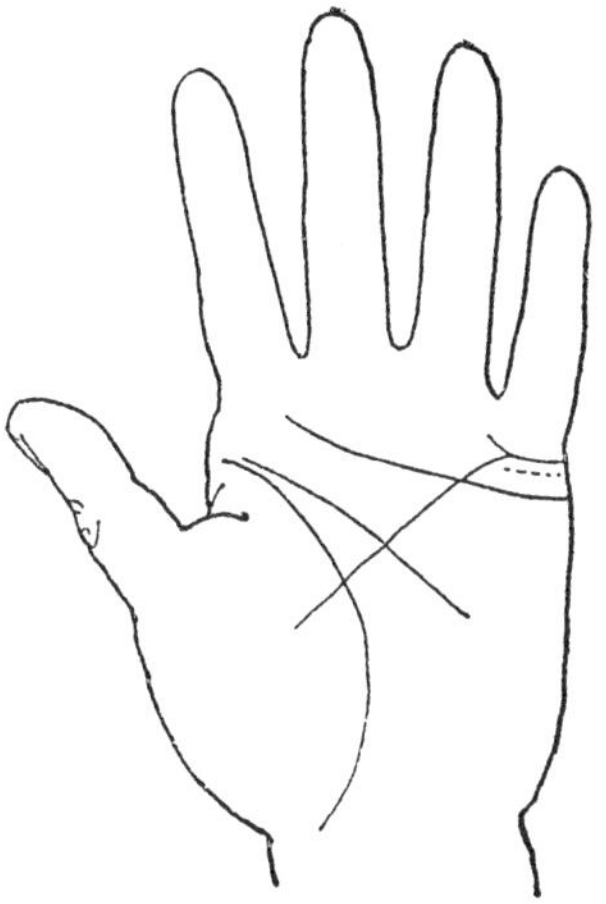

第34図

て示される。真理を見分けられないことからくる不正直は、親指の発達が不充分で、頭脳線の弱いことで示される（第33図）。

離婚　手の中心に向かって傾き、叉となって終わる結婚線によって示される。離婚はまた、金星丘から出た線が手を横切って結婚線に達していること、あるいは結婚線に破れのあることでも示される（第34図）。

雄弁　小指と人差指が共に長くて、おのおのつけ根の水星丘と木星丘がよく発達し、頭脳線の長いことで示される（第35図）。もし薬指がへら型の先をもっていれば、これは更に強められる。目の下のふくらんでいる人は腎臓が悪くてむくんでいるのであるが、声が枯れないといわれる。

精力　よく発達している木星丘をもっている硬い手によって示される。指がへら型で、頭脳線と生命線が引っつかないで、離れて起こっているときには、精力は更に強い（第36図）。

ヒステリー性傾向　ねじれ曲がった指、あるいは破れていない金星帯によって示される（第37図）。金星帯は神経過敏をあらわす。

短気　中指のつけ根の半円状のサターン環（第38図）で示される。生命線の切れている場合もある。サターン環のある人は、面倒くさいことは一切抜かして、一気に名声の階段の頂上まで昇ろうとする人である。足脚が悪い。

無能力　手のへら型の場合に、人差指のつけ根の木星丘上にある円の徴によって示される。円錐形または精神型の手では常に親指が強くて、頭脳線がよく刻まれていないときには、無能力に傾きがちである。波形の頭脳線は、いかなる型の手においても無能力であることを示す（第39図）。

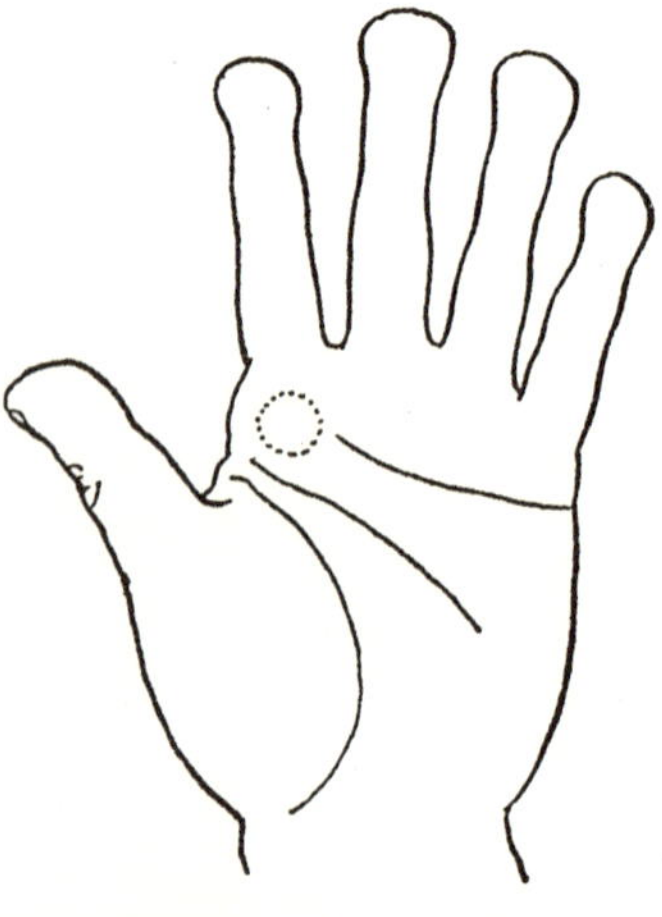

第36図

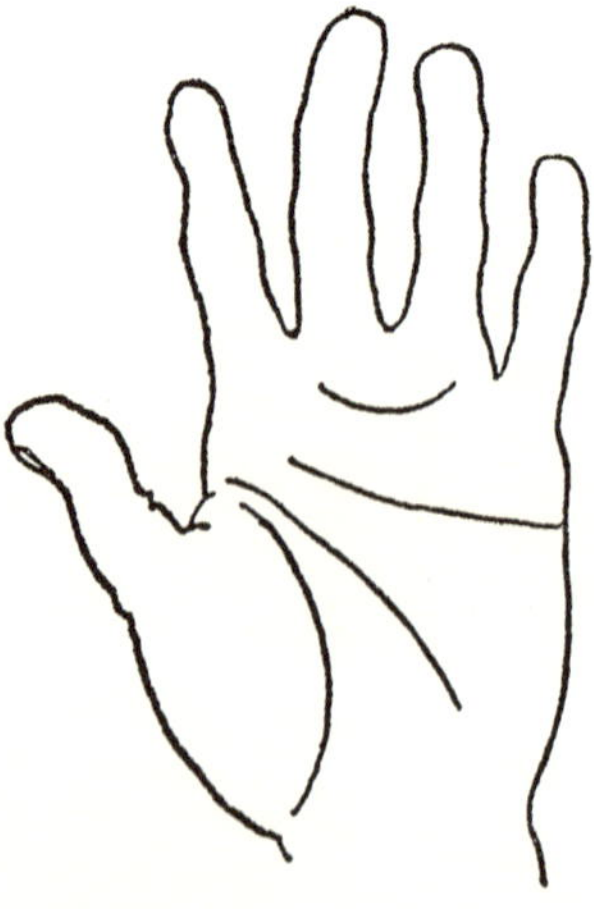

第37図

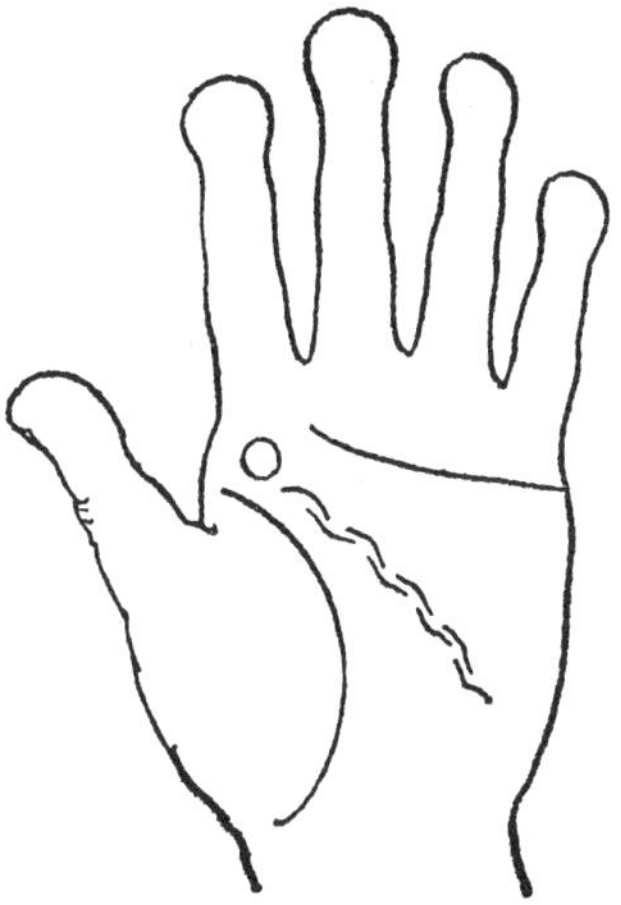

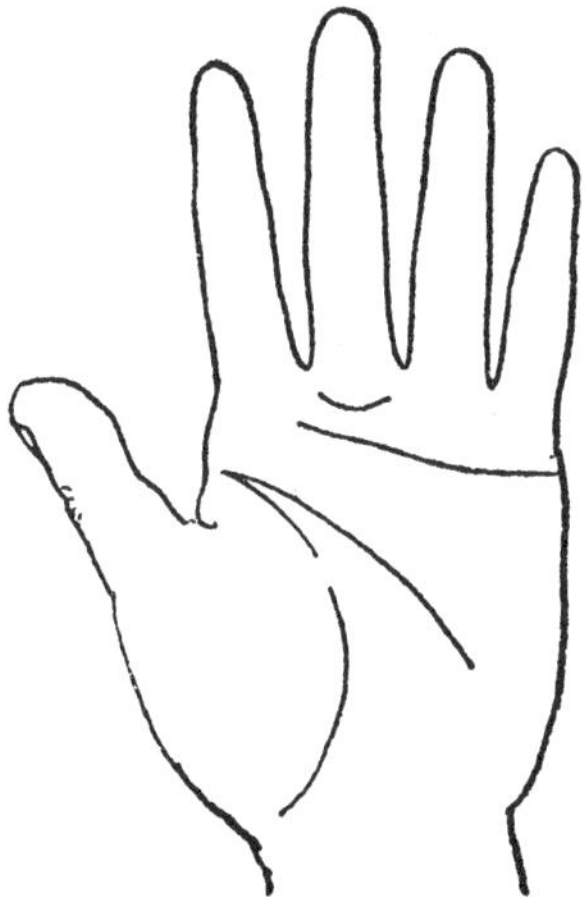

第38図

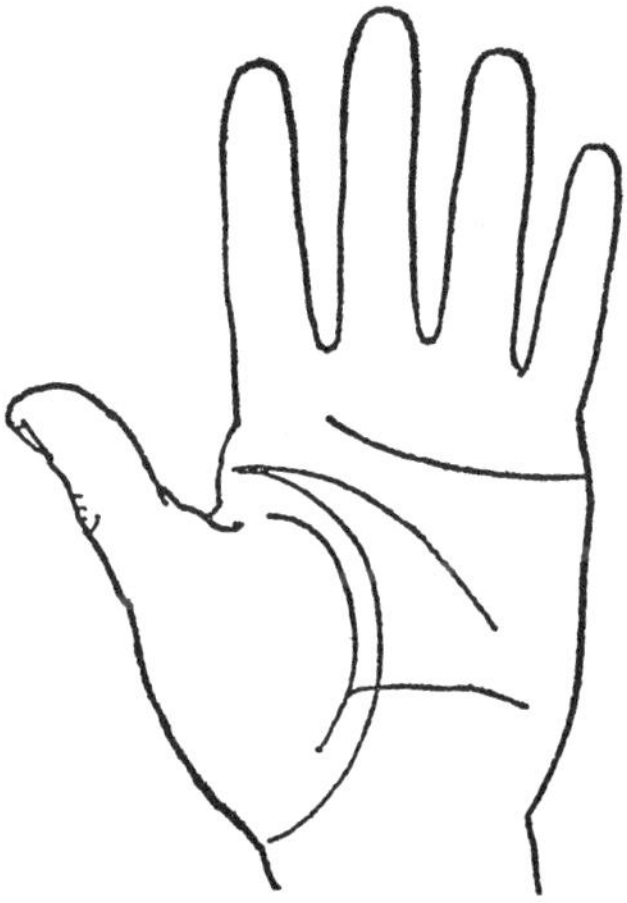

(上)第39図
(下)第40図

放縦　放縦の傾向は、生命線の内側に平行して走る火星線から出た支線が月丘へ向かっていることによって示されている。こういうときは不節生から病気が起こるおそれがあるので、お粥を食べるとか、一日くらい食事を抜くのがよい。もしこの手がよい頭脳線と強い親指をもっているときには、この性向は、飲酒や麻酔剤にはけ口をみつけず、スポーツや仕事にはけ口をみつけるのを常とする。頭脳線の判断力と親指の意志の力による(第40図)。

結婚　輝かしい結婚は、人差指のつけ根の木星丘に星の徴のあること、あるいは結婚線からの分枝が上向して個性線に達していることで示される（第41図）。

幸福な結婚は結婚線がまっすぐで、はっきりと刻まれている上、影響線が運命線に沿って生命線に向かって走っていることで示される。

結婚に対する障害は、小指のつけ根から深い線が出て下行し、結婚線を切っている（第42図）ことで示される。

小指のつけ根の水星丘に三本とか五本とか縦の平行線があれば、医学的研究に適した才能をもっている。このような線がないときは、理論的につきつめて病気を研究するのには適しない。このような平行線が女の手にあれば、医者をやりこめたあげく、彼と結婚するようになる。看護婦が医長といっしょになるなどの例である。

裕福な結婚は、月丘から出た線が運命線に向かっ

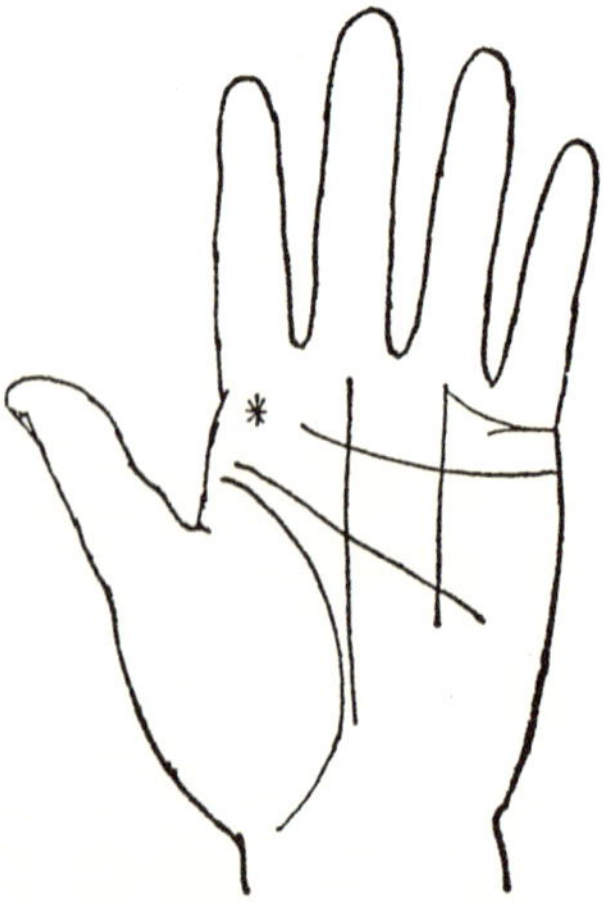

第41図

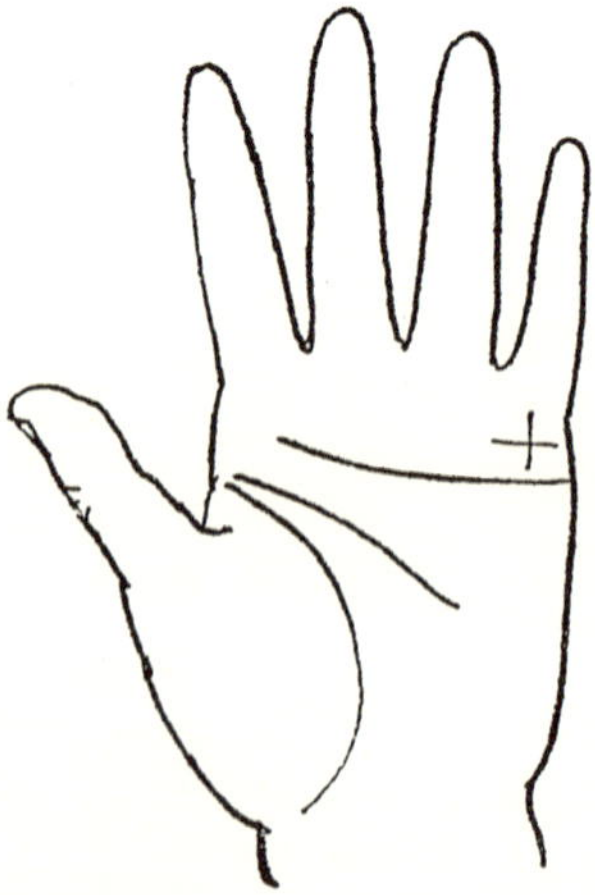

第42図

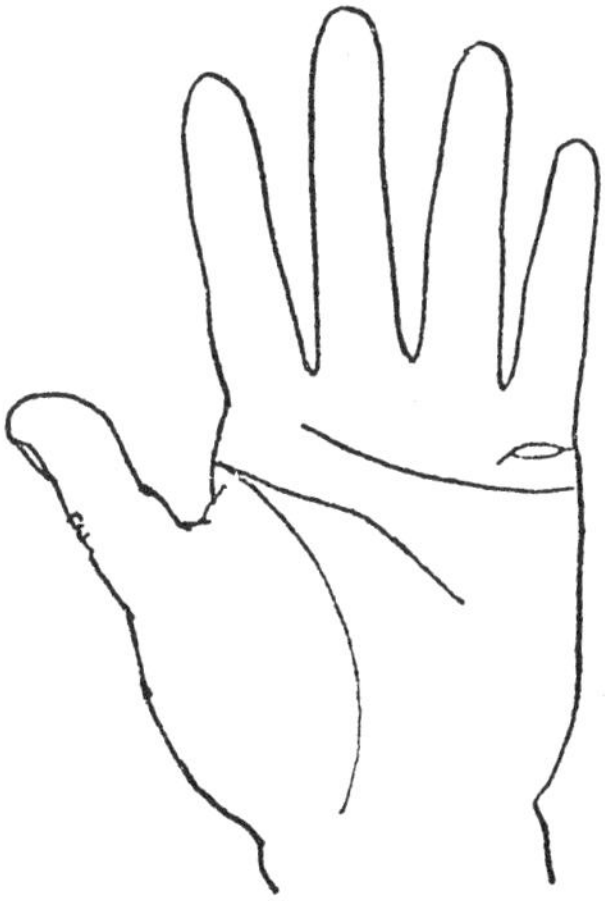

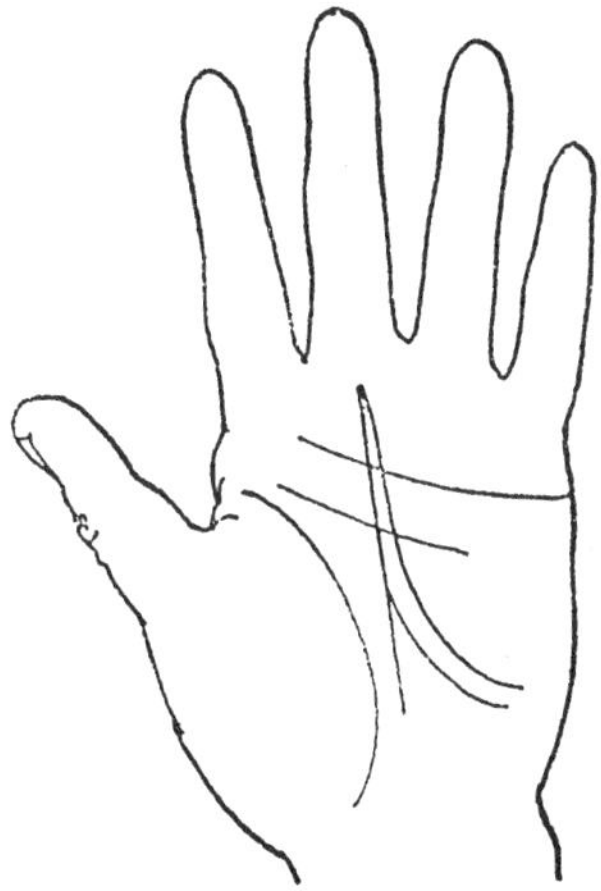

第43図

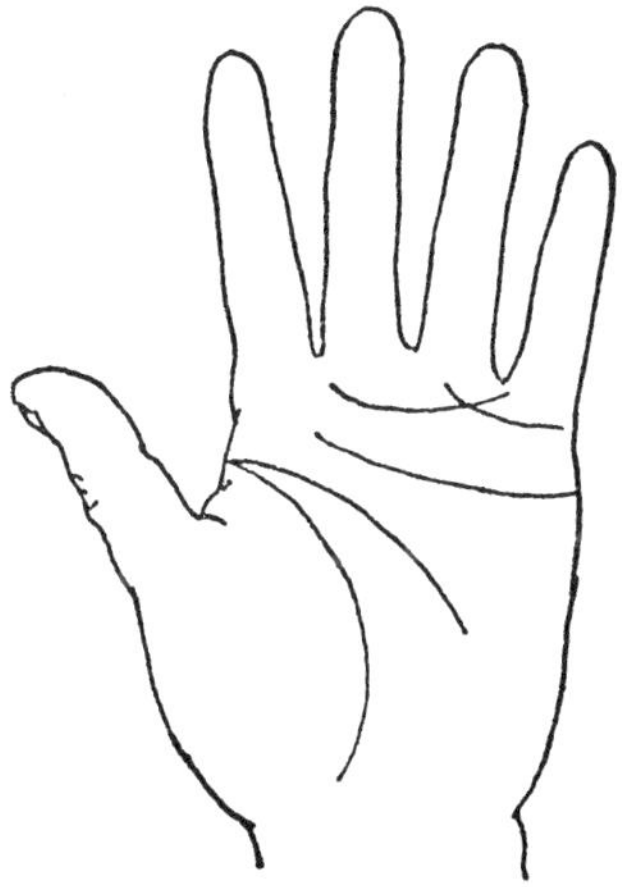

（上）第44図
（下）第45図

て走り、これと結合するか、あるいはこれと並び、中指のつけ根の土星丘に達している（第43図）ことで示される。手頸が自由に回転できるようになると、こういう線ができる。

不幸な結婚は、結婚線に島の徴のあること、あるいは結婚線が下に曲がって感情線に触れている（第44図）こと、または結婚線が金星帯で切られている（第45図）ことで示される。

結婚は有性生殖から始まったもので、有性生殖は植物にもみられる。人工交配によって作物でもよい品種をつくり出すことができる。人間の場合、よい相手を求めてよい子孫を残そうということになるが、太った人はやせた人を、背の低い人は高い人を、血圧の高い人は低い人をという具合に、自分と性質・体質などが反対の人と結婚し、中庸の子孫を残そうとするようである。悪い遺伝素質や病弱者は避けるべきであるが、世間体や損得や物好きで配遇者を選定するものではない。

憂うつ　長くて平たい中指で示される。また破れのない金星帯（感情線の内側の平行線）、小指のつけ根の水星丘の発達が悪いか、または全然ないこと（肉づきの悪いこと）、月丘が手頸のほうへ発達していること、手掌が黄色がかった色をしていることで示される。もしも、すべての指が中指のほうへ傾いていればこの性質は強い。頭脳線が月丘へ傾いていればいっそう強められる（第46図）。

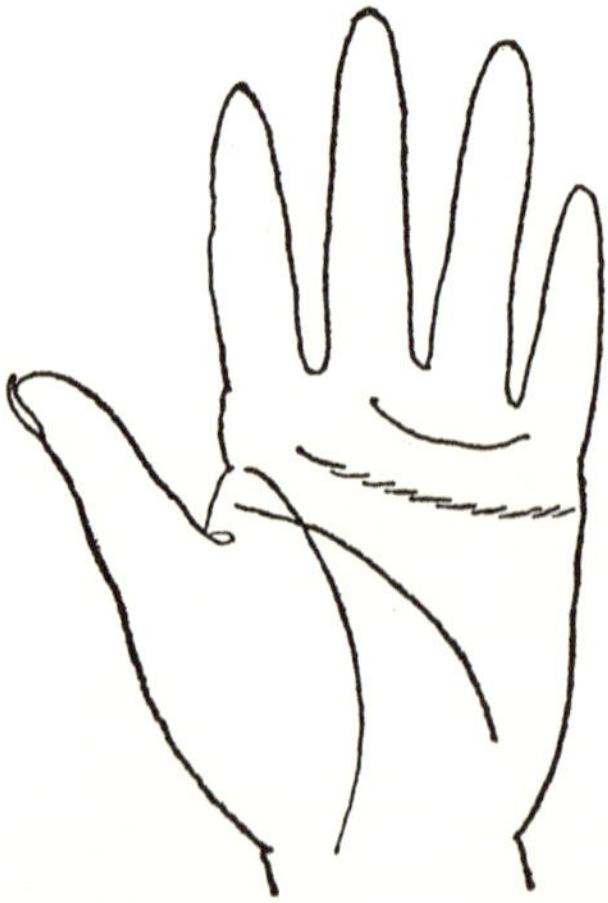

第47図

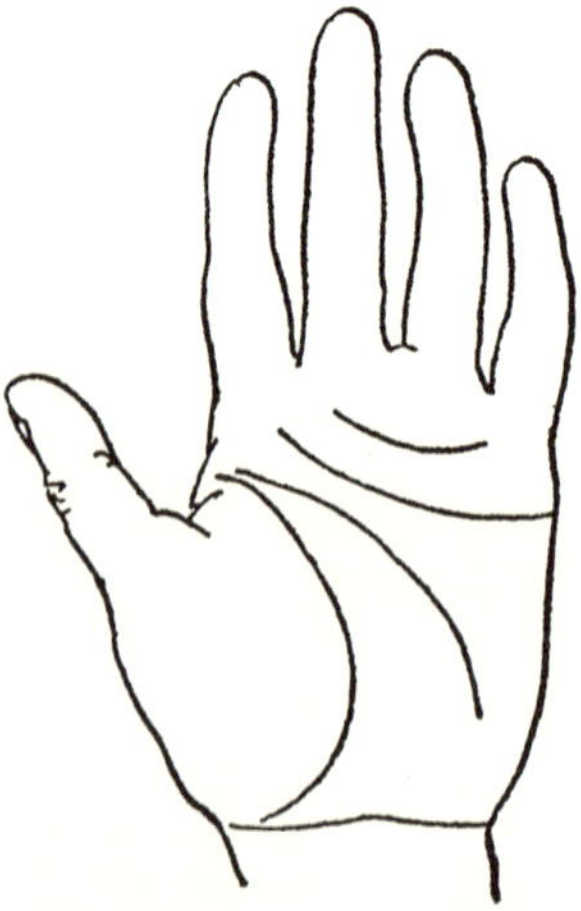

第46図

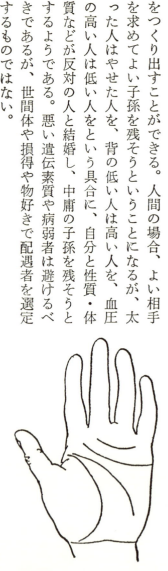

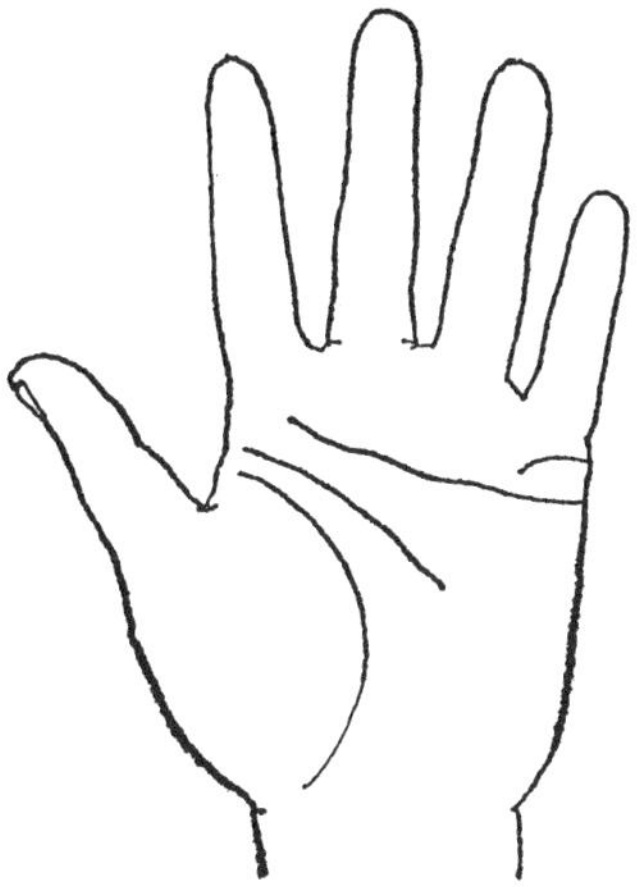

第49図

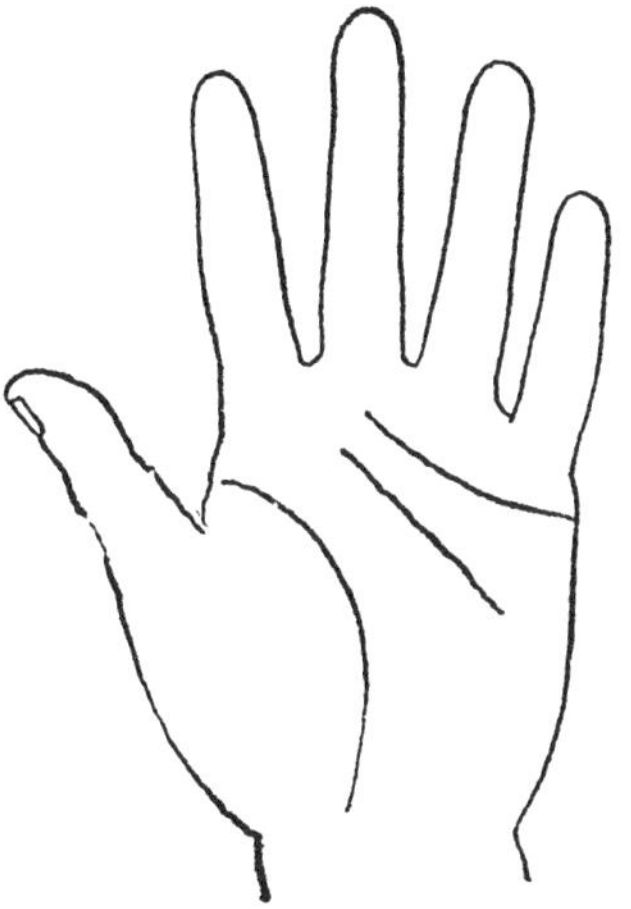

第48図

過敏性　爪がくさび形（鷲の爪のよう）をしているのと、指先が尖っていて、金星帯（感情線の副線）のあることで示される（第47図）。

情欲　親指のつけ根の金星丘の過度の発達や、中指のつけ根から起こる頭脳線によって示される（第48図）。

後家の徴　結婚線が感情線のほうへ曲がって下がっているが、それに触れていないときには（第49図）、その人は結婚する相手よりは長生きする。

感情線と頭脳線が合して一本の線になったものを「マスカケ」と呼ぶが、女子では後家の相といわれる。乱暴な性質または野獣的行動に陥りやすいというが、一方、石橋をたたいて渡る慎重さがあり、形のよい手のときはすぐれた理財的能力を示し、会計係・銀行員などに適している。身体的には脳溢血に注意を要する。

徳川家康の左手には立派な「マスカケ」がある。系図を盗んだという伝説の真偽は別としても、豊臣の残党を根こそぎにして、徳川三百年の基礎を築いたのは、用意周到な大政治家であった。

爪が示す健康度

きれいな爪というものは魅力的なものだが、マニキュアでどぎつい色を塗りつけるのは、男性の注意を引くというよりも、不健康さをごまかすということで、顔の化粧と同じである。

爪の成長は年令・左右の差・季節・健康状態などによって変化するばかりでなく、生活状態によっても差違を生ずる。樹木の年輪のように、爪は冬よりも夏のほうがよくのびるし、断食中よりも食欲の満たされているときのほうが成長が早い。右利きの人は右手の爪が左より早くのびる。病気は爪の成長を阻むもので、その種類と故障の場所によって成長に相違をきたす。

正常な状態では、爪は一日に平均〇・一ミリ成長するが、五〜三〇才の若い人では成長率が最も高く、六〇才を越えると著しく遅くなり、一日に〇・〇四〜〇・〇六ミリの成長率を示すに過ぎない。手の爪が完全に更新されるには約四カ月を要し、足の爪は六カ月かかるとされている。

変色している

健康者の爪は薄紅色で光沢がある。爪の赤過ぎるのは充血で、のぼせ症や熱病に見られ、指先に動脈血がたまっていることを示す。蒼白なのは貧血で、浮腫（むくみ）のあるときも白っぽくなる。青味がかったのは静脈血の停滞で、ひどくなると黒ずんでくる(チアノーゼ)。これは血液中の酸素の不足を示し、死の迫った危険状態である。黄色っぽい爪は肝臓障害である。

一般に爪の色は皮膚の色と一致している。そういう色が出るのは、そういう色素が欠乏しているからである。例えば、黄色い人はみかん・かぼちゃ、赤い人はにんじん・トマト・りんご・白い人は大根・豆腐・白ごま、黒い人は黒豆・黒ごま・こんぶ・わかめ、といったように自分の色に合ったものを食すると健康になる。

斑点と凹凸がある

爪にポツポツと小さな穴や凹みのあるのは横溝と同じく、寄生虫か便秘である。爪に盛り上がってゴツゴツした岩のようなものができるのは、動脈硬化症か梅毒である。

爪に白い斑点ができるのは、俗に「着物ができる」というが、寄生虫や貧血症で、血液循環に欠陥がある。

黒または青い斑点は伝染病などによる血液中毒症(敗血症)の場合にあらわれることが多く、黄色い斑点は肝臓病に随伴する。

溝がある

爪に縦のしわがあるのは老人に多く見られるが、心臓の弱い人に多く、皮膚を包み過ぎる結果である。冬は暖房、夏は冷房ということで皮膚を弱くしてしまうから、暑さ・寒さに対して皮膚を鍛錬するように心がけなければならない。

横溝は寄生虫による障害と爪の成育の停止を示し、便秘症の人に多く見られるが、リウマチや急性伝染病などで、その時期に爪のカルシウム分が不足したことをも示す。爪の生え替わりは四カ月であるから、何カ月前に大病をした、ということも判る。横溝ばかりでなく、凹凸のあらわれる指によって、その意味が変わってくる。親指の場合は身心が疲労しやすく、人差指では胃腸や肝臓の故障から皮膚病、中指は心臓・腎臓・血管の故障・尿酸の筋肉内停滞によるリウマチ・関節炎など、薬指では神経系統の疾患・眼病・気管支炎などの障害、小指では呼吸器・生殖器の疾患に関係している。

このように、指によって特徴があるが、これは凹凸や溝ばかりでなく、爪のすべての変化についてもいえる。

変形している

長過ぎる爪（第50図の①）は舌・咽喉・気管支・肺の疾病に冒されやすい。短く、平らでほとんど四角な爪（同②）は心臓病や病的神経質に悩まされやすい。

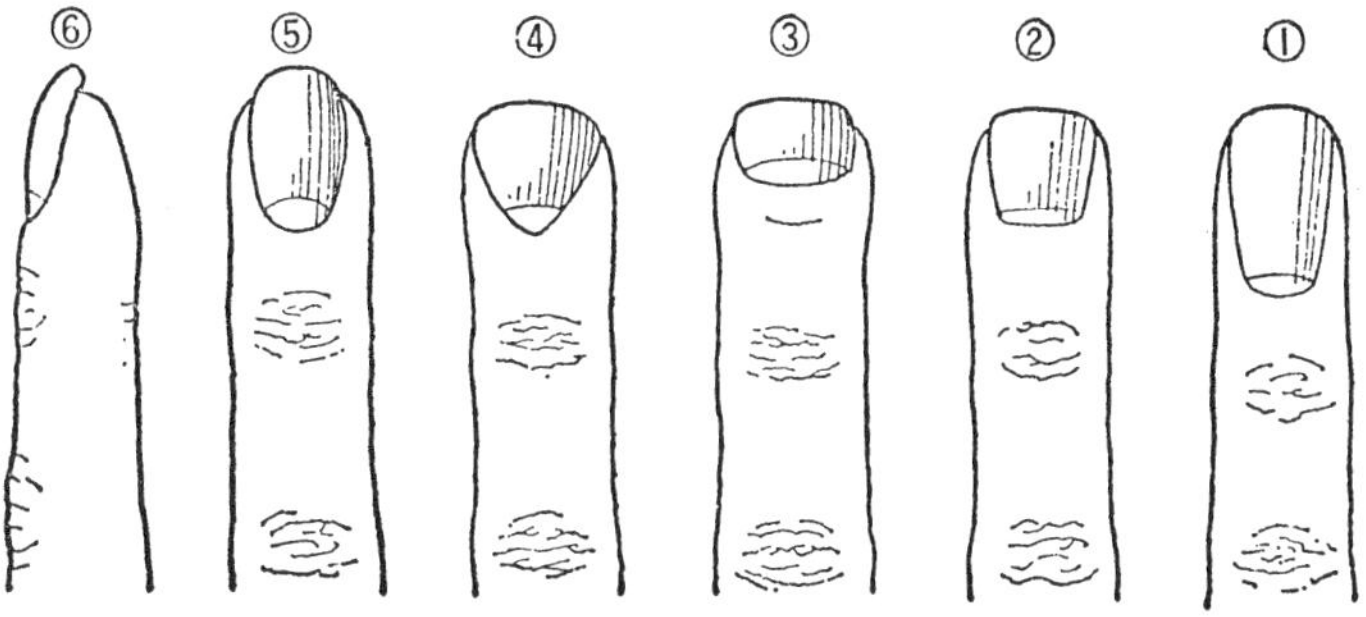

第50図

きわめて短く、しかも幅の広い爪（同③）は神経過敏やノイローゼの素質をもっている。

三角状の爪（同④）をそなえた人は、脳脊髄の障害や中風症を起こしやすい。

ドングリ状の爪（同⑤）は動脈系統の弱い人に見られる。鸚鵡《おうむ》のくちばしのように中高になった爪（同⑥）は呼吸器疾患に冒される素質であり、碁石のように丸くなったのは肝臓障害の兆候である。

指先については、正常な爪はなだらかな穹窿《きゅうりゅう》形（弓形または半球形）をしていなければならない。

穹窿の側縁が急に落下して屋根のような形をしたもの（第51図の①）は、動脈硬化症および腎臓疾患の兆候である。

穹窿がアーチ形をとり、ほとんど半円に近いもの（同②）は腎臓機能の障害により中毒症が起こっている。

筒形になったもの（同③）はガンに冒される素質のあることを示す。

厚さ・かたさに異常がある

爪が薄いとか、もろくて欠けやすいとかいうのは、体内のカルシウムが不足していて、かぜなど引きやすいことを示す。カルシウムの不足する最大原因は白砂糖の摂り過ぎであるが、水の不足によるグアニジン中毒、副甲状腺の異常によって、カルシウムが血液中に融かし出されることによっても起こる。

カルシウムの不足を解消し、爪を丈夫にするには生水飲用・生野菜食・小魚を骨ごと食べること・[*110]毛管運動・[*111]温冷浴・[*156]硬枕によって頸椎を整えることなどがある。

内分泌腺障害によっても爪の変化が起こる。たとえば、甲状腺機能減弱症においては、爪は乾燥し、もろく、われやすく、条溝を形成する。

また、脳下垂体機能亢進症では、陰茎の肥大、陰毛発育の旺盛と共に、爪が肥大する。

① ② ③

第51図

指紋が示す性格と健康

指紋を大別すると、第52図のように①弓状紋（アーチ）、②蹄状紋（ループ）、③渦状紋（ワール）の三型がある。①と②を流れ、③を渦《うず》という。渦状紋のなかには、渦巻・環状(同心円)のほか、二重蹄状紋・双胎蹄状紋（第53図）などがある。

渦は吸盤の名残りで、自然の恩恵を享けていて病気に罹りにくく、流れは文化生活に入ったために、病気になりやすいことを示す。流れのある指に相当した臓器系統に弱点があると考えてよい。

左右の手について、左は先天的、右は後天的傾向をあらわす。若いときは左手を主として考え、中年以後は右手を主に見る。指紋・掌紋・骨相は一生変わらない。

第52図

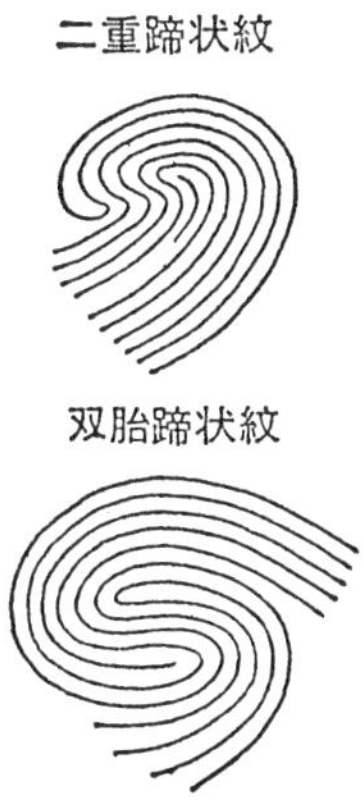

第53図

五指のすべてが渦（第54図）

自然の恩恵を多分に享けて生まれたので、向上心さえ忘れなければ出世する。

臓器のすべてが自然の天性をそなえているため、自然生活に親しむほうが健康である。美食・暖衣（厚着）・安逸に流れると身を損う。

五指のすべてが流れ（第55図）

人間として人為的な性を多分に享けて生まれ、人間味に満ち、若年より中年に至って人の役に立ち、晩年に至ってますます名を成す。独立的な事業に成功する。

身体は反自然的な人為的環境に生まれているので自然生活に近い鍛練をしないと病気になる。栄養料理や冷房・暖房はよくないので注意すること。

親指だけ渦（第56図）

体液・血液がアルカリ度を常に保ちうる体質に恵

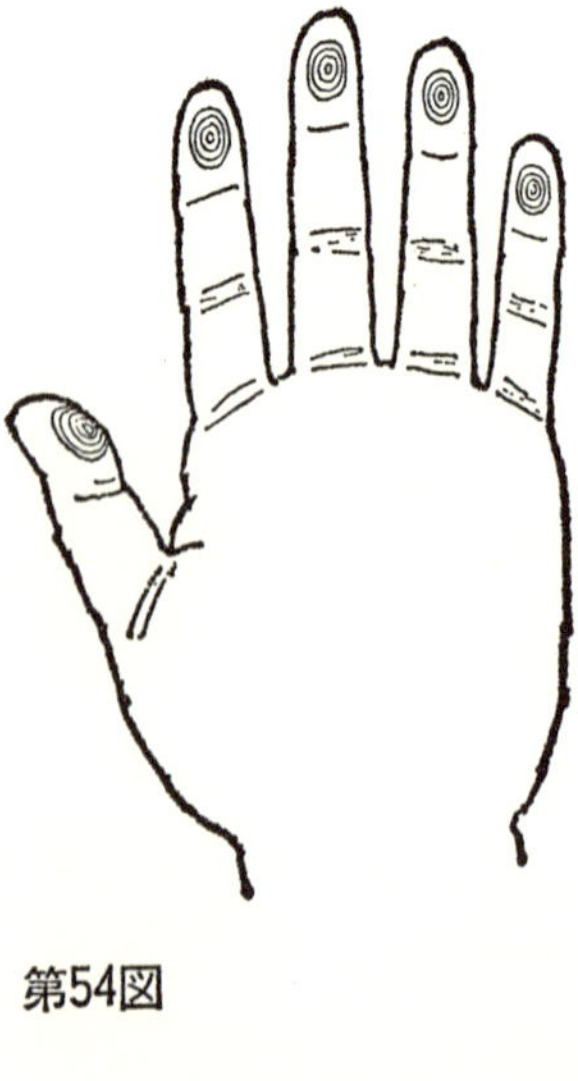

第54図

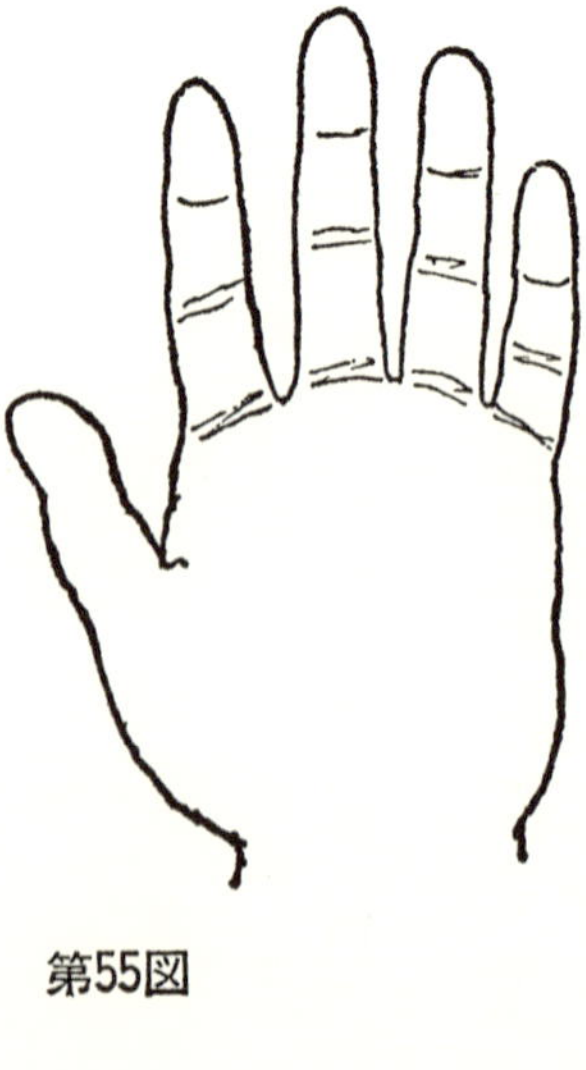

第55図

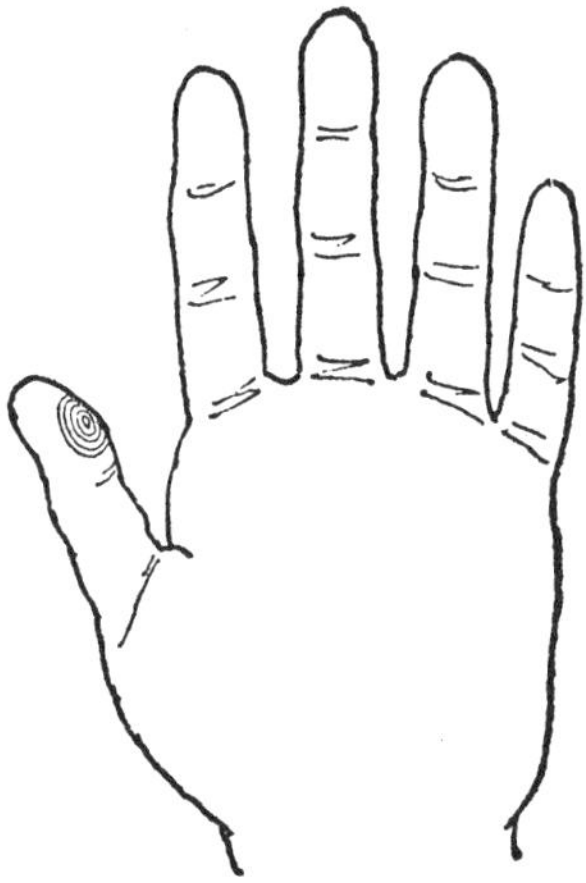

第56図

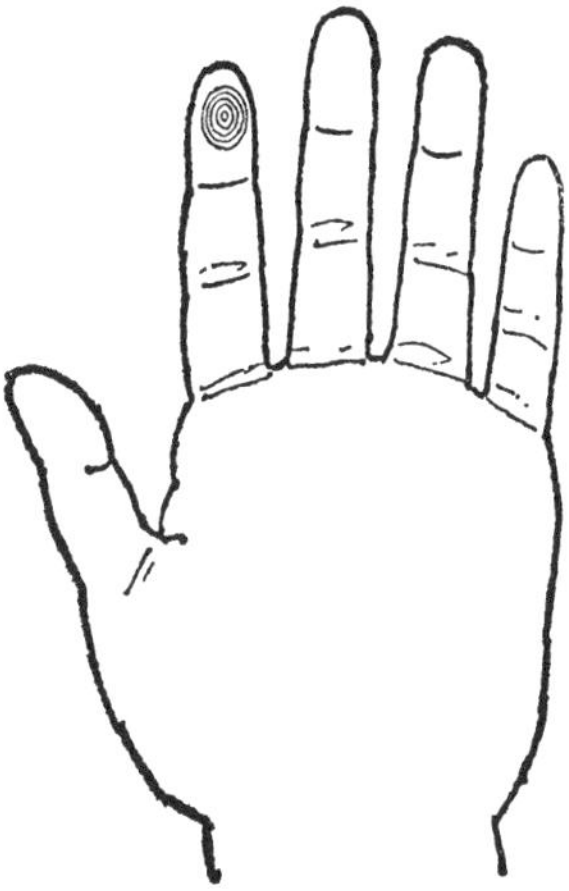

第57図

まれているので、少々の悪環境に遭遇しても、うまく切り抜ける機能をそなえている。例えば、三人の友人と山で遭難しても、自分だけ助かるというような、自然の恩恵に浴している。

親指は頸椎七番の脊髄神経と関連しているので、圧迫麻痺を起こさないように硬枕を欠かさないことが肝要である。

人差指だけ渦（第57図）

親分肌だが、高慢尊大のところがある。

消化器官が生まれつき丈夫なため、暴飲暴食に陥る傾向がある。その結果宿便をため、寄生虫を繁殖させたり、太鼓腹になって、高血圧や神経痛を招くようなことになる。

中指だけ渦（第58図）

この手の人は稀である。他人に相手にされず、誇大妄想狂者として終わることにもなるから、着実に進むようにするとよい。
心臓・腎臓・血管が自然に恵まれているので、排泄と循環の機能を完全に果たすことができる。寝床は平らな堅いものを用い、食物に気をつければ長命する。

薬指だけ渦（第59図）

神経系統に自然の恩恵を享けて生まれているので、万事に抜け目がなく、統率力もある。反面重箱の底をつついて他人のあら探しをするきらいがある。
神経系統に損傷をきたすことはないが、丈夫にまかせて過労に陥り、神経衰弱に悩んだり、サラリーマンは、競争者と渡り合って体を傷めないように注意することが肝要である。

小指だけ渦（第60図）

この手は名士には稀である。横着なところがあり、立派な人を上長に仰いで、縁の下の力持ち主義で進

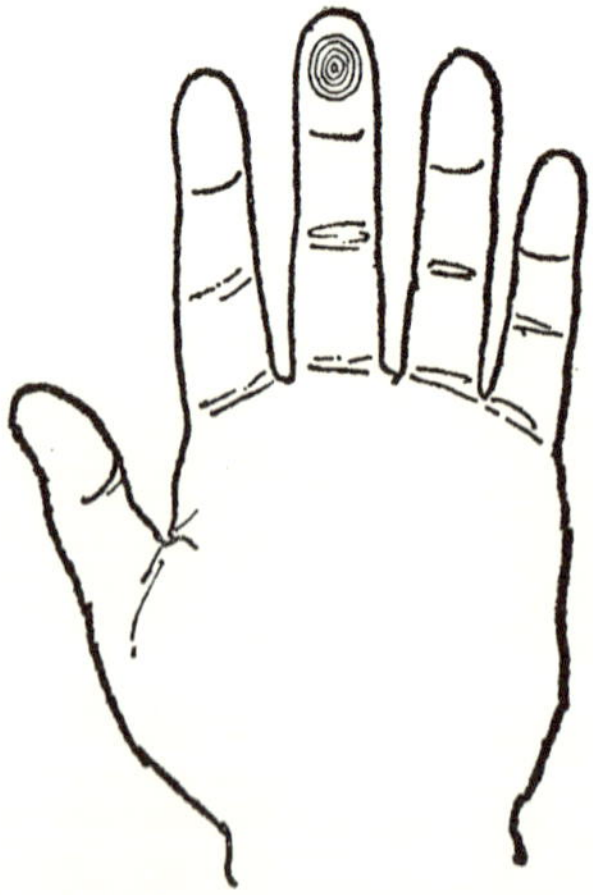
第58図

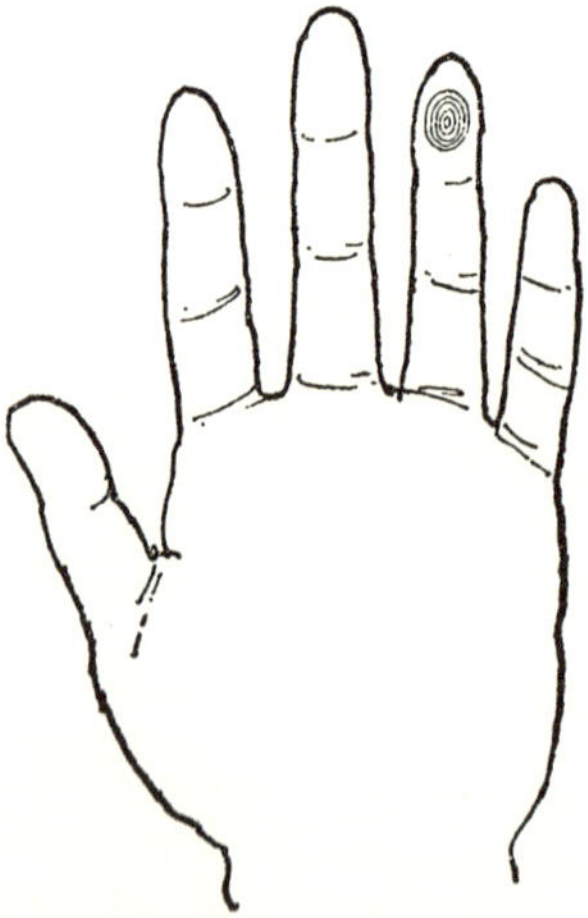
第59図

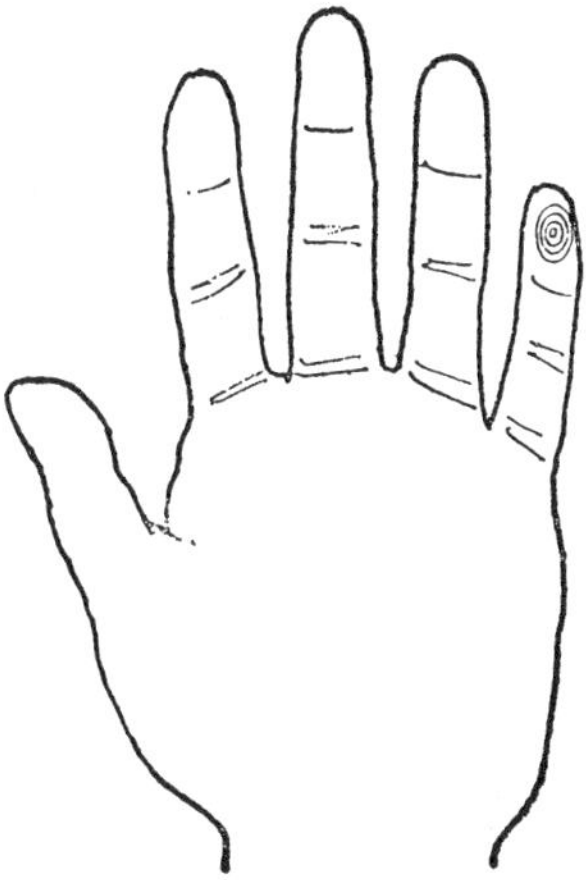

第60図

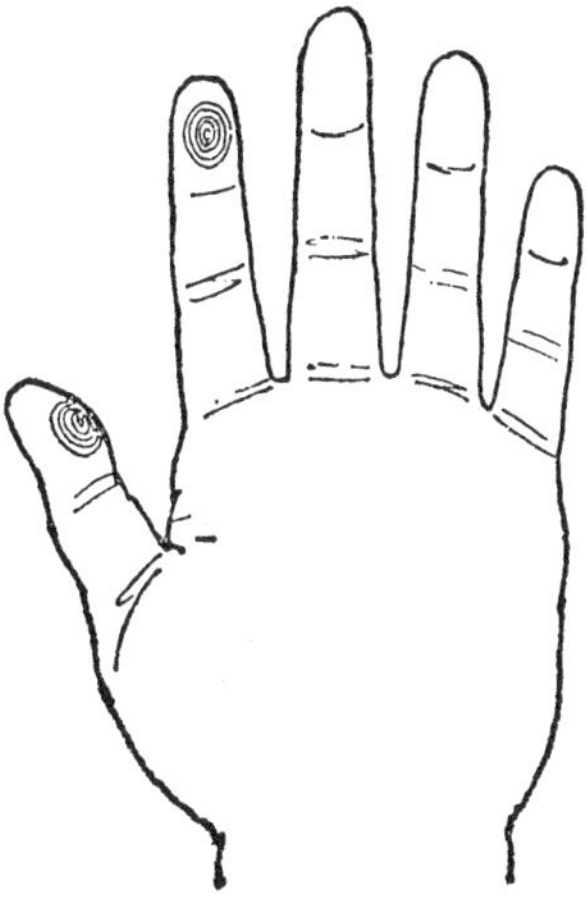

第61図

めば成功する。

呼吸器が健康だという自負心から、煙草を多くすったり、日当たりの悪い室に閉じこもって胸を患うことがある。また、生殖器の発達から水商売の女性に手を出し、その結果大金をつぎ込むということにもなりかねない。

親指と人差指が渦（第61図）

体液・血液がアルカリ度を保つ性能と、消化器官の健やかな自然の恩恵を享けて生まれているので、寛厚で貴公子然といったところがあるが、尊大で相手を見下す短所もある。

消化器官が達者で、食物はなんでも摂ることができ、体内予備アルカリも十分なので、大病に冒されることがない。

親指と中指が渦（第62図）

稀であるが、郷里を飛び出し、孤独の一生を送る人の手に多く見られる。

体内予備アルカリが常に準備されている体質であり、循環系統も恵まれているので、食物に注意し、性病の感染を予防し、神経過労に陥らない程度に仕事に専心するのがよい。

親指と薬指が渦（第63図）

若いときはぼんやりしているようだが、中年頃から自己の能力を発揮し、晩年に向かって地位・財力を高める。

血液アシドーシス（酸過剰症）に陥ることはまずなく、神経衰弱に罹る恐れがないので、食物に注意し、腎臓・心臓・血管・肺・生殖器などの強化に心がけると病気に冒されない。

親指と小指が渦（第64図）

色情を慎むことが第一義である。相続人となる運命にあり、必要に迫られると大雄弁をふるうという

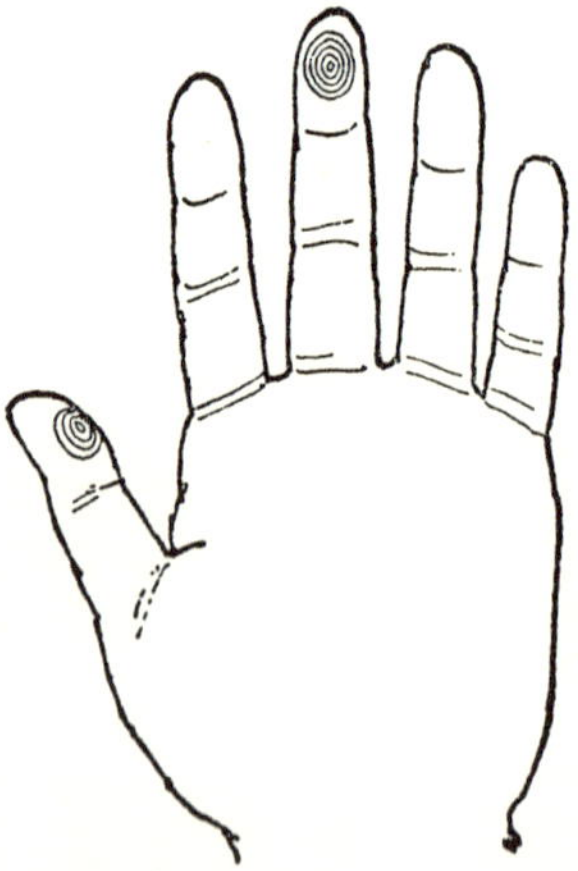

第62図

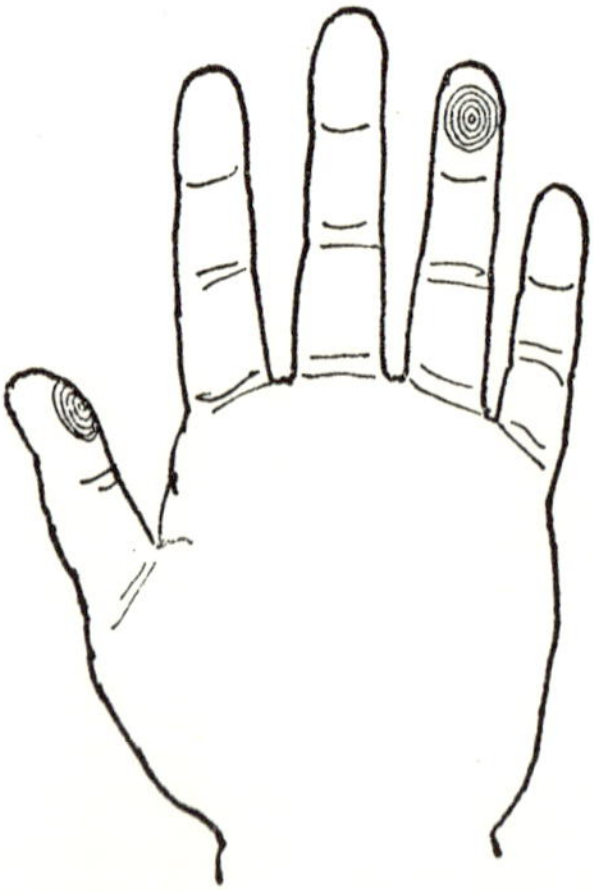

第63図

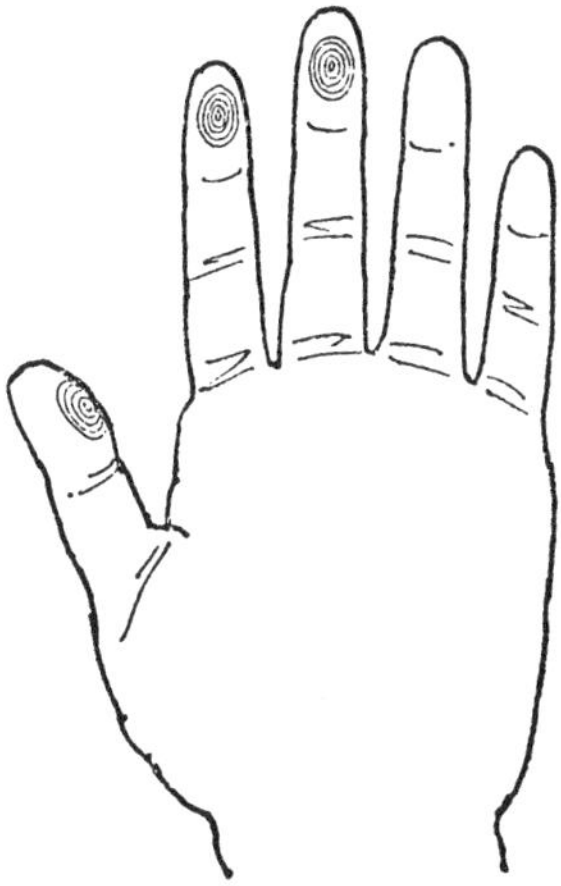

第65図

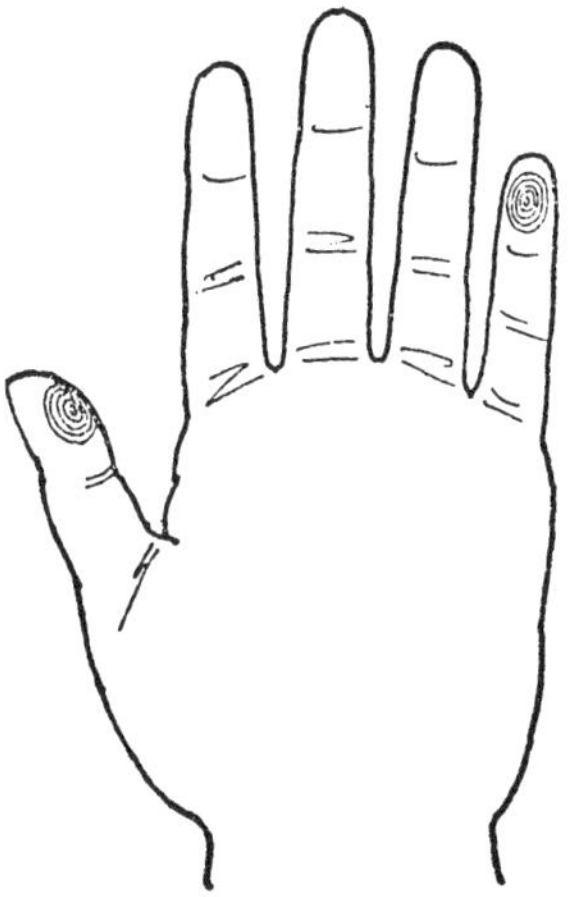

第64図

性格をもっている。

呼吸器と生殖器が健全で、体内予備アルカリも常に充実しているが、健啖家《けんたんか》であるために、脳溢血とか腎臓病に冒される恐れがあるので注意が肝要である。

薬指と小指が流れ（第65図）

この手の人は稀であるが、薄志弱行で、自信力がない。

体は健康で食当たりすることはまずない。呼吸器、神経系統、生殖器方面に悩みをもつが、[*154]裸療法や[*111]温冷浴によって、強化すればよい。

小指だけ流れ（第66図）

嫉妬心、猜疑心が強く、男子は女性的で、女子は男性的である。

全般的には健康であるが、呼吸器と生殖器方面が衰えがちなので、皮膚を鍛練して薄着の習慣をつける。敷布団は平らな堅いものを用いるように心がける。

人差指と中指が渦（第67図）

名士には稀である。人と協調して仕事ができるが、色情にあやまちのないように相手を選ぶことが肝要である。

酸性食品（肉・魚・卵・酒）に傾くと、かぜを引いたり熱性疾患に冒される。性病に罹らないようくれぐれも注意すること。

人差指と薬指が渦（第68図）

苦労を享ける性格のため、強情で意地っ張りであるが、それを晩年の薬にすれば名声・貫録が具わる。

血液アシドーシス（酸過剰症）に冒されやすいので、自然生活に親しむように心がけ、心臓・腎臓・肺臓・血管病・生殖器などに十分注意する必要がある。

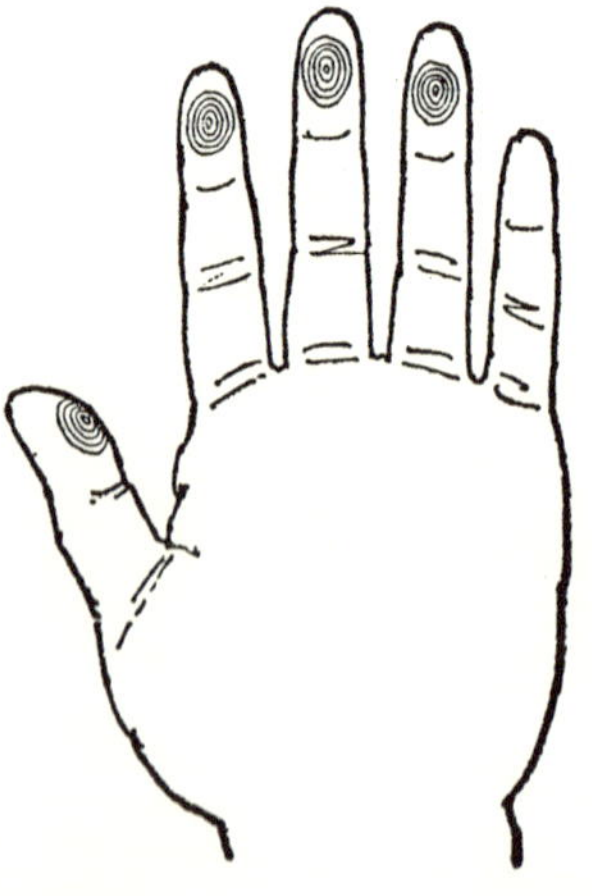

第66図

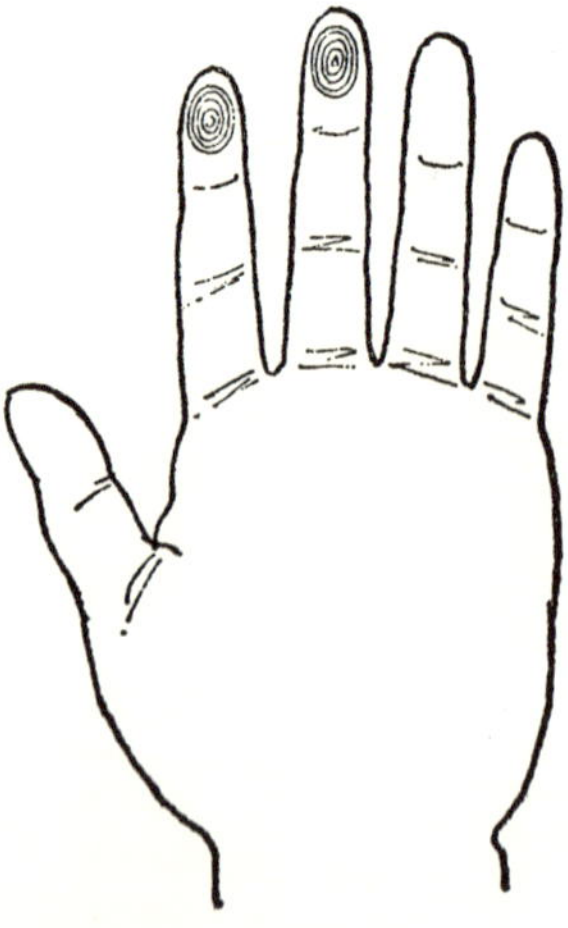

第67図

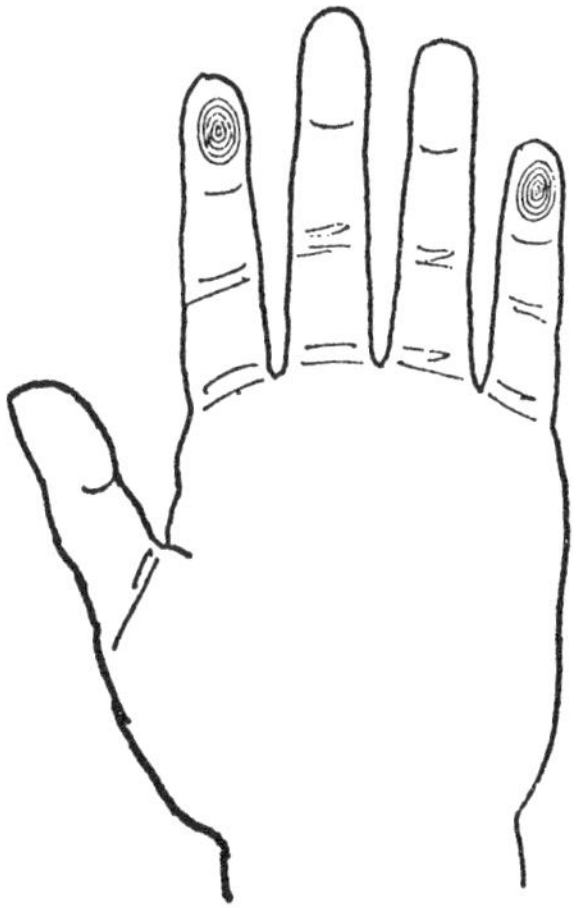

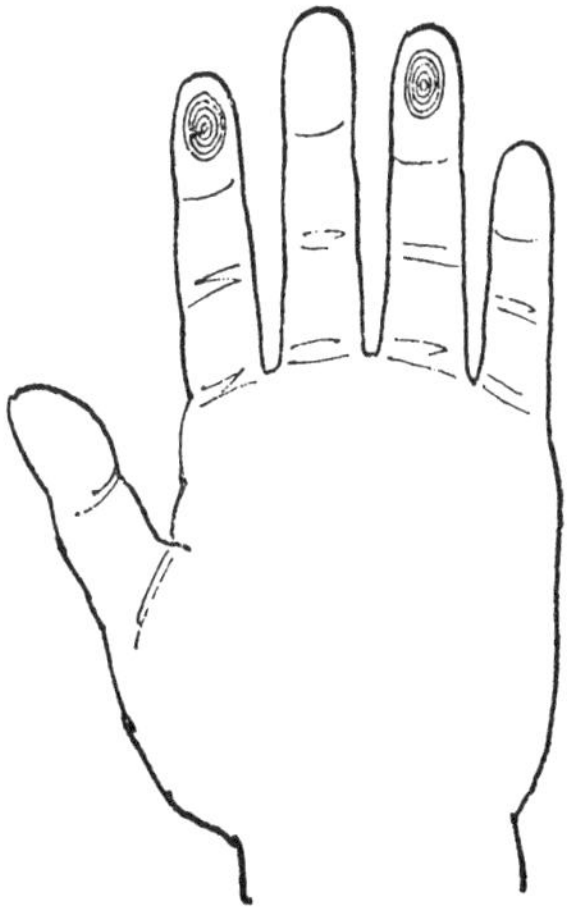

第68図

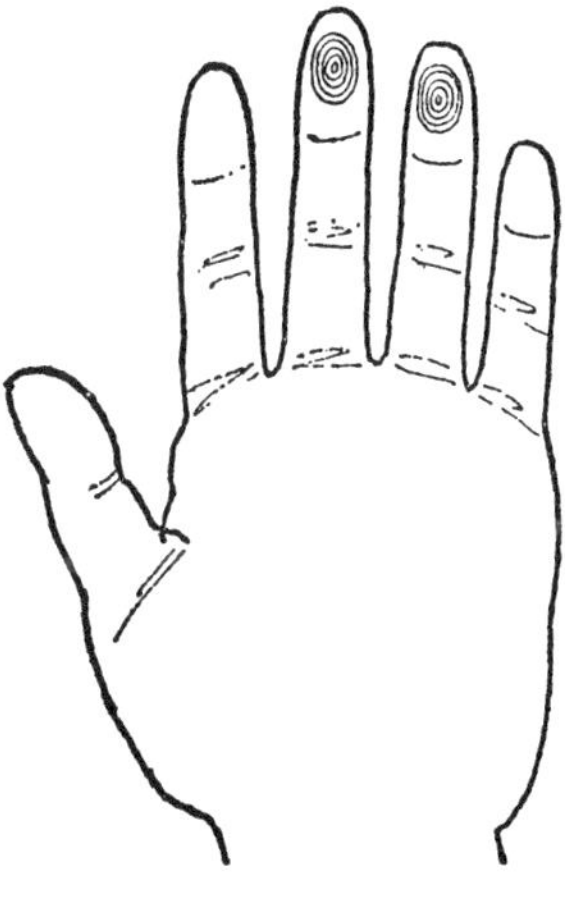

（上）第69図
（下）第70図

人差指と小指が渦（第69図）

大言壮語して、時にホラを吹くようなところがある。他人の相談役で満足するほうが信用を増す。

循環系統に注意しないと、突然の発熱に襲われることがある。寝床もできるだけ堅く平らなものを用いるのがよい。マットレスやスプリングのベッドでは不安定のために疲労が回復しない。

中指と薬指が渦（第70図）

確固とした精神に乏しく物事をなんでもやって見るが一つとして完成したものがないという象《かたち》なので、精神修養をすることである。
食事に注意し、温冷浴[*111]をやってかぜを引かないように注意するとよい。

中指と小指が渦（第71図）

一生を通じて何回も浮き沈みがあるが、この手の人は稀である。
身体は神経痛と胃腸に注意すればよい。

薬指と小指が渦（第72図）

気が利いて口がうまく、腹は黒いが表面は朗らかである。
身体は、食物に注意し、排便を心がけるならば、大した病気にも罹らないであろう。

親指と人差指が流れ（第73図）

権謀術策、縦横無尽といったたちの人であるが、高潔明朗な人にのみ名誉・利財が恵まれる。食物に注意すれば、健康を保つことができる。

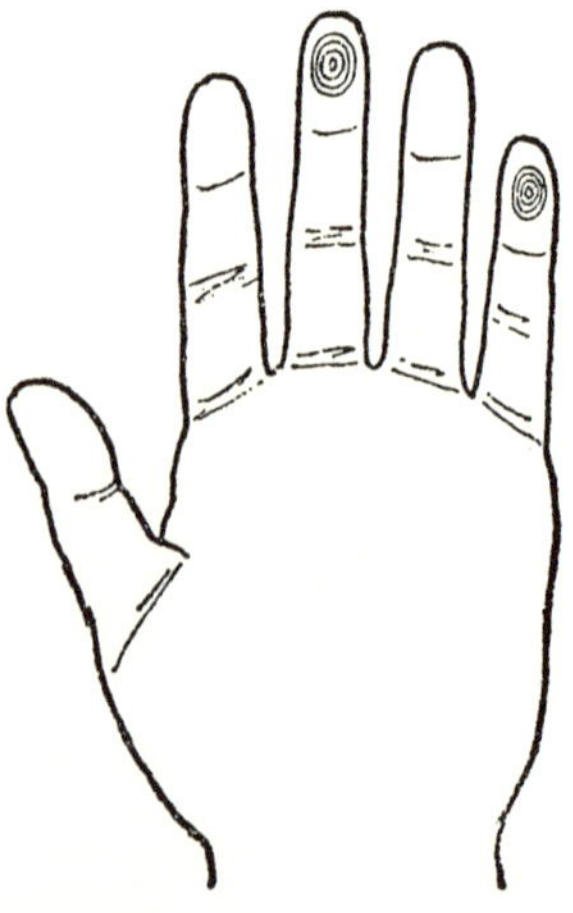

第71図

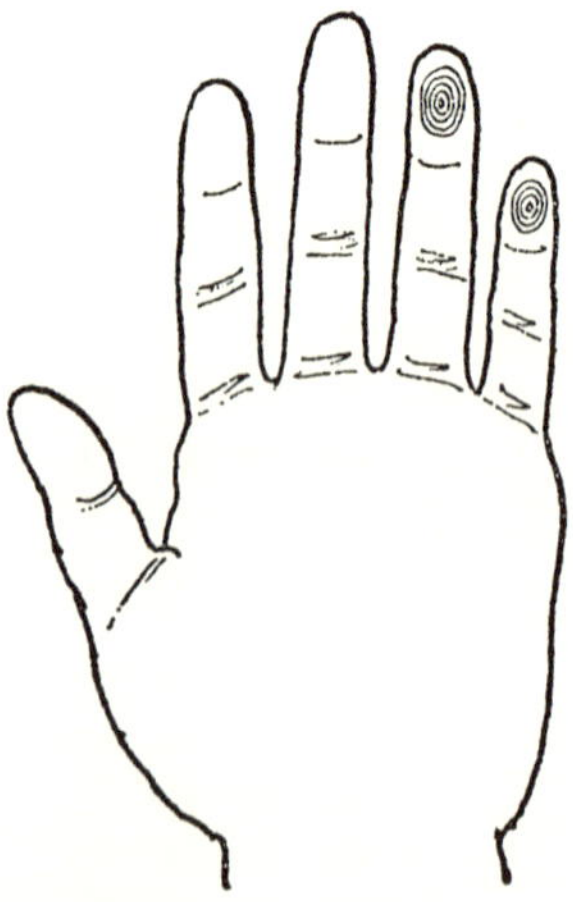

第72図

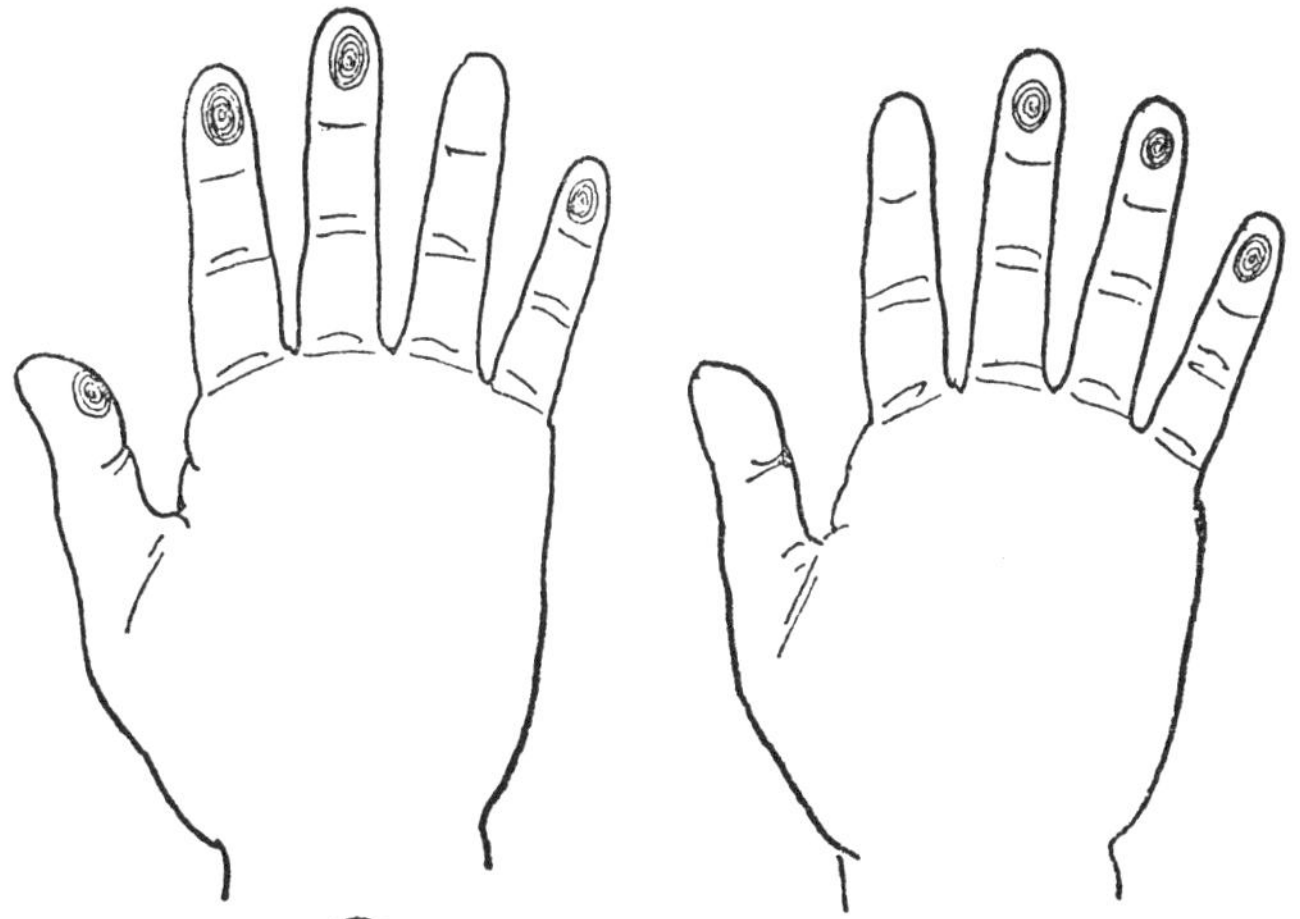

第73図

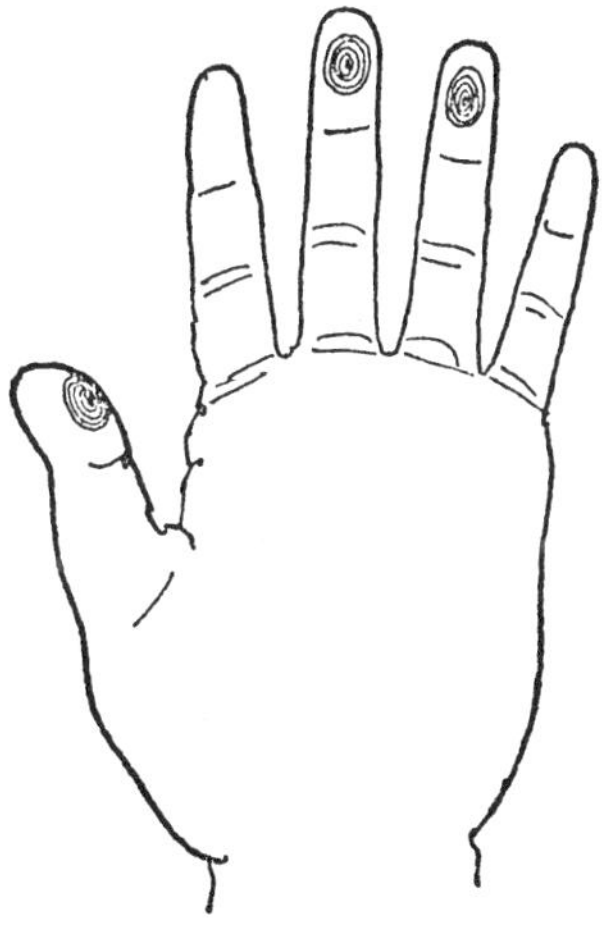

（上）第74図
（下）第75図

薬指だけ流れ（第74図）

社交性に富み、顧問格、副社長といった立場で才能を揮うことができるが、この手の人は稀である。

身体は頑健だが、宿便をためて脳髄に出血を起こさないこと、関節炎・リウマチ・痛風などに罹らないように注意することが肝要である。

人差指と小指が流れ（第75図）

寛容大度で、人の面倒をみて、統帥《とうすい》の才がある。

志操を高所に置き、一定の職業に従うと、成功する。

胃腸・呼吸器・生殖器方面に注意すればよい。

中指と薬指が流れ（第76図）

自分の僚友・部下に人気を得ようとして、上役の信任を損じてしまうという運命であるが、この手の人は稀である。自他ともに公益しようとする博愛の精神をもつことが必要である。

循環・神経系統に注意を要する。

人差指のみ流れ（第77図）

道徳的良心に鋭く、理想家で、商売人には不適当である。

胃腸・糖尿病・リウマチなどに注意を要する。

中指のみ流れ（第78図）

もともと打算的な性質であるがていねいである。あくまで信義を尽す精神を涵養すれば、栄達はまちがいない。

足の故障に注意すること。平[*78]床寝台と毛[*110]管運動を忘れなければ、一生無病で過ごせる。

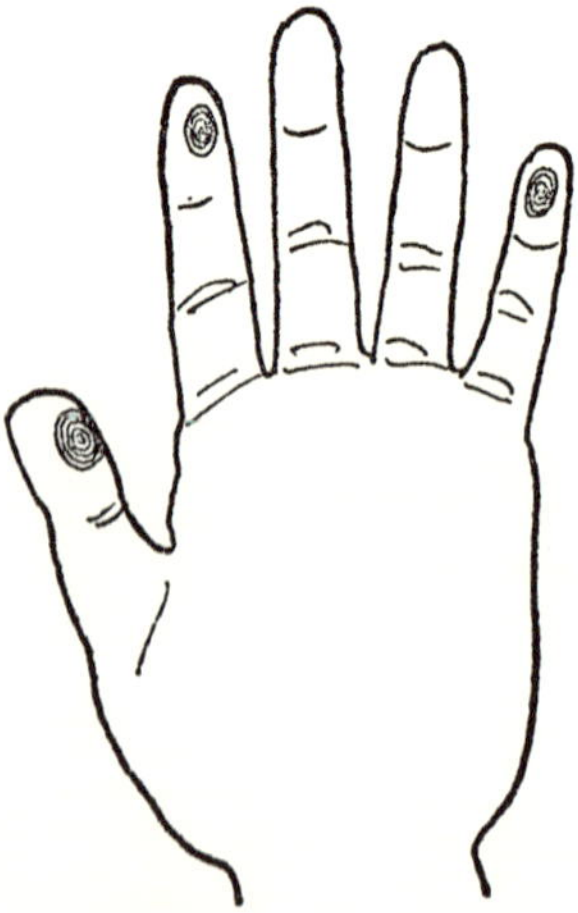

第76図

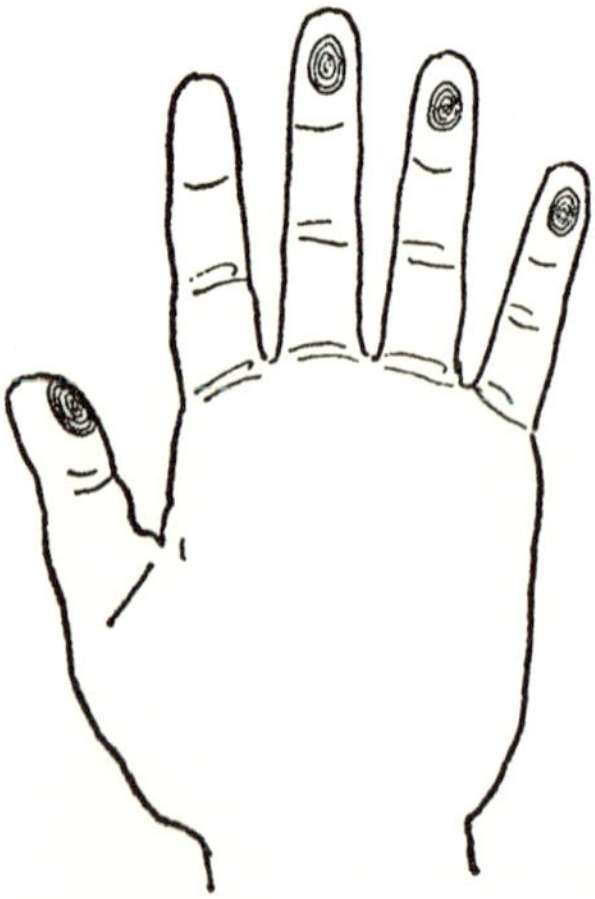

第77図

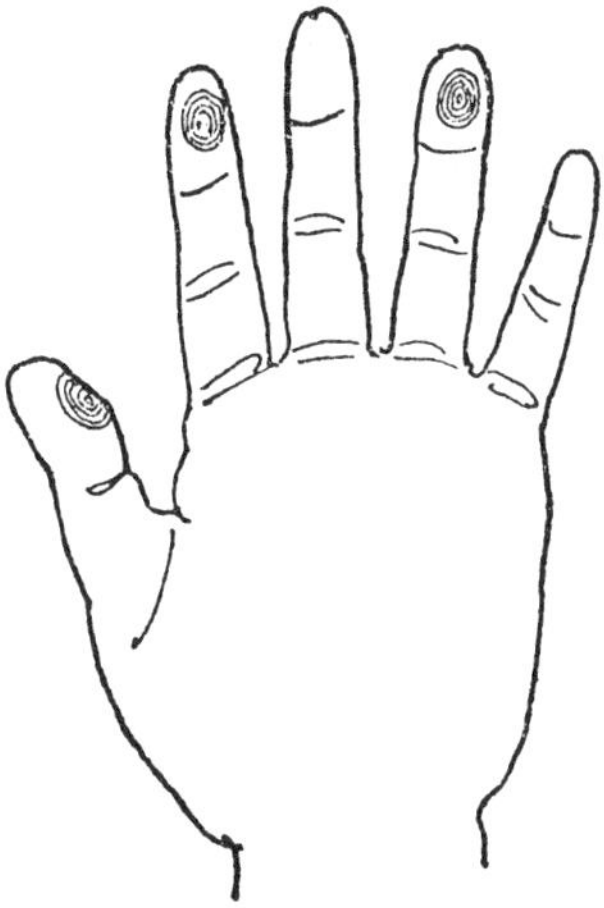

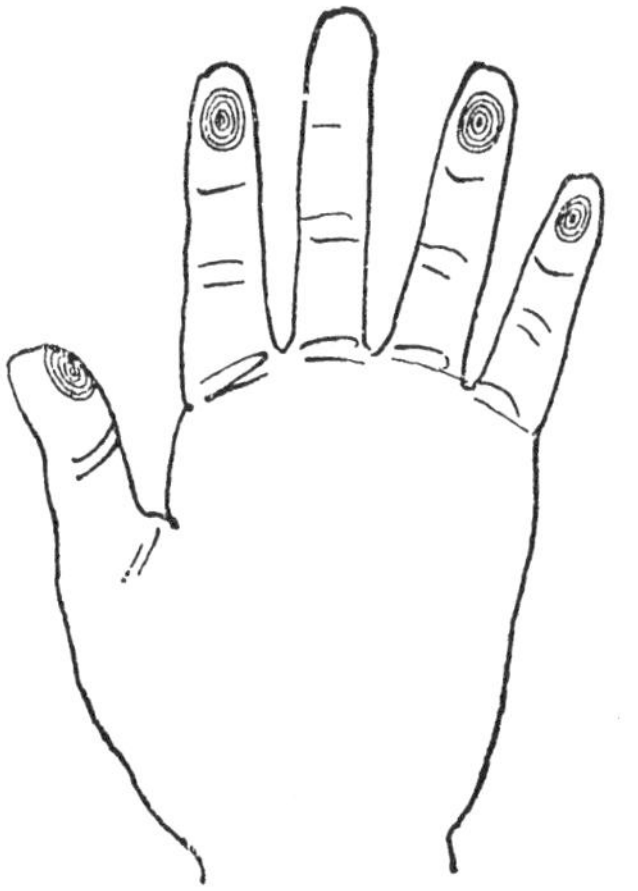

第78図

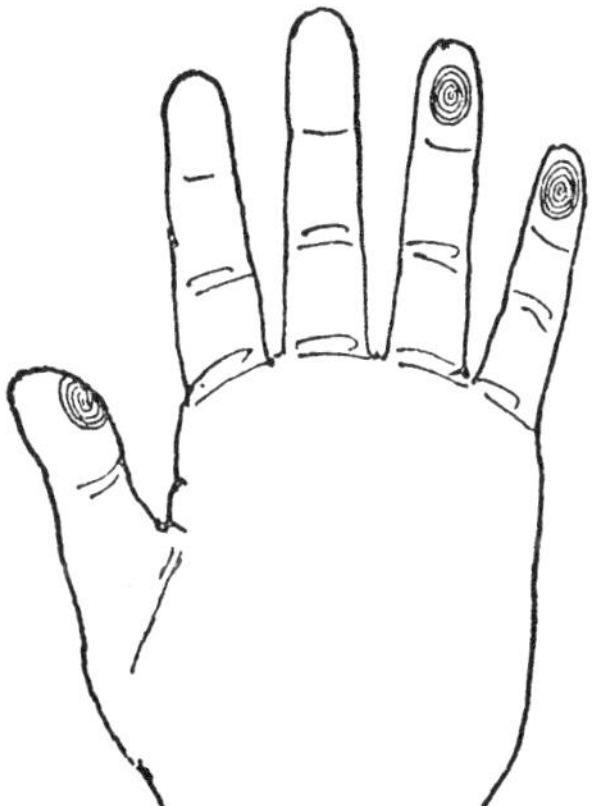

（上）第79図
（下）第80図

中指と小指が流れ（第79図）

引っ込み思案な性格であり、孤独に陥りがちである。呼吸器官・循環系統に注意し、[*154]裸療法・[*110]毛管運動などを実行するとよい。

人差指と中指とが流れ（第80図）

物を知っていて応用の才がなく、酒色に親しみやすいが、家業なり勤務なりをはげみさえすれば成功する。

胃腸・中風などに罹らないよう予防を講ずると長生きできる。

親指と中指が流れ

「勘定合っ

て銭足らず」というのが欠点。浪費癖があり、もうけもするが花柳界に親しみやすい。

体内予備アルカリが不足しないよう、常に心に余裕をもち、敷布団は堅くて平らなものを用いる。

親指だけ流れ（第82図）

短気で色情欲も強いが、一歩一歩進み、清濁合わせ呑む気風を養うとよい。温冷浴[*111]や野菜食[*119]で、体内に予備アルカリを充実させておく必要がある。

親指と小指が流れ（第83図）

心が定まらず、わがままになりがちであるが、自分の欠点を知り、長所を生かすようにするとよい。生殖器の濫用を慎み、郊外の新鮮な空気の下に居を構え、自然生活に近づくこと。

親指と薬指が流れ（第84図）

機を見るに敏であるが、他人に認められず、鈍重

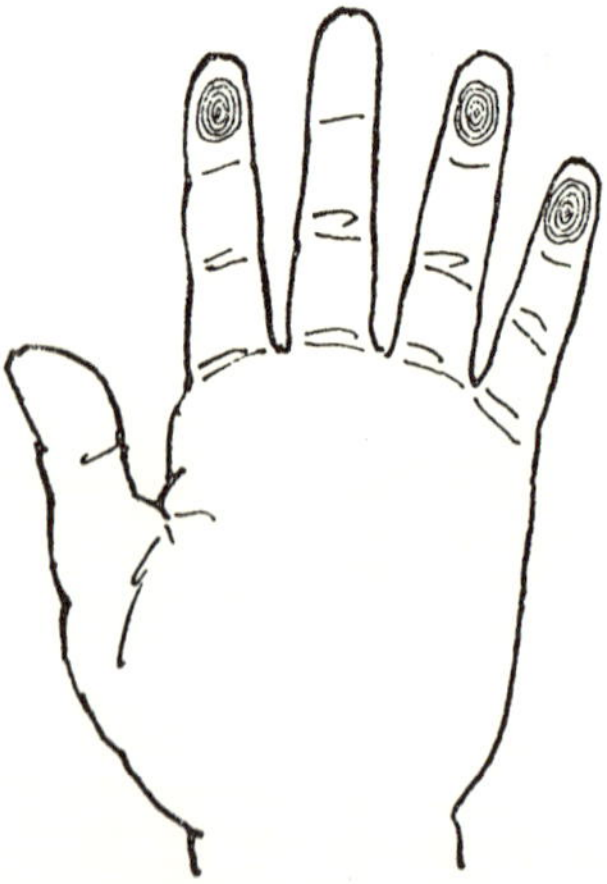

第81図

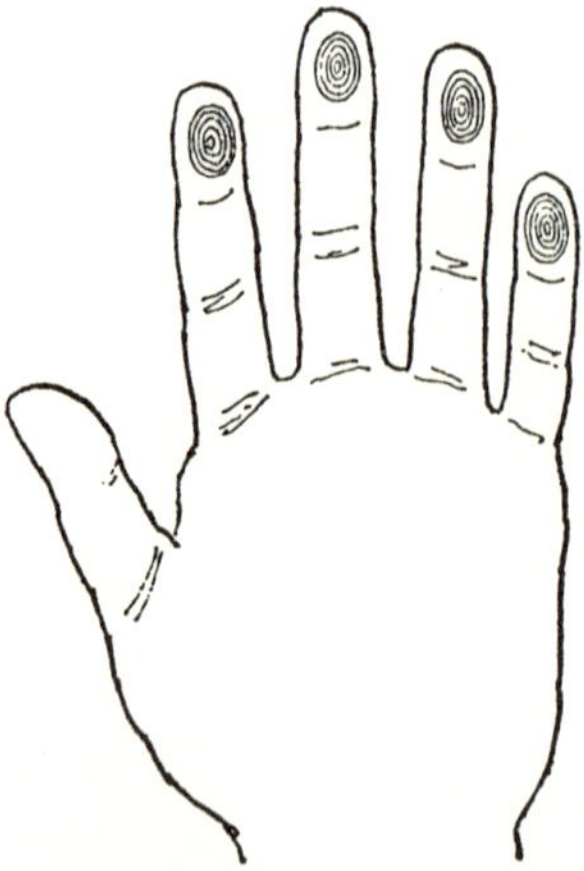

第82図

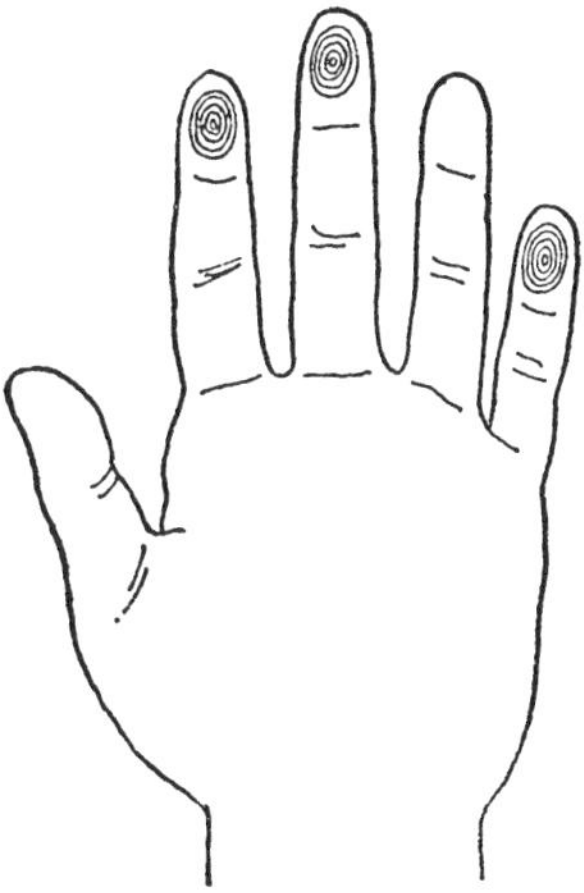

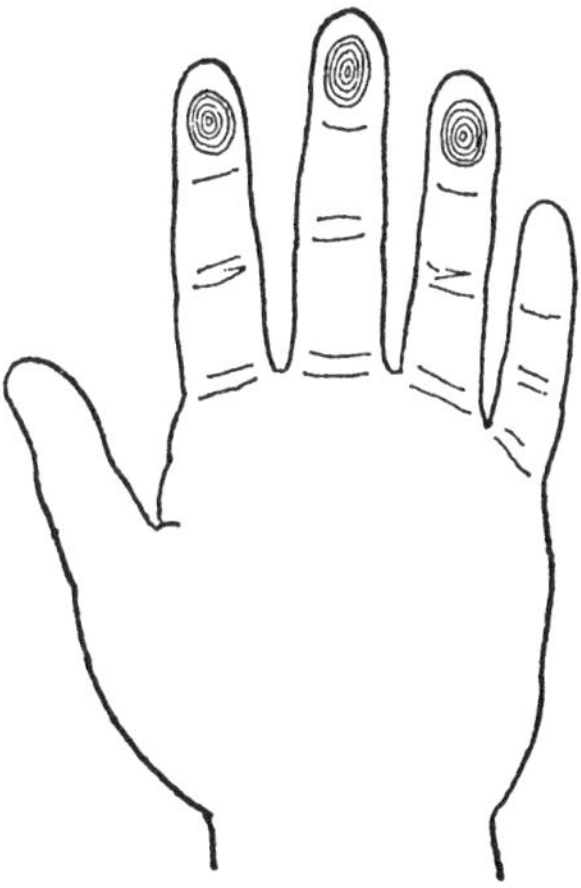

第83図

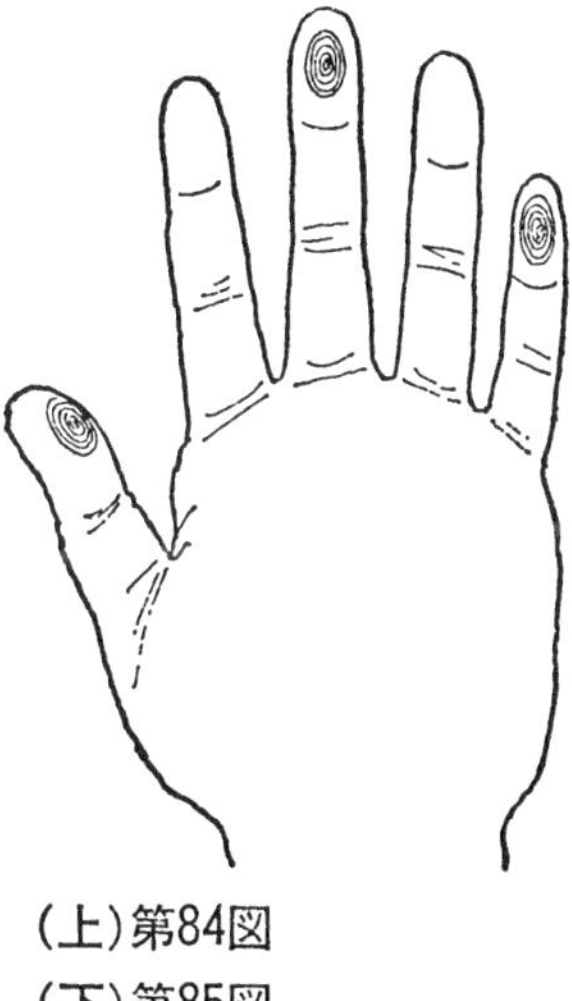

（上）第84図
（下）第85図

になる。この手の人は稀であるが、倦《う》まず、怠らず進むようにするとよい。

神経系統と血液アシドーシス（酸過剰症）に注意することが必要である。

人差指と薬指が流れ（第85図）

この手の人は稀であるが、おしゃれである。華美と浮薄（移り気）と酒色に迷う心さえ押えれば、大成するであろう。食物に注意して、*[111]温冷浴と*[154]裸療法を実行するようにすれば一生無病で過ごせる。

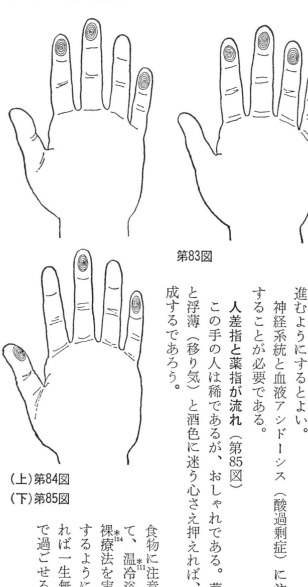

平床寝台

平床は重力に対して最も安定した平面であるから、これで寝ると、全身が安静に休養でき、直立したための背柱のくるいが正される。

平床の硬さは、皮膚と肝臓の機能の鈍重を防ぎ、皮膚に浅在する静脈を鼓舞して、血液の還流を完全にする。したがって、腎臓の機能も活発となり、昼間の活動によって老廃物を容易に処理する。

実行するには硬枕[*156]を併用して、仰臥につとめる。四、五ミリのベニア板が手ごろである。これを敷布団の代わりに用いる。なれるまでは毛布をかぶせてもよい。

第二編

健康診断

I　症状による病気の見分け方

なぜ症状は出るか

手相を調べるに当たって、自覚症状からどういう病気があるか見当をつける必要がある。

症状というのは、外的・内的変化に対応して、身体の状態を平衡に保とうとする自然の働き（自然良能）のあらわれである。

たとえば、暴飲暴食をすると、吐いたり下したりという症状があらわれる。これは余分なものが体内にあると腐るので、早く体外に排泄しようとする防衛のためである。吐くのをやめたり、下痢止めを飲んだりすると、かえって発熱・頭痛・腹痛などを起こして、本当の病気になってしまう。

症状それ自体を恐れることはない。むしろ、症状が療法となっている。しかし、症状が起こらないでも済むように手だてをうつようにしたほうがよいことはいうまでもない。

症状が示す疑われる病気

めまい

耳の病気　内耳の三半規管が身体の平衡をつかさどっている。メニエール病というのはめまいが主症状である。耳鳴り・難聴・吐き気もある。手掌が青味を帯び、感情線が波状で、頭脳線に星ができ、生命線も小線で中断される（第１図）。

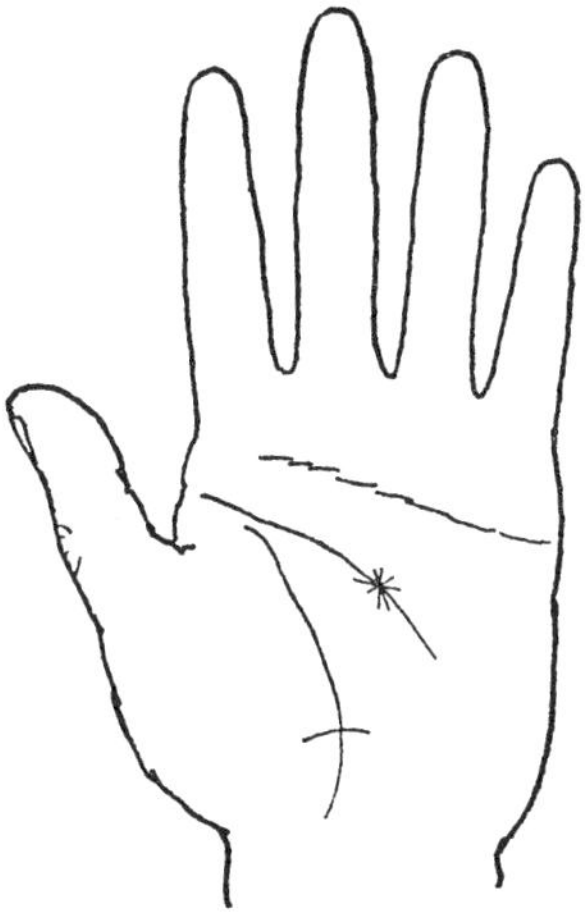

第１図

血管・血液の病気　めまいは一般に、脳貧血や低血圧症と考えられがちだが、高血圧も多い。脳貧血は一時的に脳の血液が減るもので、低血圧症とは必ずしも一致しない。

脳溢血の恐れがある場合は、生命線が小線で中断されたり、内側に枝ができ、中指のつけ根に星や十字ができる（第２図）。

脳の病気　脳腫瘍の一兆候とされているが、この場合は頭脳線が切れ切れになったり、頭脳線の起始部が蒼白《そうはく》で、線上に黒点があり、しかも生命線の起始部に叉がある（第3図）。

息切れ・息苦しい

気管支喘息《ぜんそく》　呼吸すると、ヒューヒューいい、吐く息が苦しい。

アルカリ性体質のために指は小指側に湾曲し、小指のつけ根の水星丘の下の火星上丘に縦の小線があり、生命線の起始部も乱れ、頭脳線も終末が切れている（第4図）。

心臓病　動悸がし、むくみもみられる。心臓喘息というのは吸う息が苦しい。指先がふくらんで太鼓のバチ状になり、爪は鷲の爪のように湾曲し、チアノーゼ（紫色）を呈する（第5図）。

肺炎　熱や胸痛を伴うが、肺炎の場合はせきもひどく、鉄サビ色のたんがでる。感情線が中指のところで切れている（第6図）。

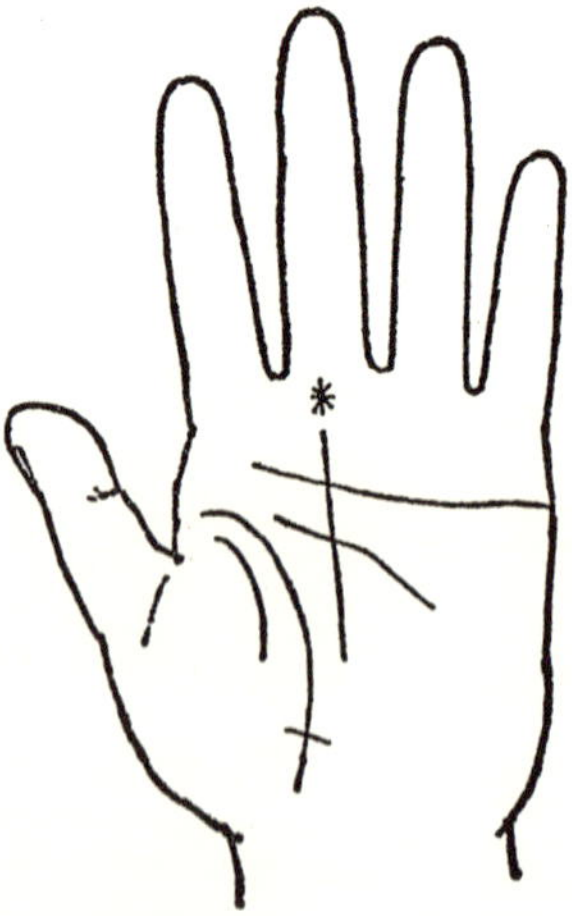

第2図

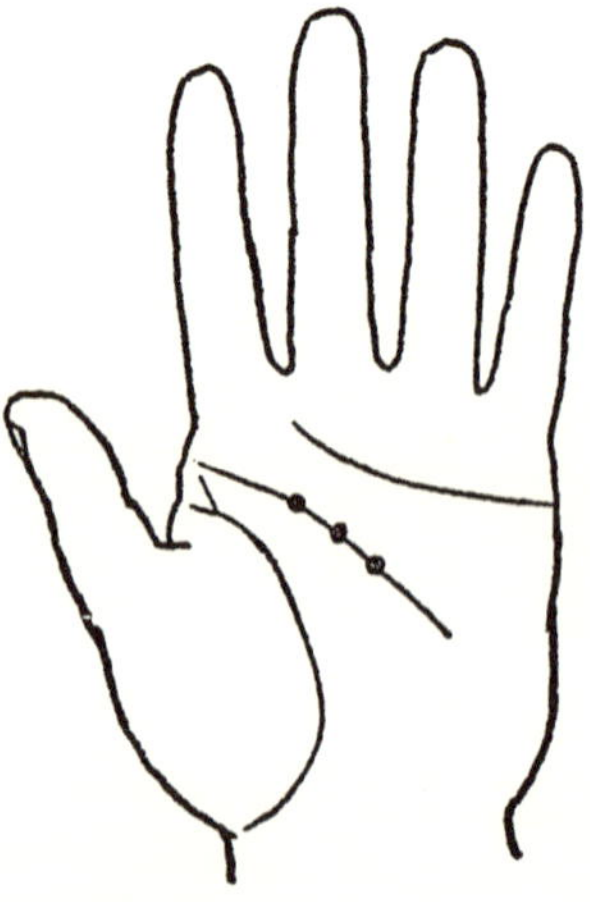

第3図

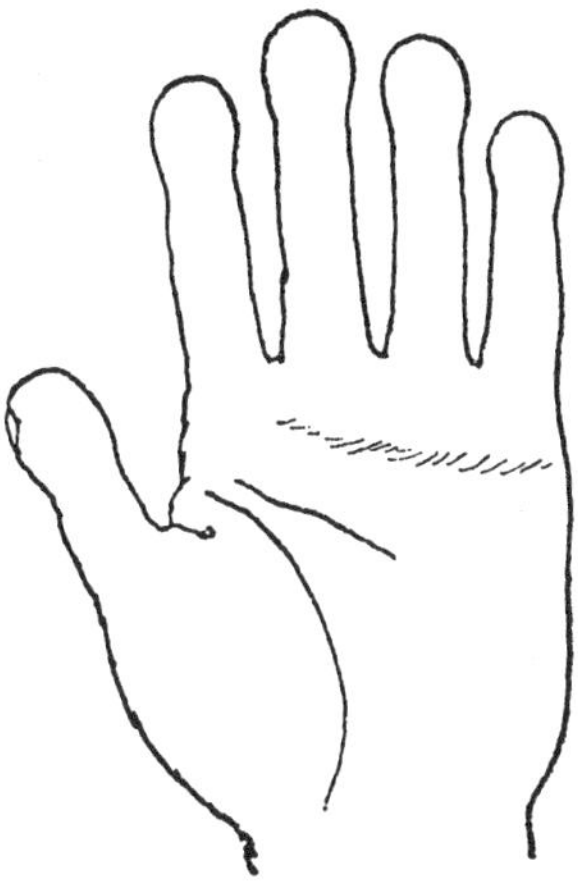

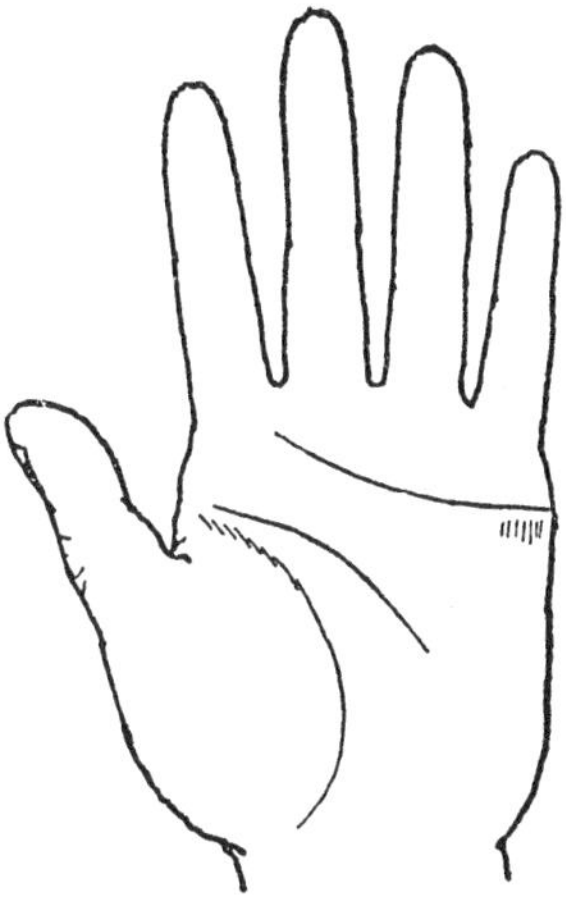

第4図

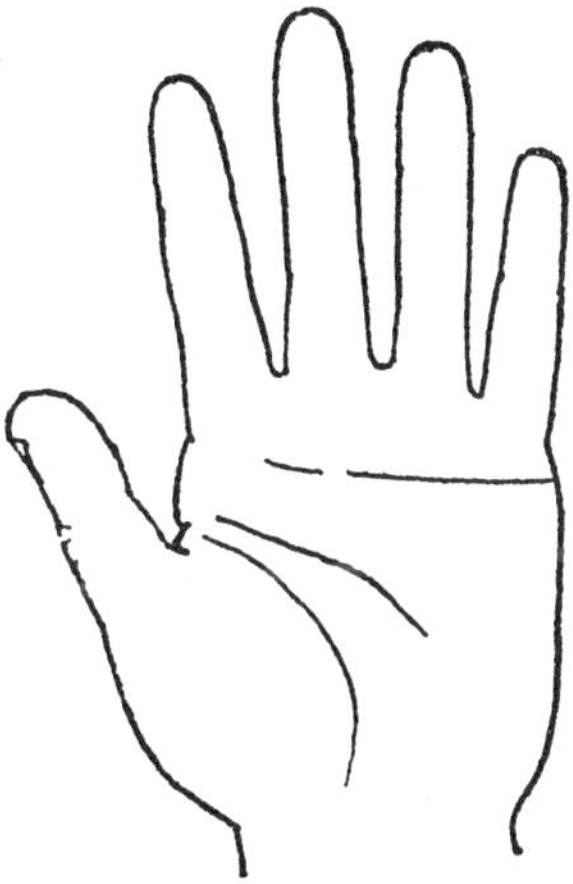

（上）第5図
（下）第6図

肋膜炎　肋膜炎のときは、呼吸をしたり、せきをすると胸痛があり、悪い側の小指が湾曲し、感情線の終末も乱れる（第7図）。

むくみ

顔が主にむくむ―腎臓病
足が主にむくむ―心臓病・脚気・腹水症

腎臓病　腎臓病は朝起きたときにむくんでいるのが普通で、中指がはれぼったく、月丘下部に横線や星ができる（第8図）。

心臓病　心臓病の場合は

感情線が波状になったり鎖状になったりする（第9図）。

脚気　脚気の場合は、中指のつけ根の土星丘がくもる。

腹水症　腹水症というのは　お腹に水がたまる病気で、胸から上は干からび、お腹から下肢にかけてはむくむ。しばしば静脈瘤と肝臓の硬変を伴う。手掌は黄色味を帯び、主線が黒褐色で、感情線の中指のところに島ができる（第10図）。

せき・たん

熱がある――かぜ・肺炎・肺結核
熱があまりない――気管支炎・喘息・肺ガン

かぜ　かぜをよく引く人は生命線の幅が広い。

肺炎　肺炎は第6図。

肺結核　肺結核の人は、頭脳線がたくさんの島か

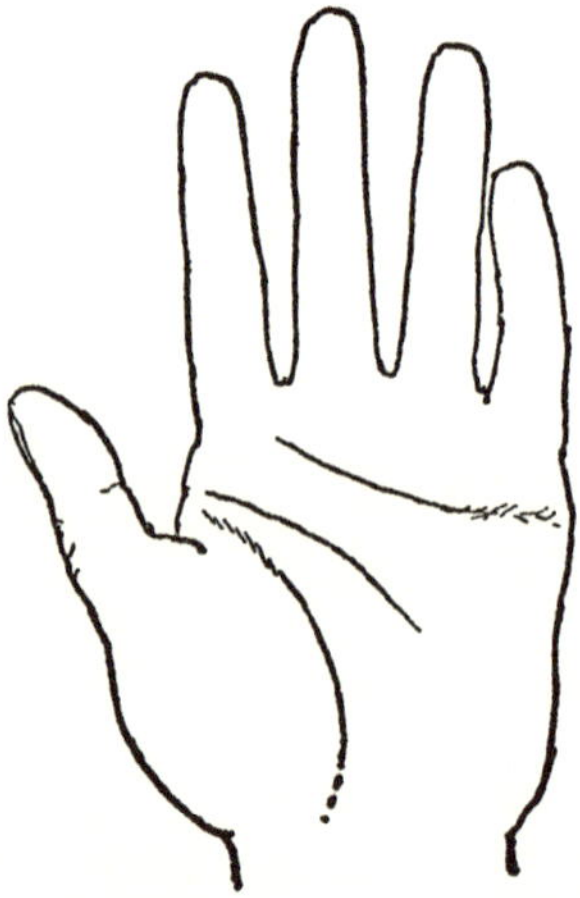

第7図

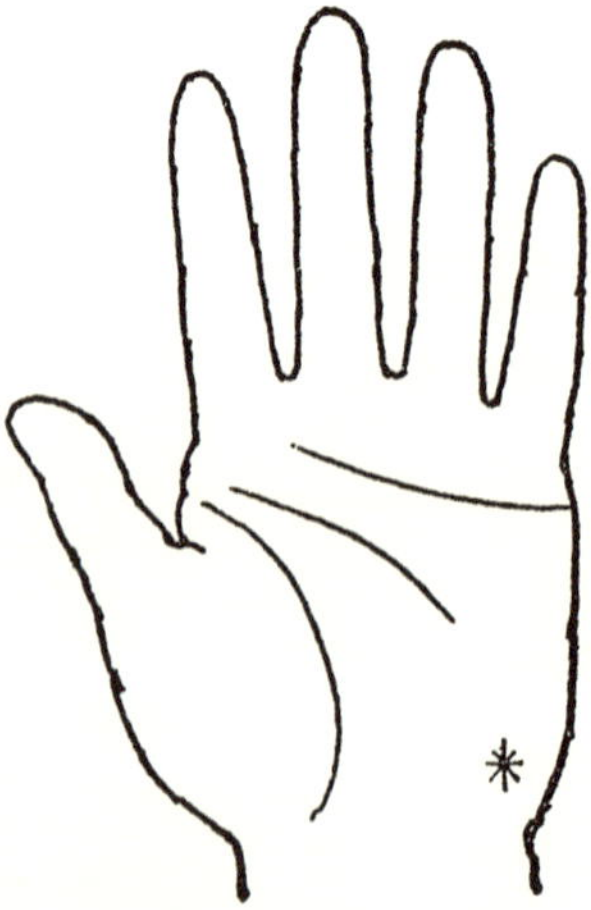

第8図

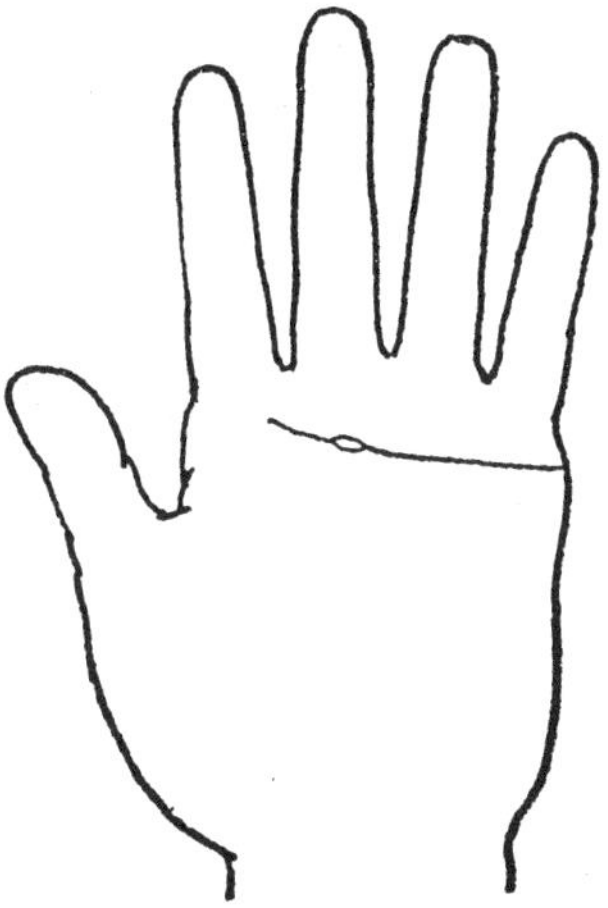

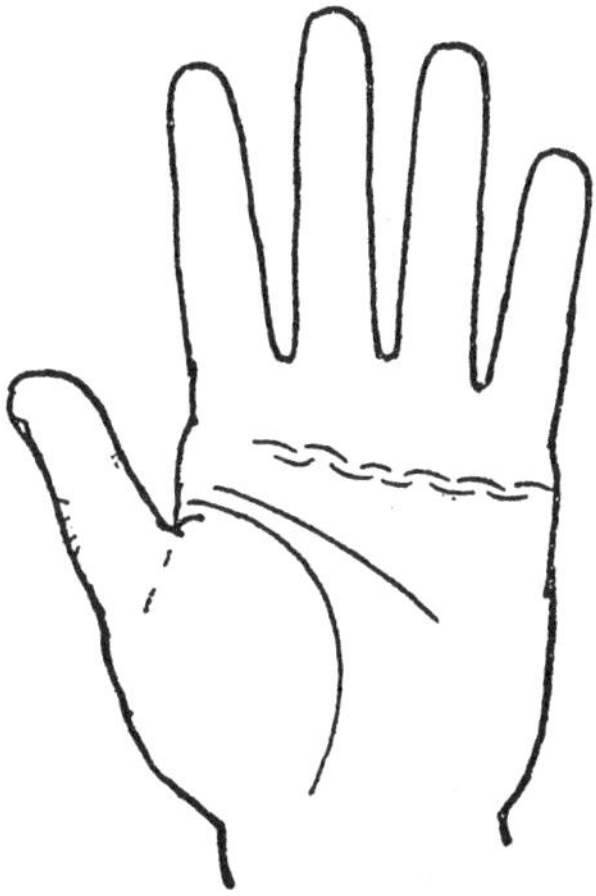

第9図

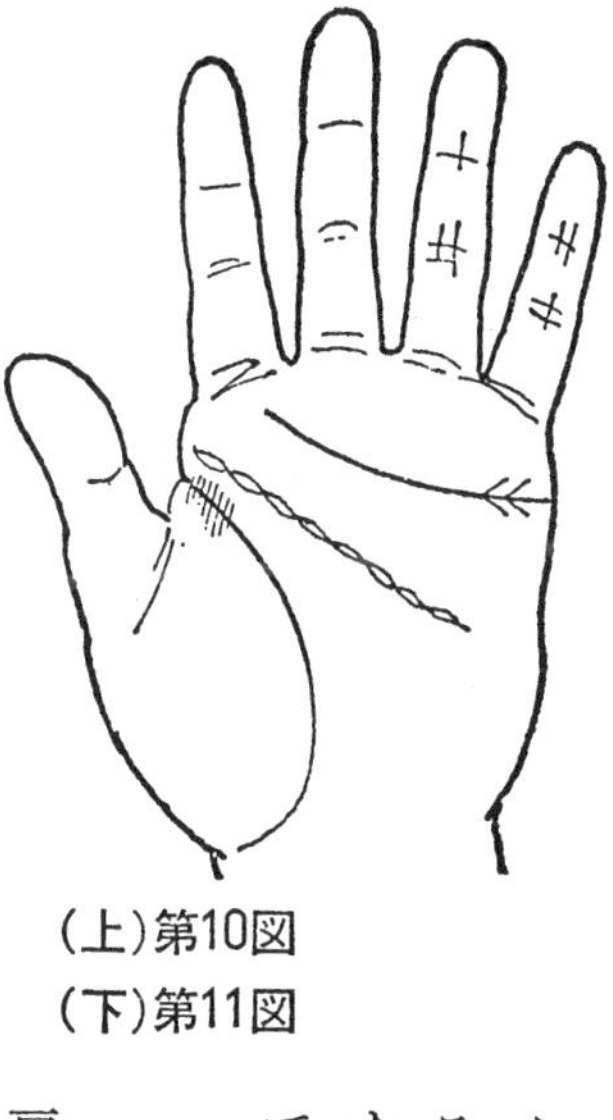

（上）第10図
（下）第11図

ら成っていて、生命線の起始部が細かい縦線で切られていたり、感情線の終末部が房になっていたりする。また小指や薬指の腹面関節部に紫の血管が浮いてみえる（第11図）。

気管支炎　気管支炎の場合は火星上丘に縦にたくさんの線がある。混乱した横線が火星上丘にできるようなこともある（第12図）。

喘息　呼吸困難が主である（第4図）。

肺ガン　からせきが出る。手掌はすすけた色をしている。

のどの痛み　熱がある―扁桃炎・咽頭

炎・ジフテリア

熱がない━喉頭ガン

喉頭ガン　第13図のように火星上丘に横線があり、深く刻み込まれ、叉が二つあったり、三つあったりするものは、ノドが悪い。ここにゴチャゴチャしたいくつかの縦線がある場合も同様である。熱のあるときは主線（生命線・頭脳線・感情線）が赤くなっている。

頭痛

熱が高くない━便秘・脳腫瘍・高血圧症・緑内障・一酸化炭素中毒

熱がある━インフルエンザ・脳炎・髄膜炎

便秘　生命線に沿って、あるいは母指球（金星丘）に静脈が浮き出ている。

脳腫瘍　便秘が遠因である。脳腫瘍のときは頭脳

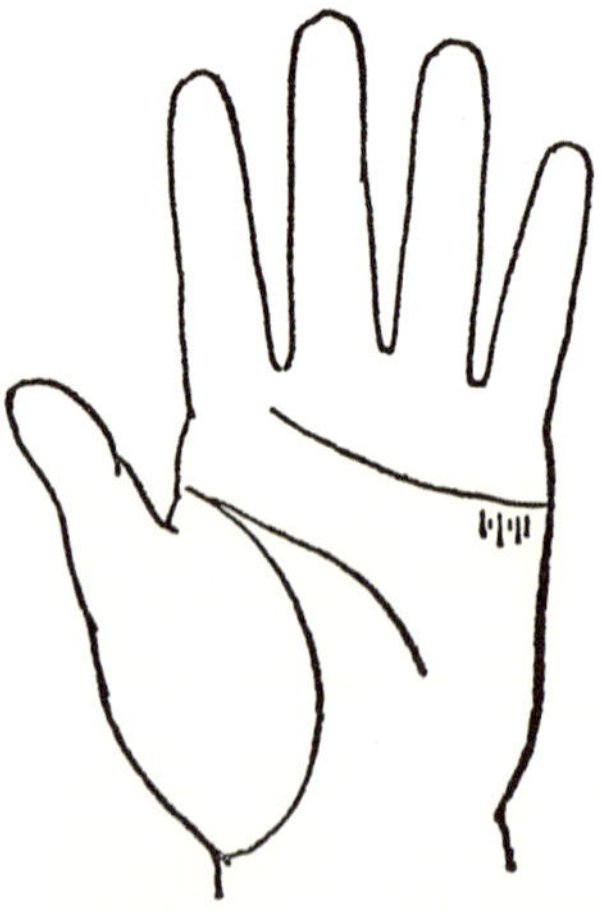

第12図

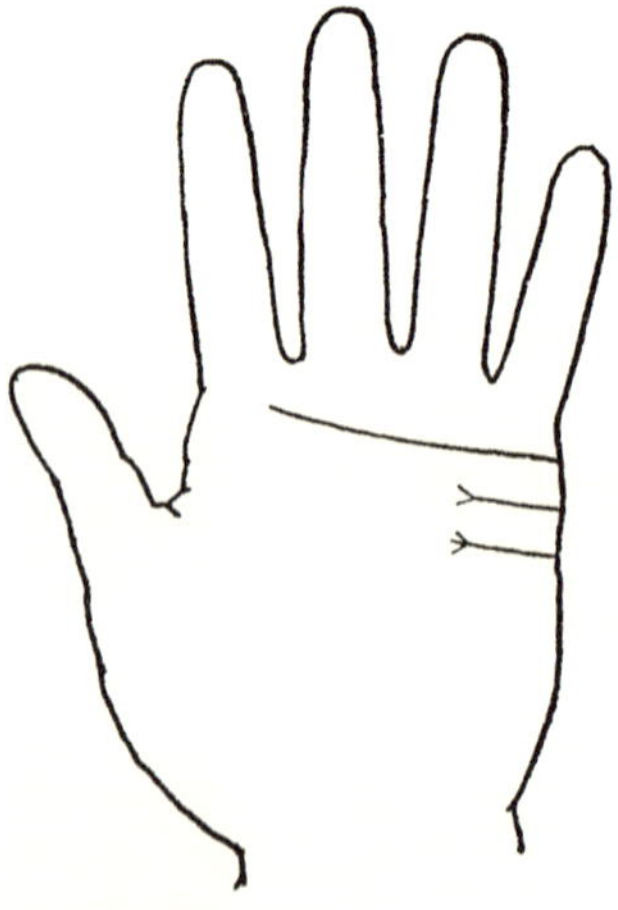

第13図

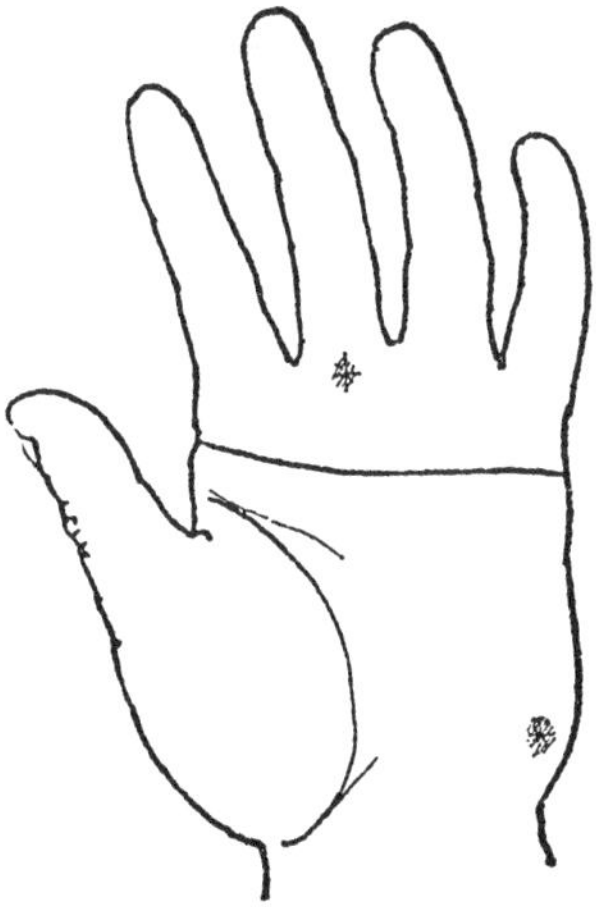

第14図

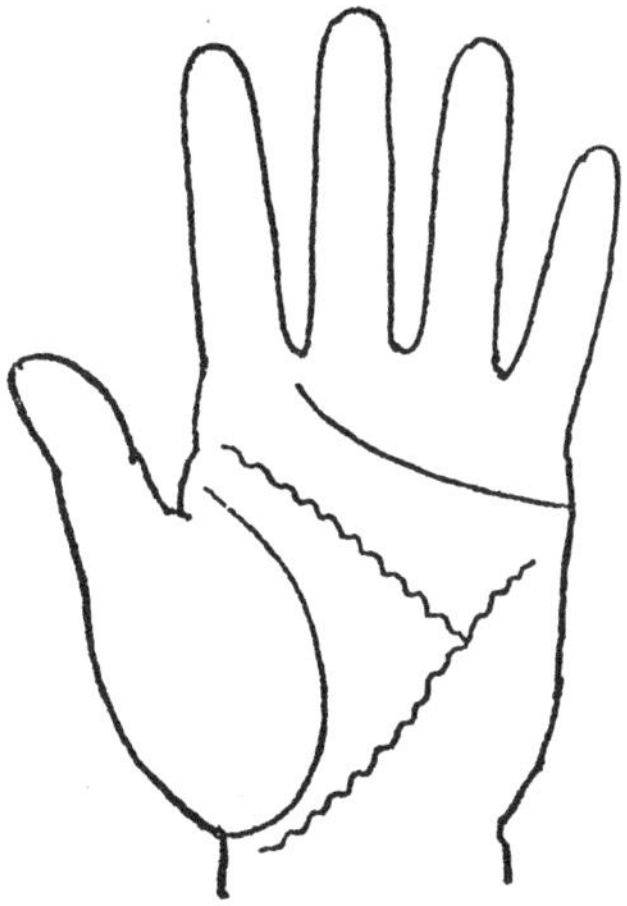

第15図

線が切れ切れになったり、いくつかの黒点が線上にみられる。

高血圧症　後頭部がしめつけられるようで肩が凝り、頭がふらふらする。高血圧症は酸性体質だから、指は親指のほうへ湾曲し、爪の三日月が大きい。感情線が強くて頭脳線が弱い。中指のつけ根や月丘にくもりか星がある（第14図）。

緑内障　目が痛み、充血し、失明することもある。便秘とビタミンC不足が原因。

一酸化炭素中毒　意識がぼんやりし、ひざがガクガクして立てなくなる。顔面が紅潮する。通風をよくすること。

インフルエンザ　インフルエンザは流感で、呼吸器症状を伴う。

脳炎・髄膜炎　脳炎は脳だけの病気であるが、髄膜炎は脳膜と脊髄膜を冒され、首が後ろへ反る。脳の疾患では、頭脳線と健康線が波立つ（第15図）。

胸痛

熱がある─肋膜炎・肺炎
熱がない─肋間神経痛・狭心症・心筋硬塞

肋膜炎　深呼吸をすると痛む。83ページ参照。

肺炎　肺炎は寒けとふるえがきて発熱し、呼吸困難を起こし、鉄のサビのような色のたんが出る。

肋間神経痛　肋間神経痛は肋骨に沿って痛みが走り、圧痛もある。神経痛の場合は個性線（太陽線）が不明瞭である。神経痛では、健康線が貧弱で、生命線が幾多の小線によって横切られる（第16図）。

狭心症・心筋硬塞　狭心症や心筋硬塞症では、心臓がしめつけられるような痛みを感じる。痛みは左手に流れる。感情線が細かい線で切られ、生命線も薄い（第17図）。特に左手の線がぼやける。

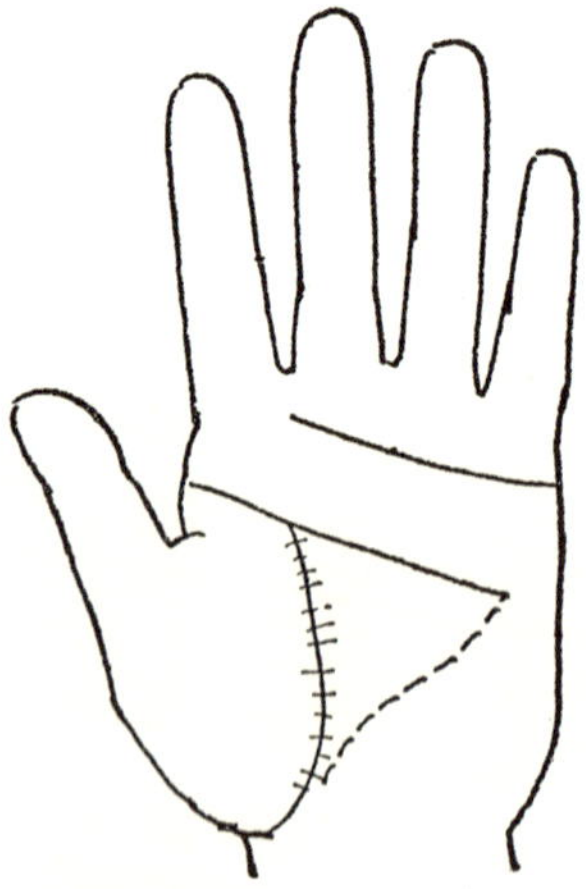

第16図

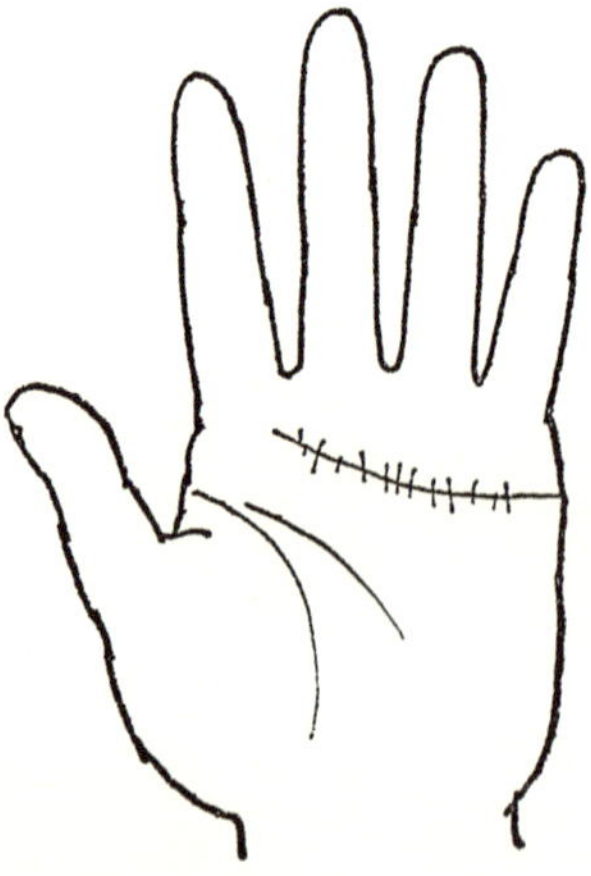

第17図

腹痛

胃潰瘍　胃潰瘍は食事をすると痛み、みぞおちのやや左寄りに圧痛がある。胃潰瘍を煩う人は、男子なら細かい性質で、声はかぼそく、指は細長く、爪は長形、三日月があらわれている人に多く、女子では迷走神経緊張症で、特に上肢の短いものに多い。

十二指腸潰瘍　十二指腸潰瘍は空腹時に痛み、みぞおちの右寄りに圧痛がある。十二指腸潰瘍を煩う人は、男子では荒っぽい性質で、不格好な手を具え、指は短くて太く、幅広い爪で、三日月のない人に多く、女子では交感神経緊張症のものが罹りやすい。

胆石・胆のう炎　食事と無関係で、発熱や黄疸を伴うので、手掌は黄色味を帯び、主線（生命線・頭脳線・感情線）は茶褐色を帯びる。爪は碁石状をしている。

虫垂炎　虫垂炎は右下腹部の圧痛が特徴で、右手の生命線に沿って青味が強い。

膵臓壊死　痛みも吐き気も強い。膵臓は強力な消化液を出す臓器であるが、自分の消化液で自分を溶かしてしまう病気である。砂糖・酒・肉の過剰である。

急性腸炎　俗にいうお腹こわしで、小腸と大腸では病状も違う。小腸炎では熱も高く、食欲不振・厚い舌苔・へそを中心とした腹痛がみられ、大腸炎では下痢と左下腹部の痛みが主な症状である。腸の悪い人は打撃縁の月丘部分が凹み、金星帯ができる（第18図）。

腸閉塞　突然腹部全体に激痛があり、腹がはって、大便とガスの排出が止まり、嘔吐を繰り返す。顔は蒼白《そうはく》になり、冷汗が出る。腸閉塞はほとんどすべての病気の原因となる。

腎臓結石・尿路結石　ひどい激痛のために冷汗や嘔吐を伴う。血尿が出る。月丘にゴチャゴチャの線があり、感情線は鎖状で生命線は短く、頭脳線は途中で切れて月丘にはいる（第19図）。

子宮外妊娠　妊娠初期に突然下腹部に激痛が起こり、冷汗・嘔吐を伴い、子宮出血がある。

寄生虫症　回虫・十二指腸虫（鉤虫）腹部に不規則な激痛または鈍痛を繰り返す。嘔吐・食欲不振・貧血などがある。回虫の場合は爪に横しわや白い斑点ができる。十二指腸虫では爪がスプーンのように反《そ》る。

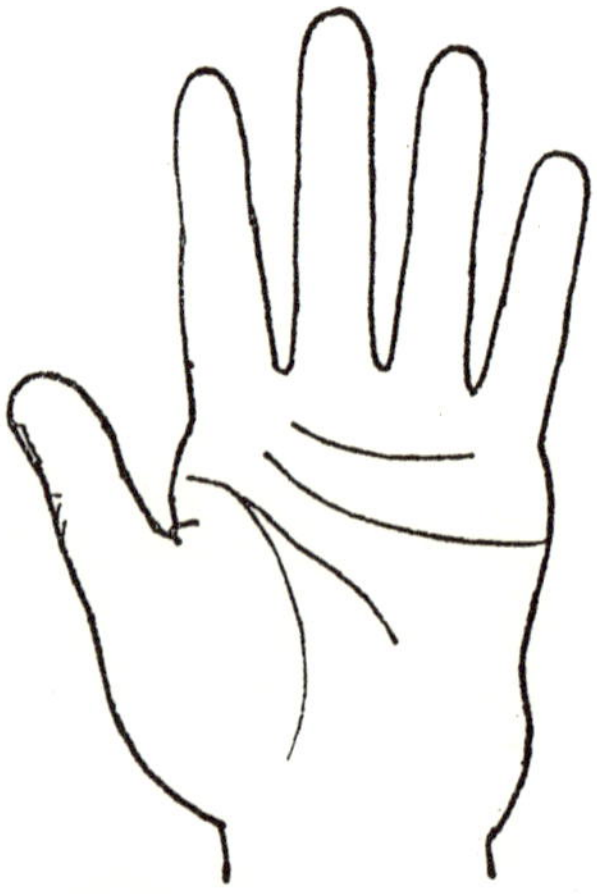

第18図

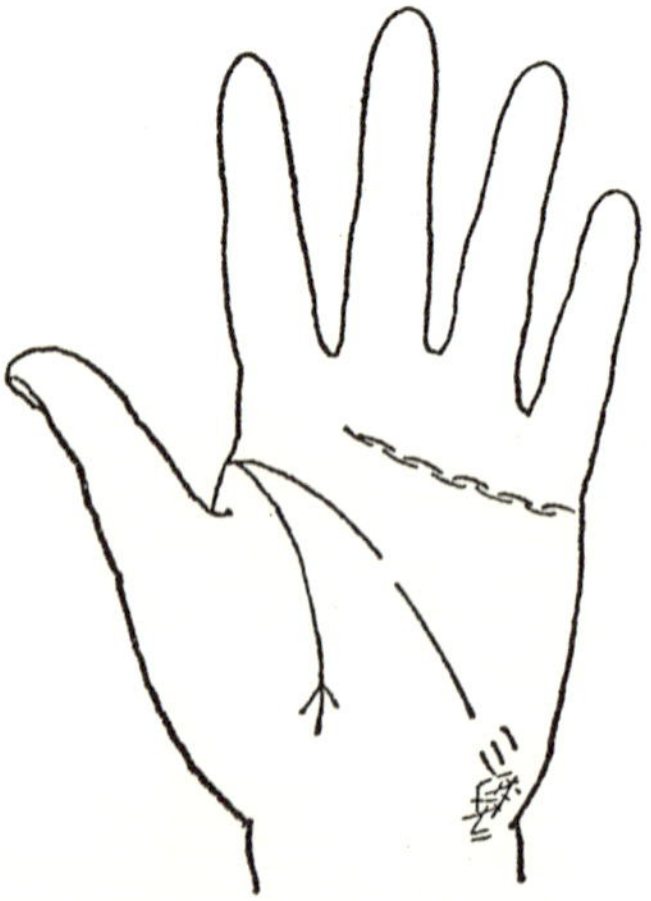

第19図

吐血

胃・十二指腸潰瘍　胃液といっしょに血を吐き、腹痛や胸やけがある。

胃ガン　コーヒーかす様のものを吐き、急速にやせる。

肝硬変　食道から出血する。末期には腹水がたまる。手掌の色が赤と青のまだらになる。

下痢

急性腸炎　熱のあることが多く、下腹部が激しく痛む。

赤痢　血液・粘液が混じる。

慢性腸炎　下痢と便秘を交互に繰り返す。下痢のときは打撃緑の円味がなくなる。下痢は水をチビリチビリ飲むようにすると治る。

血尿

膀胱炎　排尿の回数が多く、濁っている。排尿の始めか終わりに痛みがある。

尿路結石　激痛があり、冷汗や吐き気がある。排尿時、痛みを伴って血尿がでる。

尿路腫瘍　出血量が多い。

腎臓結核　尿が濁り、排尿回数が増える。血尿は出血であり、その原因はビタミンCの不足のためであるが、金星丘と月丘に赤い網のような小線があらわれる。

尿が近い

糖尿病　口が渇いて、盛んに水を飲み、よく食べるがやせてくる。傷がうみやすく、歯が悪くなり、性欲がなくなる。爪が鷲の爪のように湾曲し、月丘に横線、金星丘に赤い斑点がみえる（第20図）。

尿崩症　脳下垂体後葉の障害から、尿量の調節ができなくなり、一日四～一〇リットルもでる。宿便（古便）が原因である。

萎縮腎　腎臓の機能が悪く、濃い尿を出せないために尿量が増える。高血圧から更に進むと尿毒症になる。腎臓障害は月丘と中指のつけ根がくもる。

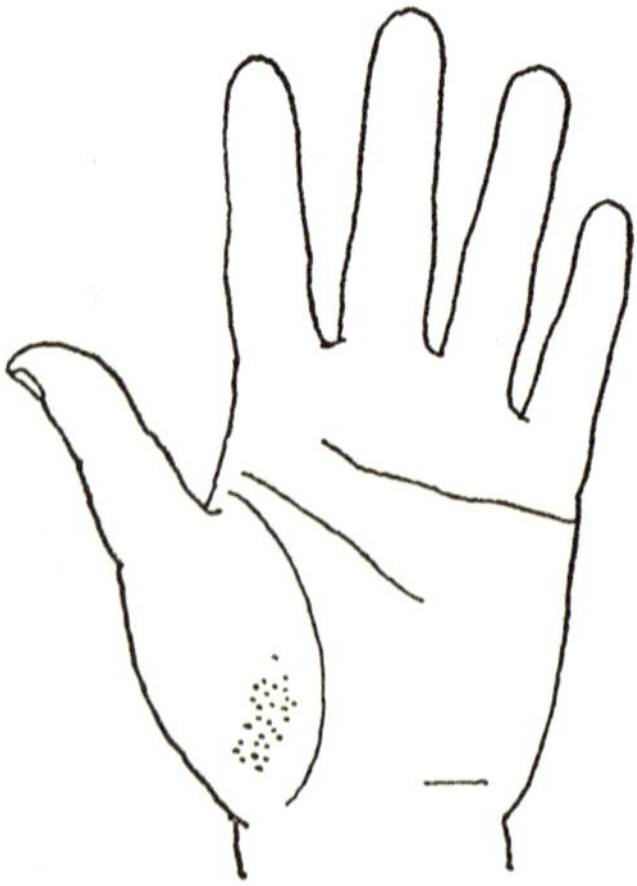

第20図

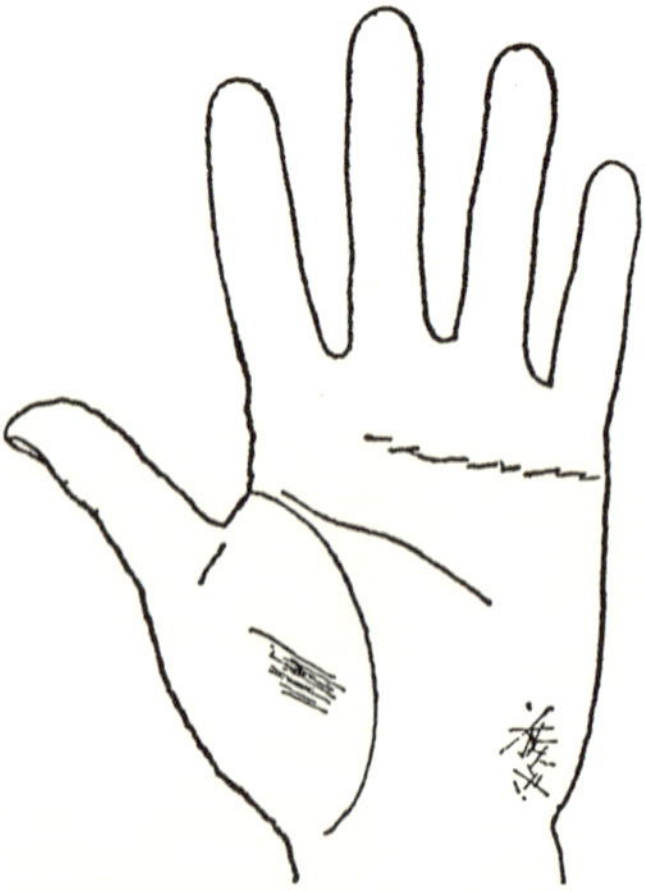

第21図

腎盂炎・膀胱炎　排尿回数が増え、尿は濁る。血尿になることもある。腎盂炎の場合は高熱を伴う。

腎臓結核・膀胱結核　排尿回数が増え、尿は濁り、痛んで血が混じる。

前立腺肥大症　老人に多く、排尿を終わってもまだ尿の残っている感じ（残尿感）があり、尿が勢いよく出ない。生命線の内部に横しわができ、感情線が波立ち、月丘に星やゴチャゴチャした線があらわれる（第21図）。

発熱

高熱―扁桃炎・急性関節リウマチ・脳炎・腎盂炎・腸チフス・急性肺炎・急性肋膜炎・白血病

中程度の発熱―かぜ・肺炎・肺結核・慢性扁桃炎・胆のう炎

扁桃炎　のどに痛みがある。

急性関節リウマチ　関節がはれて痛む。指の関節が節くれ立っている。

脳炎　頭痛・吐き気・けいれんがある。頭脳線が切れ切れになったり、細線が横切る。

腎盂炎　尿に濁りがあり、熱が上がったり、下がったりする。

腸チフス　頭痛・腰痛があり、脈拍が少ない。

急性肺炎　胸痛があり、呼吸が苦しく、サビ色のたんが出る。

急性肋膜炎　胸痛がある。

白血病　顔色が青白く、出血がある。

かぜ　鼻水・くしゃみ・頭痛・のどの痛みなどの症状がある。

肺炎　胸痛があり、呼吸が苦しく、サビ色のたんがでる。

肺結核　手掌は青白い。

慢性扁桃炎　火星上丘に横線がある。

胆のう炎　手掌は黄色っぽい。

けいれん

テタニー　アルカリ過剰症で、親指が手掌面に曲がり、四指は小指側に傾く。

てんかん　突然、全身の筋肉をけいれんさせて倒

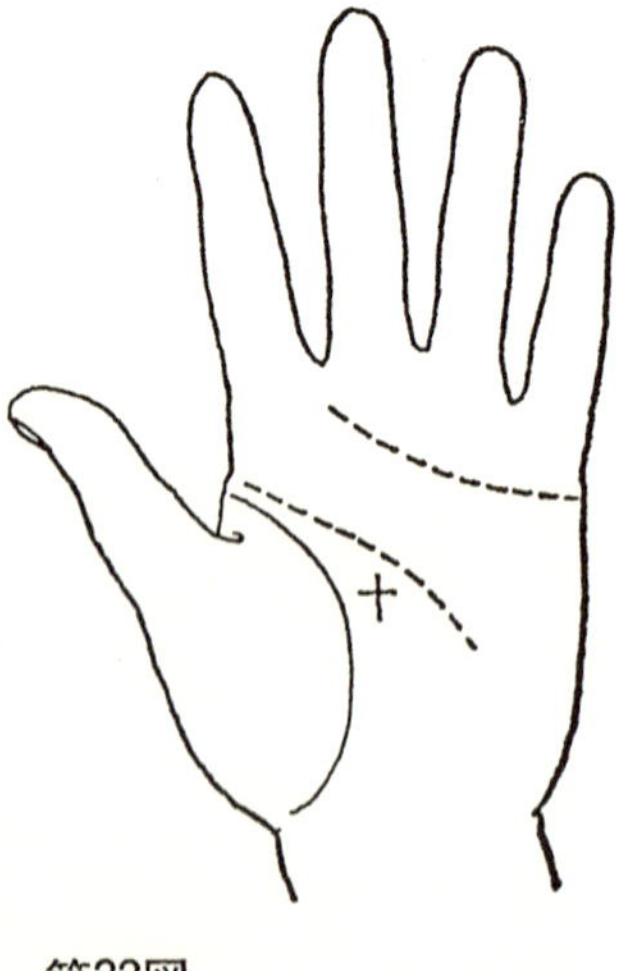

第22図

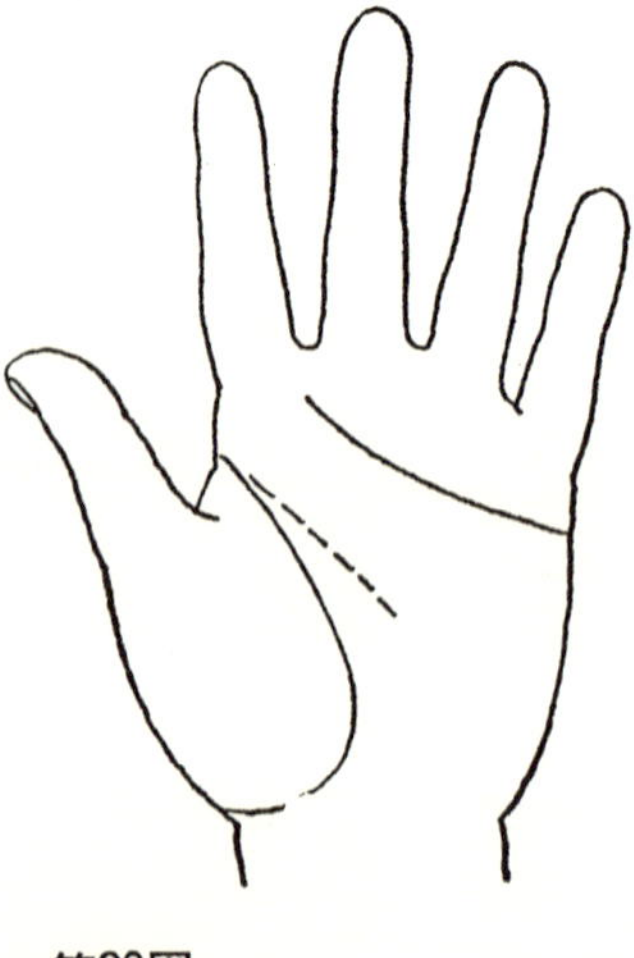

第23図

れる。たいていの場合、数分間で意識をとり戻し、回復する（第22図）。

尿毒症　重症な腎臓疾患の末期にあらわれるもので、嘔吐・食欲不振・不眠・頭痛を訴える。小便臭い呼吸になったり、意識を消失したりする。月丘に横線がある。

子癇《かん》　一種の妊娠中毒症によるもので、最高血圧と最低血圧が接近する。

破傷風　外傷を受けてから一、二週間過ぎたころになって激痛を訴え、体中の筋肉が硬直・けいれんする。高熱を発し、重症のものは一日以内で死亡する。

脳炎　頭痛・吐き気を伴う。頭脳線が切れ切れになったり、小線が横切る（第23図）。

脳腫瘍　頭脳線上に黒点があらわれる（第24図）。

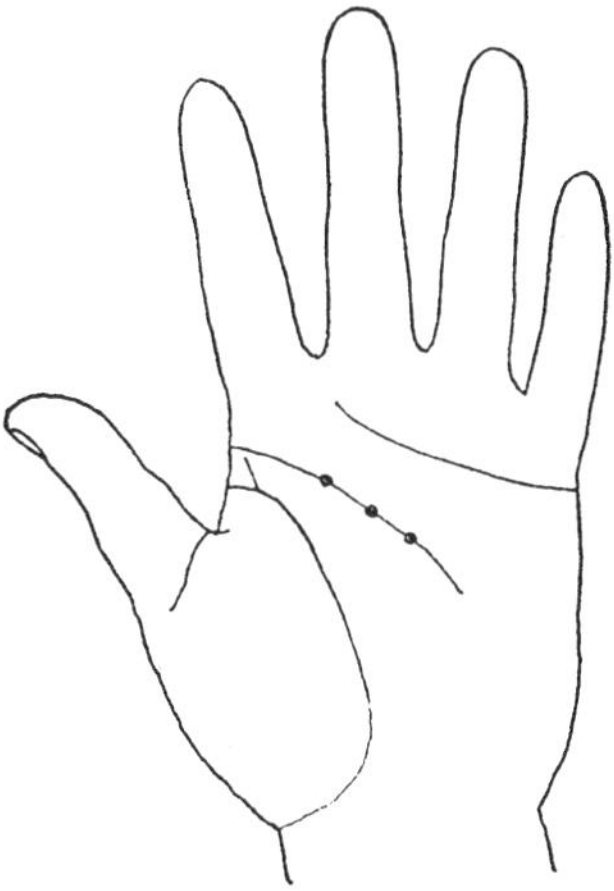

第24図

昏睡

脳出血　急に意識を失って倒れ、手足が麻痺する。大きないびきをかく。脳溢血では顔色が赤くなり、脳血栓や脳塞栓では青くなる。

てんかん　けいれん発作の後、眠り込む。

脳腫瘍　腫瘍の場所により、頭痛・吐き気・めまいのほか、昏睡に陥る。

II　手相による健康診断

循環器系統の病気

脳溢血

生命線が弱く、爪の三日月が大きい人は脳溢血に冒されやすい。三日月は爪の長さの¼から⅕くらいあるのがよく、⅓以上あると、ひっくり返る危険がある。また、爪が竹を割ったような形をしているのは動脈硬化症である。

生命線が長くても、生来の健康にまかせて暴飲暴食をやる人は、主線が黒褐色を帯びて、手掌全体が赤茶けた色になって、脳溢血の危険信号がでてく

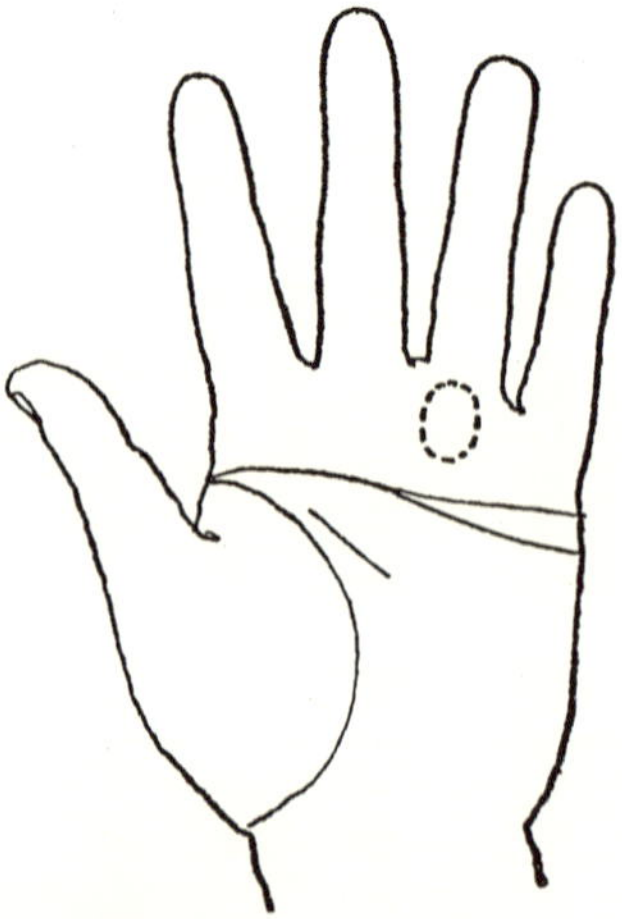

第25図

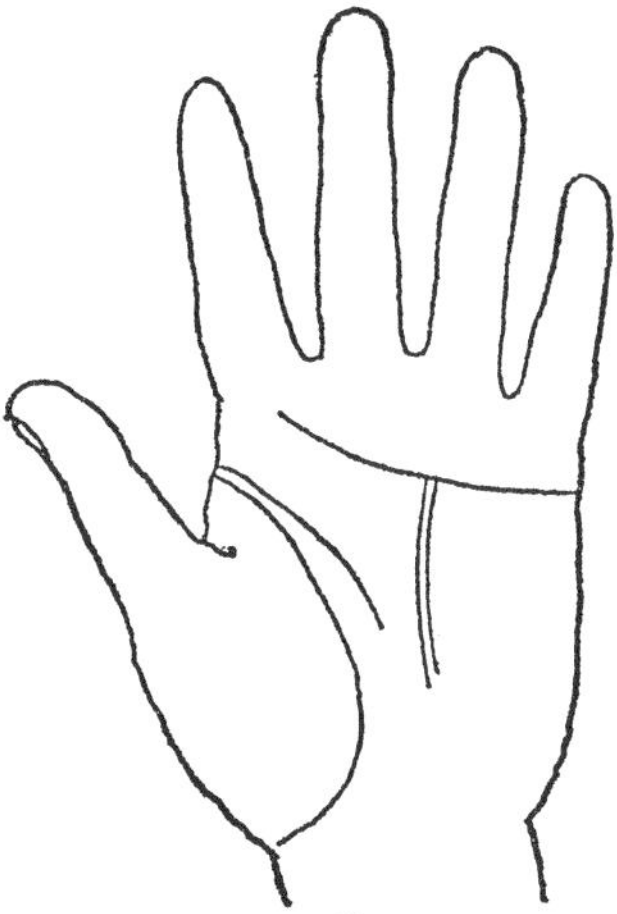

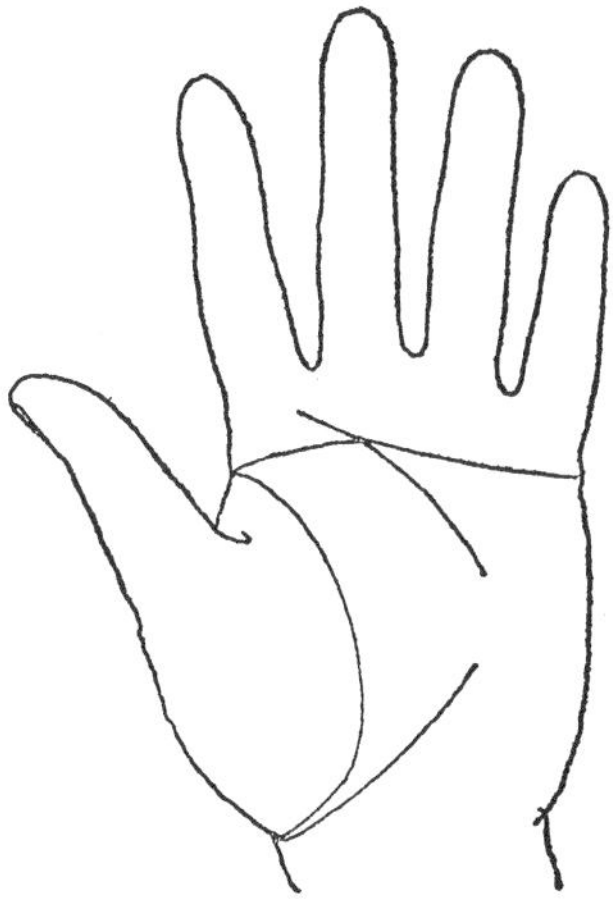

第26図

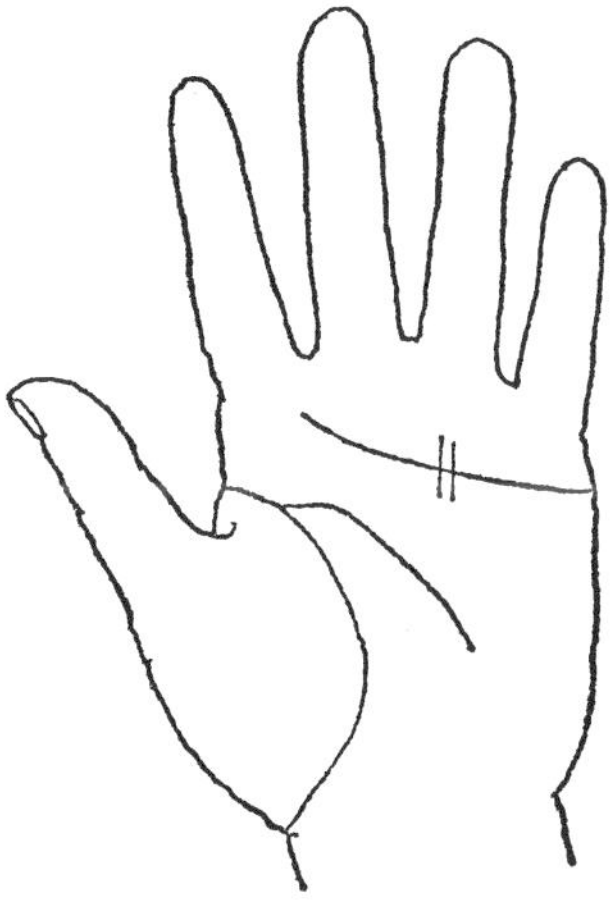

(上)第27図
(下)第28図

る。

第25図のように頭脳線が薄弱で、「マスカケ」になっているのは、脳溢血に冒されやすい。薬指のつけ根の太陽丘が盛り上がっているのは、感情線の力が強いことを示し、特にその気がある。

第26図のように頭脳線が感情線に向かって走り、健康線が生命線の終末から起こっている人は、アルカリ領域が狭く、脳溢血に冒されやすい。

第27図のように感情線上で薬指の根本から二本の線が下へ向かうのは卒中で、第28図のように、感情線上

で薬指の根本に縦に二本の小さい線があらわれたのは、卒中の前兆である。これを改善するには、他の手で薬指を握って反らし、太陽線をつくるようにするとよい。

第29図のように、感情線上に長くて赤い瘢痕《はんこん》（きずあと）のあるのは、卒中の起こる危険を示す。

第30図のように、生命線の終末と運命線の終末に十字または米がある人は、ほとんど脳溢血を起こすといってよい。星は十字の変形で、米の字の点がつながると星になる。星は血液の停滞、すなわちうっ血を示す。

第31図のように、中指の根元の土星丘に星があるときは、中風・半身不随に罹りやすく、同時に手掌の小指側手頸寄りの月丘に星があれば、半身不随は絶対的である。半身不随は高血圧による脳溢血か、低血圧による脳軟化症のどちらかが原因となるのが

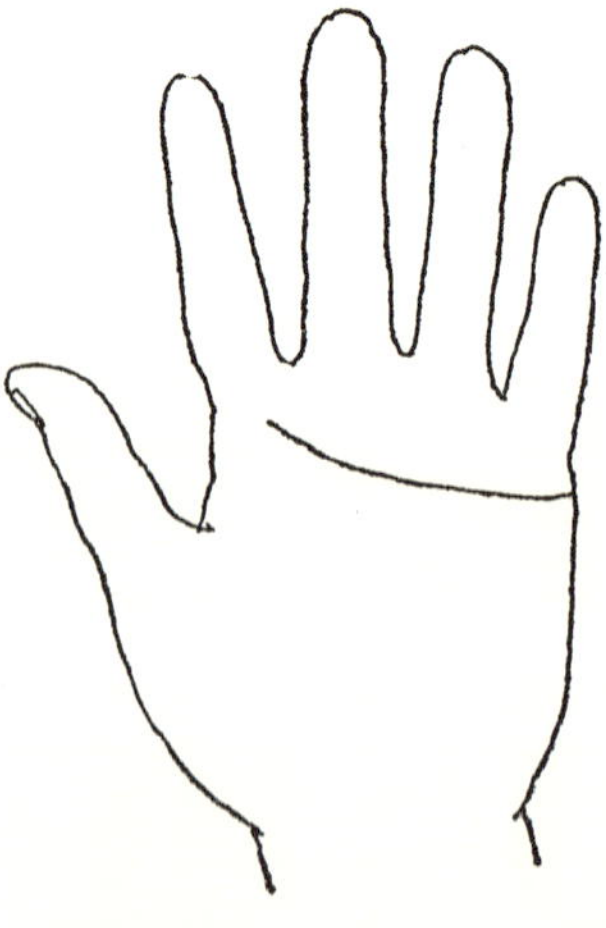

第29図

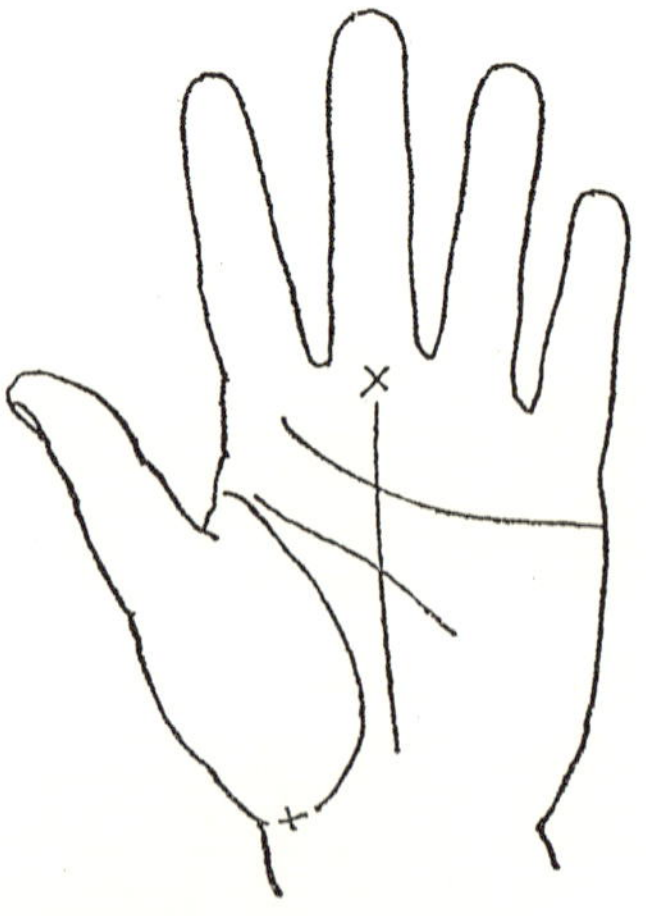

第30図

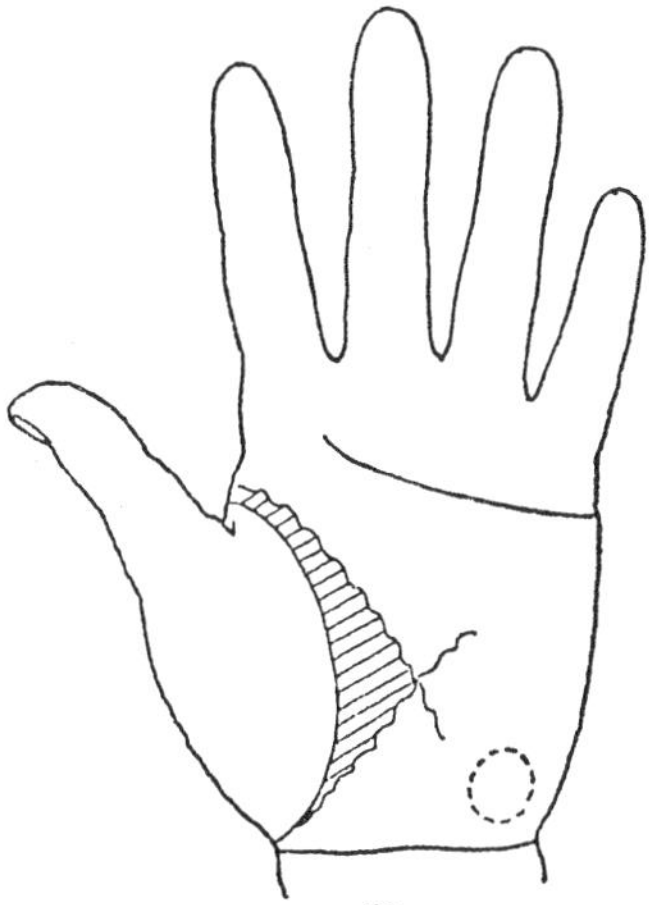

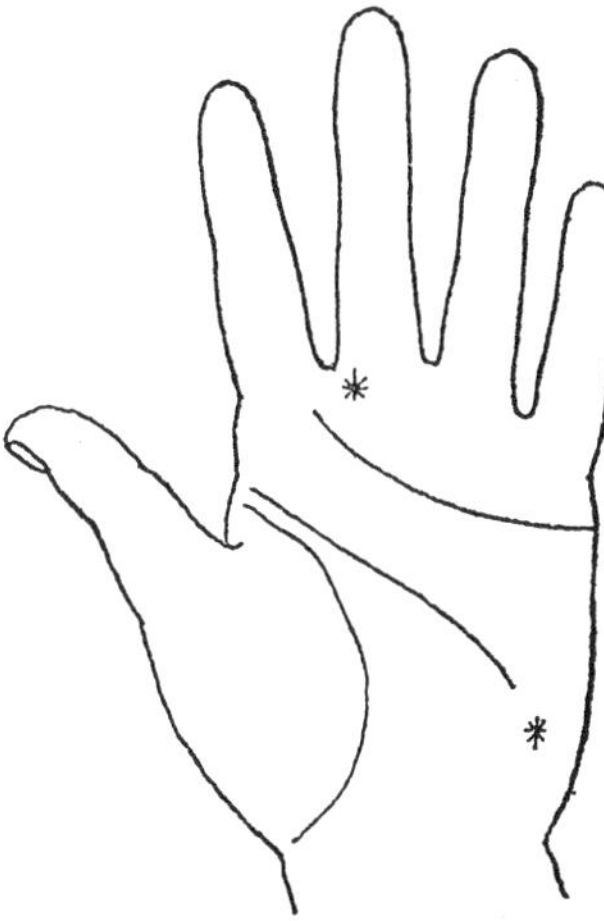

第31図

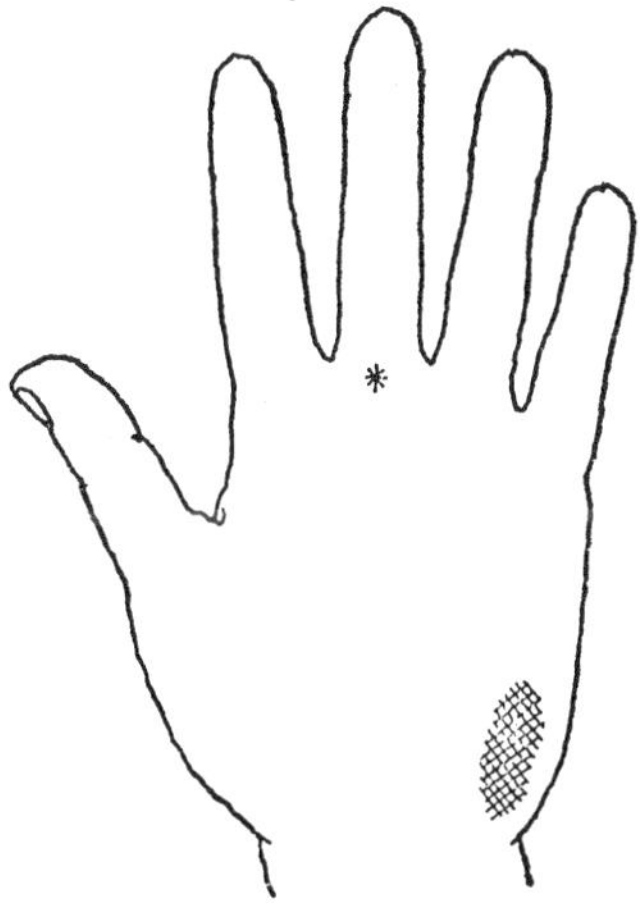

（上）第32図
（下）第33図

普通であるが、循環器系統の障害は土星丘に、腎臓の故障は月丘にあらわれる。

　第32図に示すように、三角庭（生命線と頭脳線と健康線で囲まれている）の位置が低く（頭脳線が親指に近く走る）、月丘がことさらに隆起し、手頸横線の三環のただ一つだけがあらわれている人は、全身強直症で脳溢血の恐れがある。手頸横線が三本あることは手頸が柔軟な証拠である。

　第33図は第31図に似ているが、月丘に雑線または黒味があり、中指の根元の土星丘に星がある人は、卒中

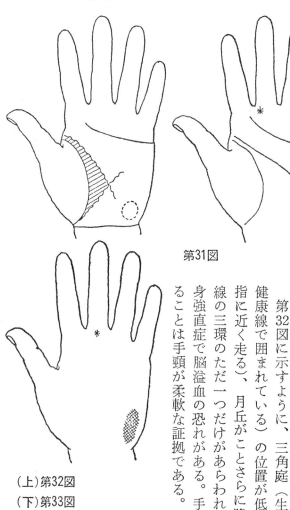

を起こす。

人差指の根元の木星丘が他の丘に比べて卓越した手の持ち主を、木星型という。木星型は多血質で、脳溢血に注意しなければならない。それというのも飲食欲が強く、暴飲暴食に陥りやすいからである。木星丘が異常に隆起したり、丘が混沌とした線がある人は、脳溢血の傾向がある。手掌が赤いのは多血質で、はなはだしく赤いのは卒中の危険がある。

脳溢血は血液が酸性に傾くと起こるもので、生命線がぼやけるとか、生命線の内側に下向きの枝（第34図）や同心円的な線（第35図）ができて、生命線が内側へ移動する傾向をとる。感情線は下方へ移動する。中指が硬くなり、薬指も硬くなると、卒中の危険が切迫している。

脳溢血で倒れる年令は生命線の切れ目や横切る線の位置によって決まる。

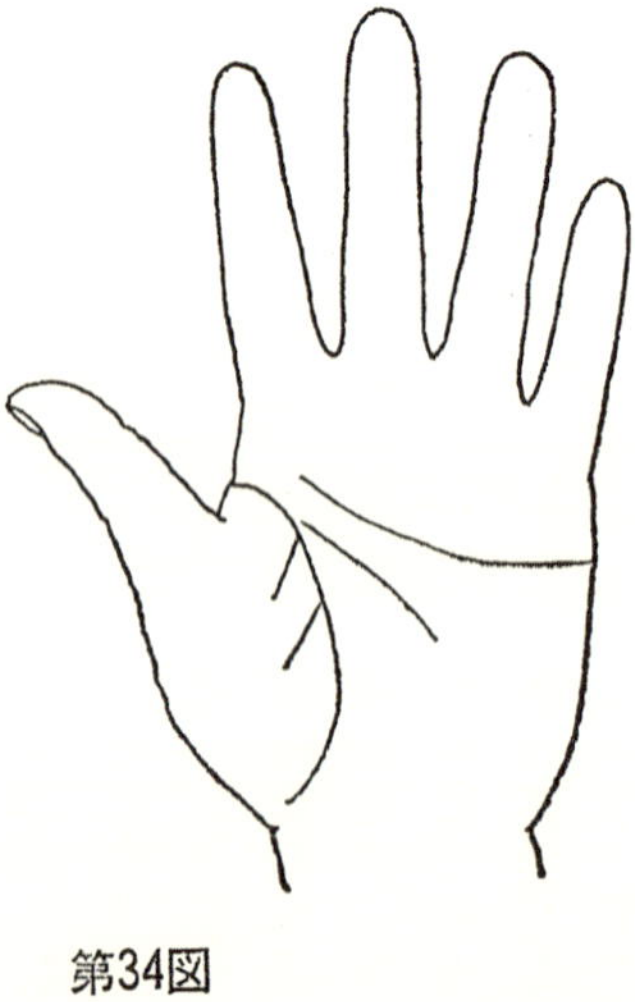
第34図

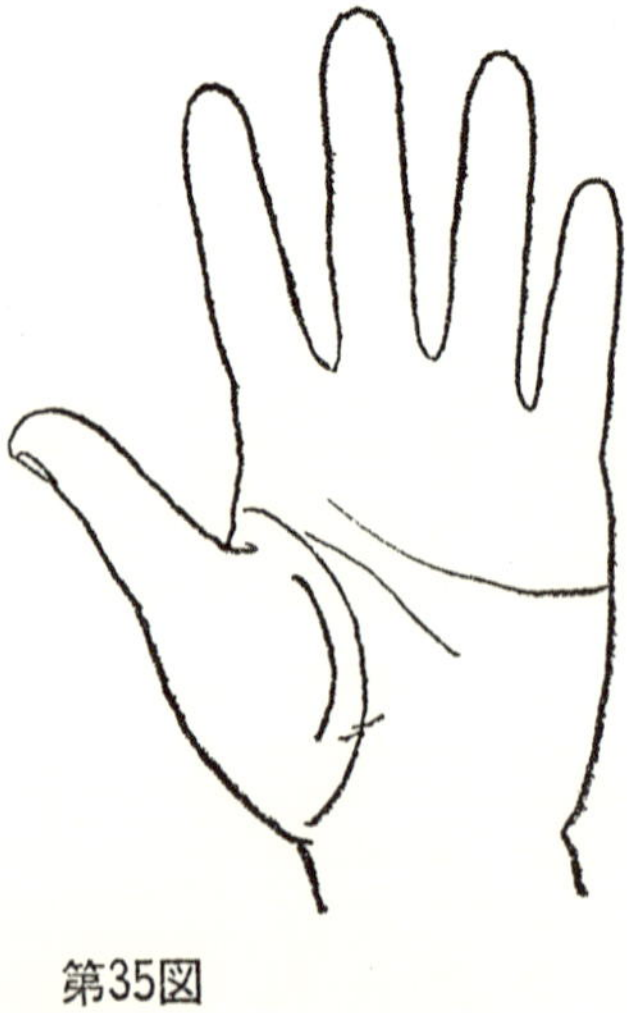
第35図

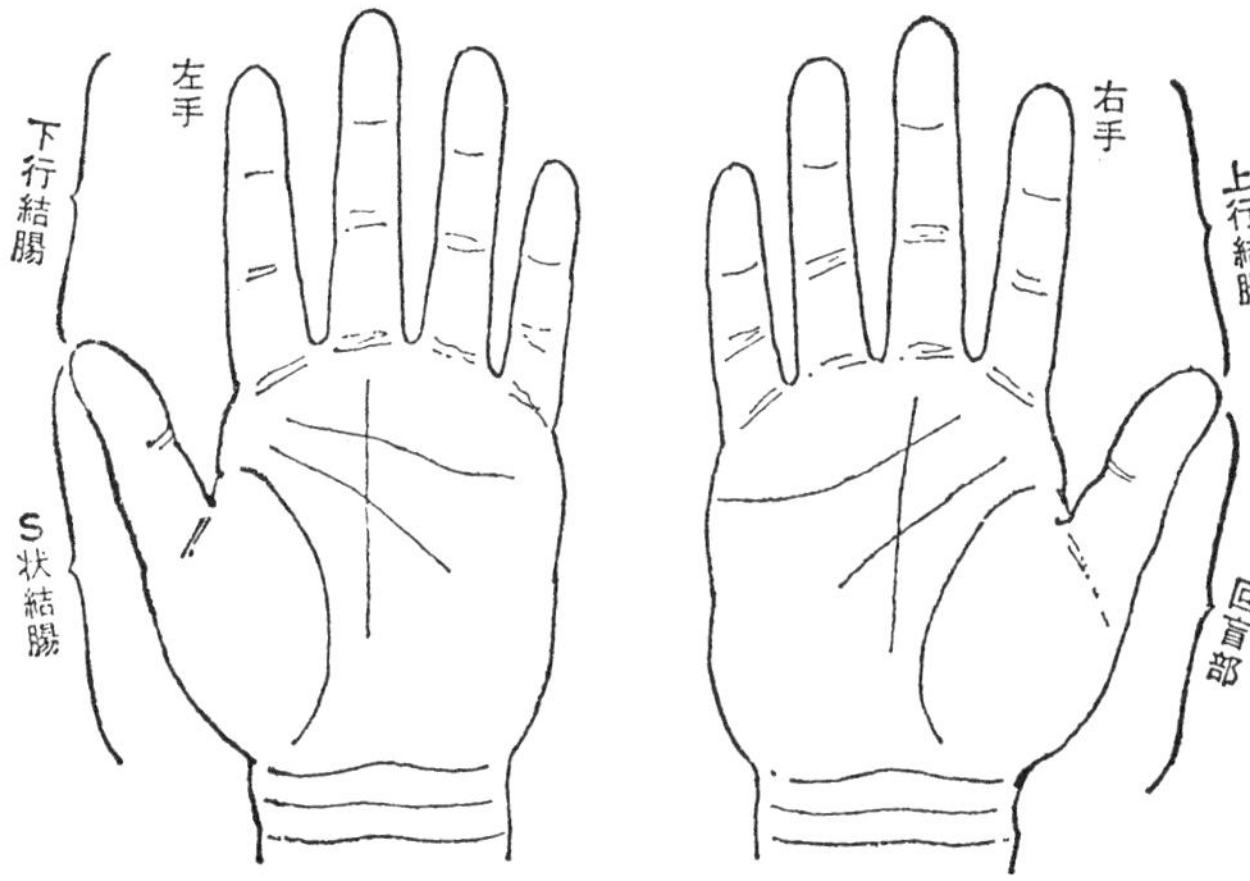

第36図

半身不随の麻痺側では、爪は光沢を失い、欠けやすくなり、爪半月は消失し、縦線をあらわし、褐色となり、鸚鵡《おうむ》のくちばしのように手掌側へ湾曲する。爪の厚さはむしろ増し、貧血の場合のスプーン形爪と反対の現象を呈する。

脳溢血や脳軟化症の場合に、どちら側の半身不随を起こすかは、大脳の出血または血栓・塞栓の側と反対側に起こる。運動神経は反対側へいっているからである。大脳の冒されるのは、こめかみの静脈怒張（うねうね）がある側で、その側の手掌の生命線沿いに青筋が浮き出ている。第36図に示すように、青筋が右手掌部にあるのは回盲部、右の手指部は上行結腸、左の手指部は下行結腸、左の手掌部はS状結腸の糞便停滞である。

手相をみるに当たってたいせつなことは、左右の故障を起こす場所がどうなっているかを判断することである。身体の故障は第37図に示すように、右足先の悪い人（靴の右足先が減る）は左足首が悪く（靴の左かかとが減る）、右ひざがガクガクし、左の腸に便がたまり、肝臓を悪くし、左肋膜・右肺尖・左肩・右咽喉・左脳髄という具合に黒玉を連ねて稲妻形（本当は螺《ら》旋形《せんけい》）に上向する。左足先の悪い人は、右足首から左ひざを経て、白玉を連ねて上向する。足先の悪いほうの手掌の手頸寄りの中央部分（金星丘と月丘の中間）が凹む。

足の故障を改善するには、足先の悪いほうを第38図のように左手でかがと、右手でくるぶしの部分を握り、扇形に横に振る。反対側の足はくるぶしの上方を両手で握り、おいでおいでをするように上下に（自分でするときは下腿を水平にして）振る（第39

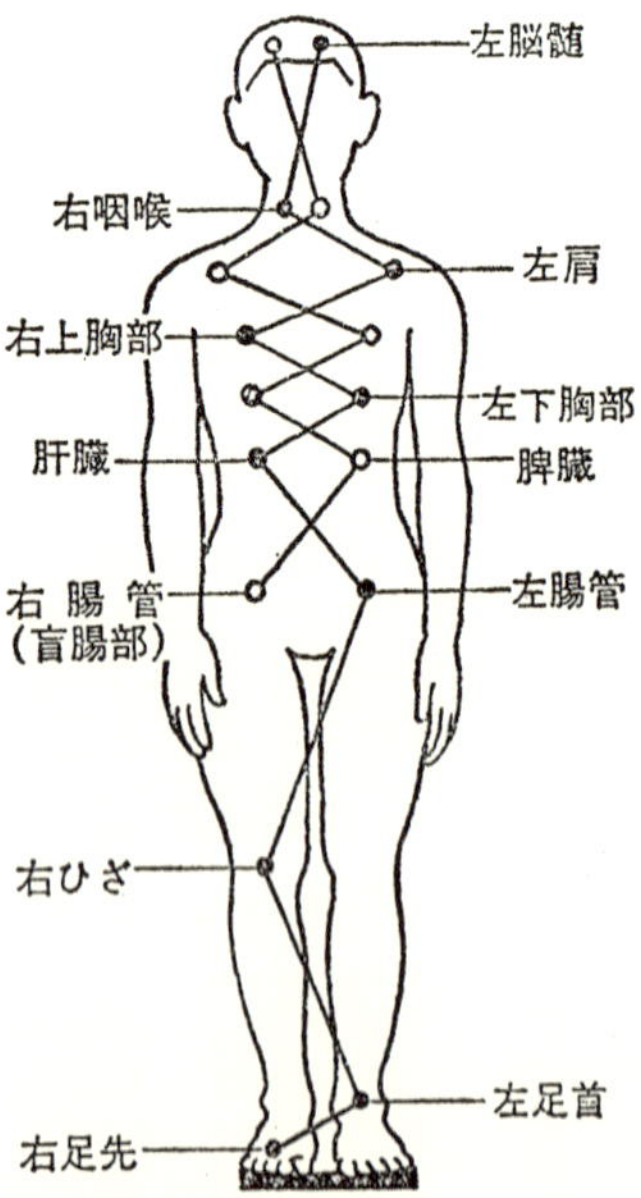

第37図

扇形運動

第38図

上下運動

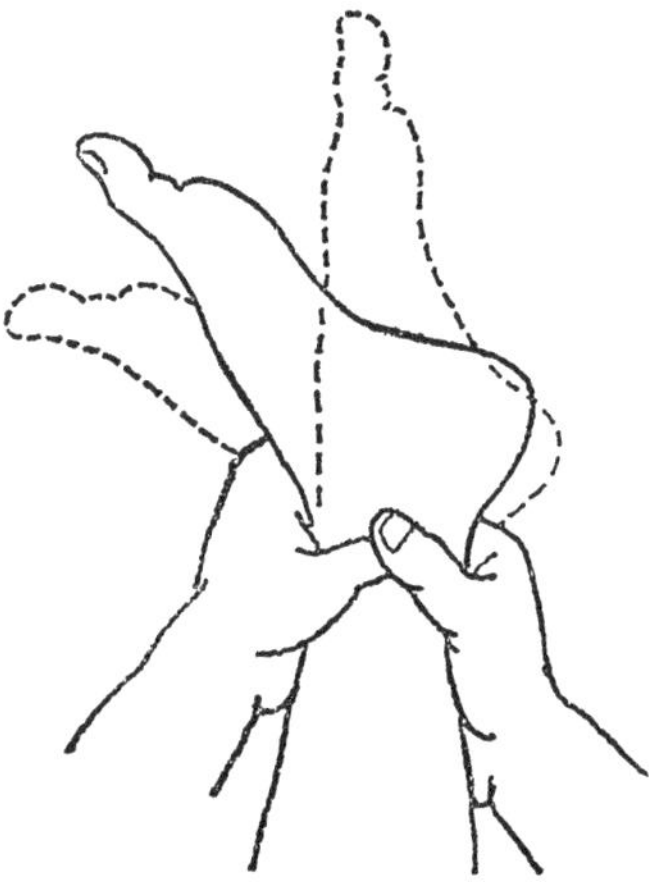

第39図

図)。一日二～四回、一、二分ずつ行なう。

足先の悪いほうの神経や筋肉が負けているから、弱点のある側を上にして、第40図のように側臥《そくが》し、適当な枕を当て、手および足の角度をそれぞれ約三〇度に開いて微振動を行なう。実施時間は二、三分を一回とし、状態に応じてこれを何回も繰り返す。

脳溢血には動脈硬化症が前提となるが、動脈硬化は脂肪の一種であるコレステロールや石灰が沈着するために起こる。血液中のコレステロールが増えるのは、消費しきれない栄養が脂肪となって血液中に混じって流れていて、それが動脈壁の細胞間隙を縫ってしみ込んでいく為である。

降圧剤で無理に血圧を下げると、末梢まで血液が流れず、局所の貧血・壊死を起こす。

微振動運動

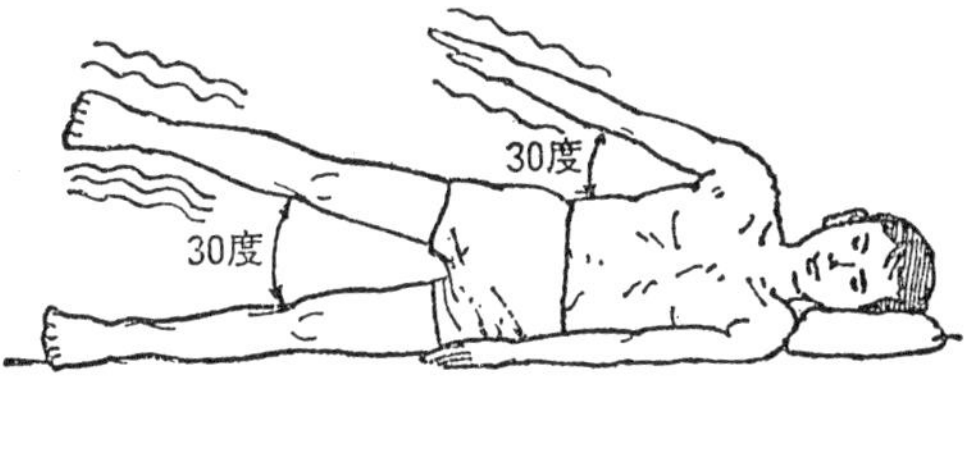

第40図

高血圧を防ぐには朝食を廃止し、昼食・夕食も生野菜をできるだけ多く食べるようにし、肉・魚・卵・穀類・砂糖・アルコール・食塩を減らすこと。果物や海草類はよい。

心臓病

手の赤いのは心臓の故障で、紫色は循環障害、呼吸困難を示す。

心臓病の場合は、指先まで血液が循環しないために指先がしびれがちで、そのために感情線が幅広くて青白く、鎖のようになったり（第41図）、波形になったりし、生命線の終末部に三角があるとか、薄いことが多く、健康線も波立って、頭脳線も薄くなる（第42図）。

心臓、特に右心肥大症では、感情線の下一面に縦線がある（第43図）。

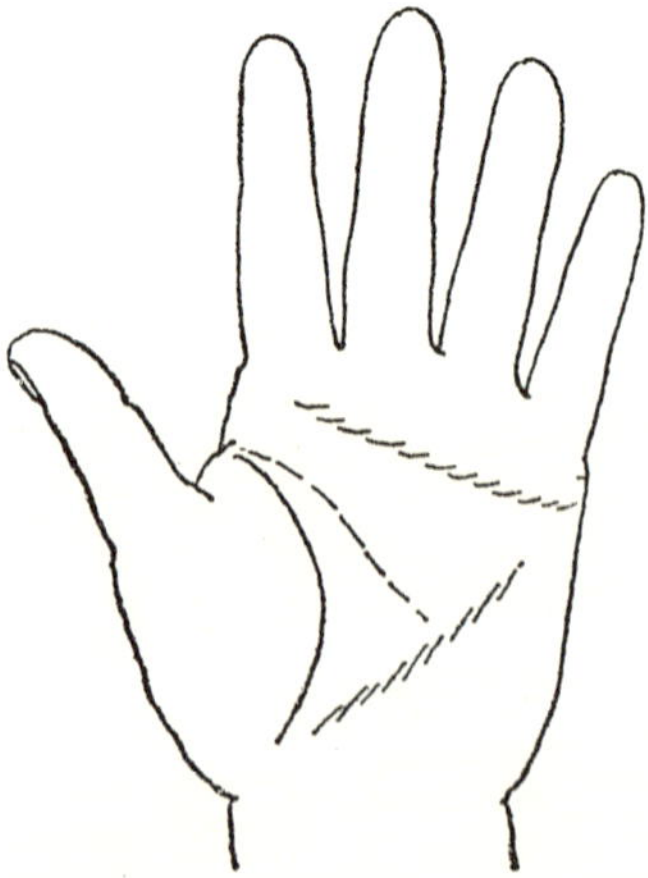
第42図

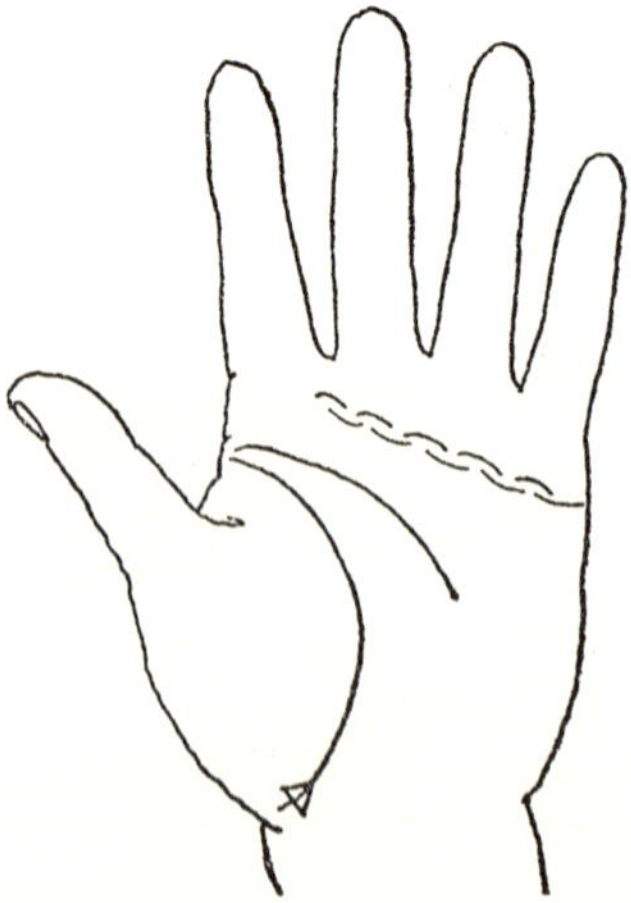
第41図

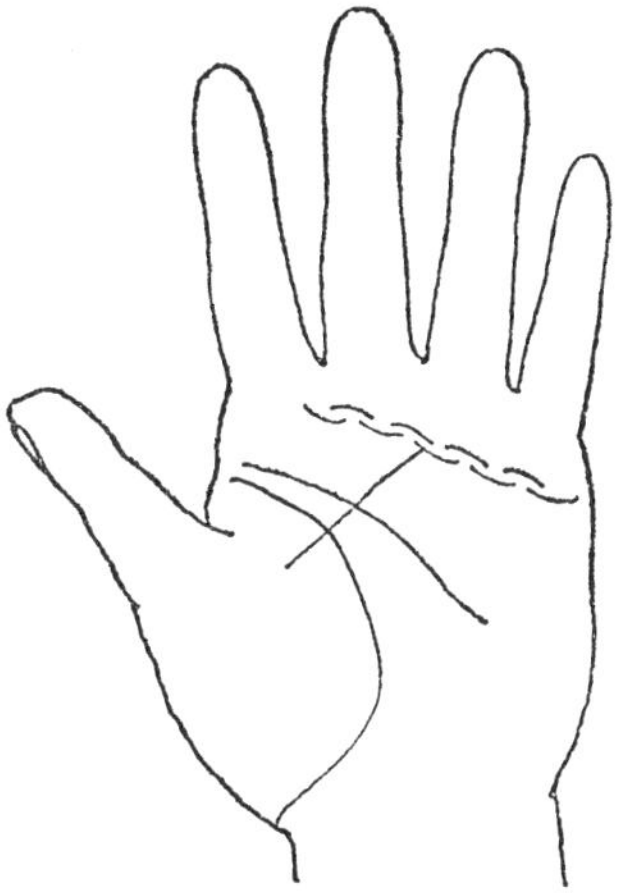

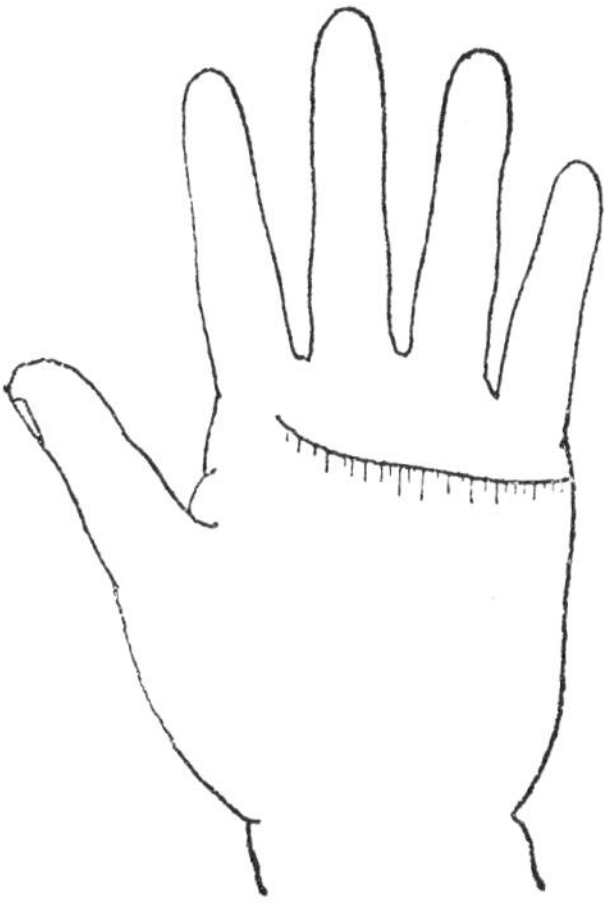

第43図

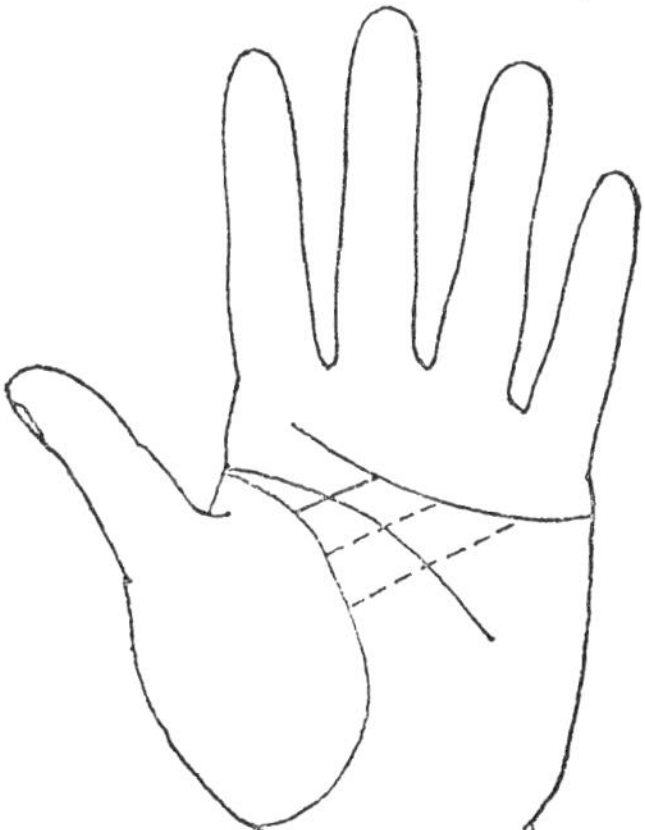

（上）第44図

（下）第45図

感情線が鎖状をなし、金星丘から出た勢威線が感情線で終わっている（第44図）のは心臓病で、全身の毛細血管が働かないことを示す。

第45図のように、感情線と生命線との間にいくつかの接合線がある人は、心臓機能不全である。

第46図のように、運命線が深くて赤色で、中指の第三指骨（基節）を貫いて中指の先に星のあるのは、永野修身大将の手相であった。大将は毎日、階段を昇る練習をして永年の心臓病を治した。終戦後、巣鴨の拘置所で病死した。死因は肺炎ということであった

が、実は心臓のガンで、強心剤を永年連用していたのが原因である。

米国で心臓病死が最も多いのは、車にばかり乗って歩かないからで、ビルの階段を七、八階まで一息に登って、動悸や息切れがしないようにだんだん練習すれば心臓病も治る。安静にばかりしていると、心臓に血液がたまって肥大し、弁膜も閉鎖しなくなり、心臓病は悪化する。

喫煙過多や炭火の中毒による心臓病は、第47図のように手掌一面に薄黒いかたがあり、感情線は必ず鎖状をしているが、感情線の内側の副線である金星帯も多くみられる。

第48図のように、感情線が運命線と交わるところが鎖状で乱れているのは、心臓病であるが、履歴の上でうそをいい、恋愛遊戯をする傾向がある。

第49図のように、生命線の終末近くに三角がある

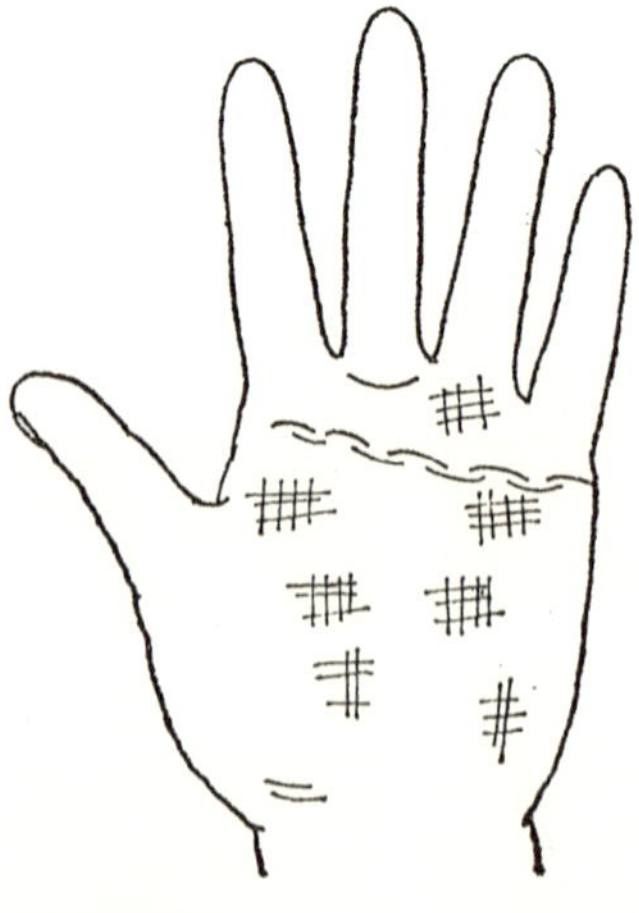
第47図

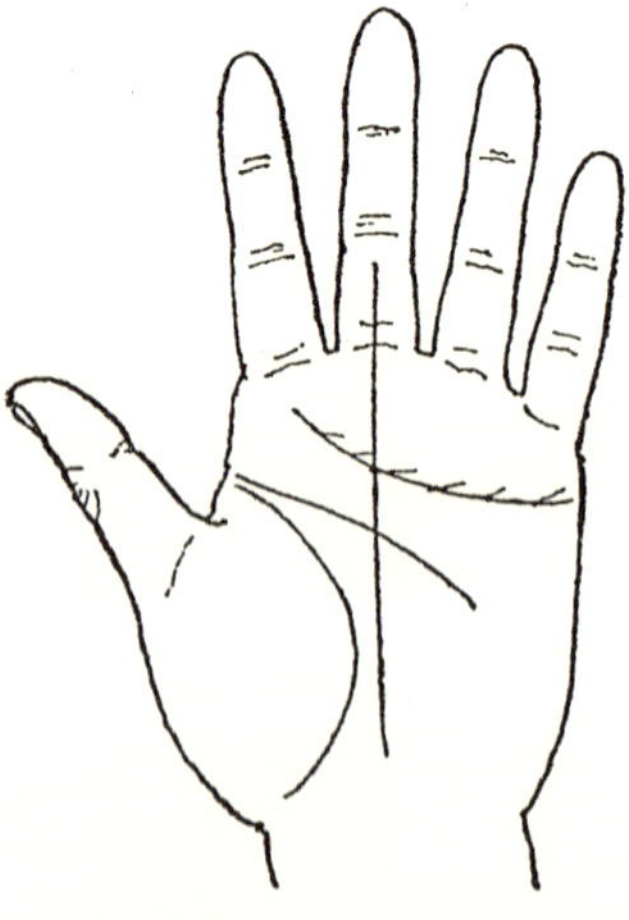
第46図

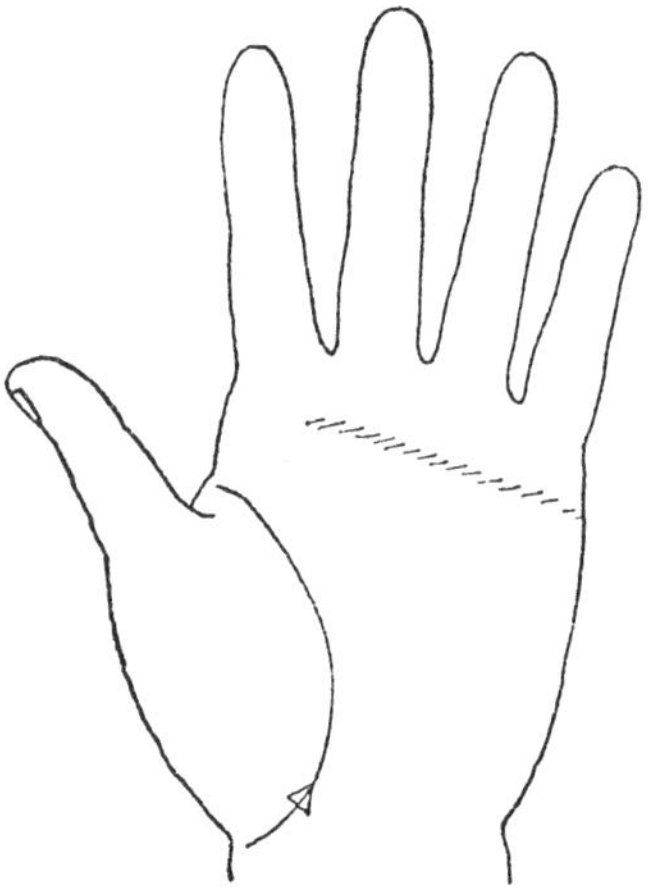

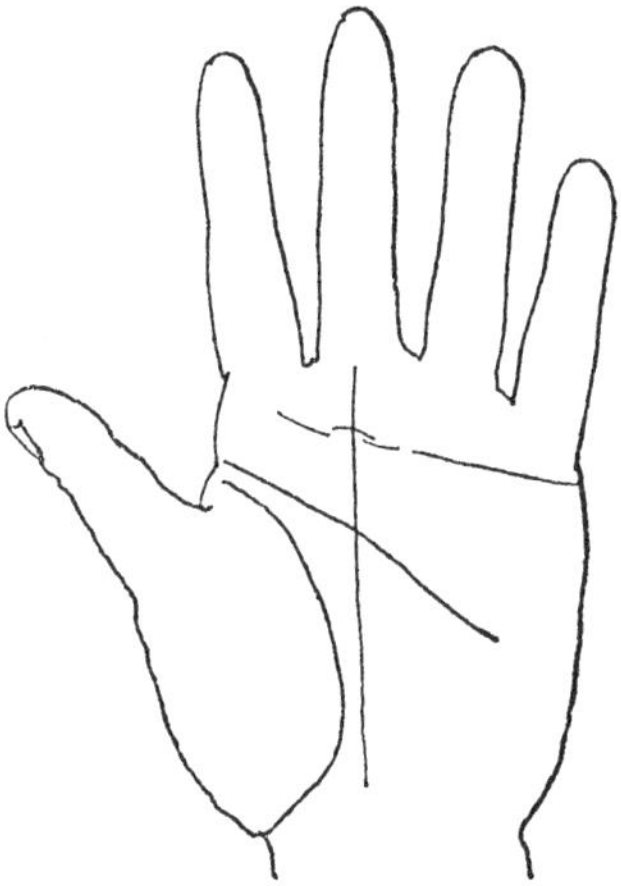

第48図

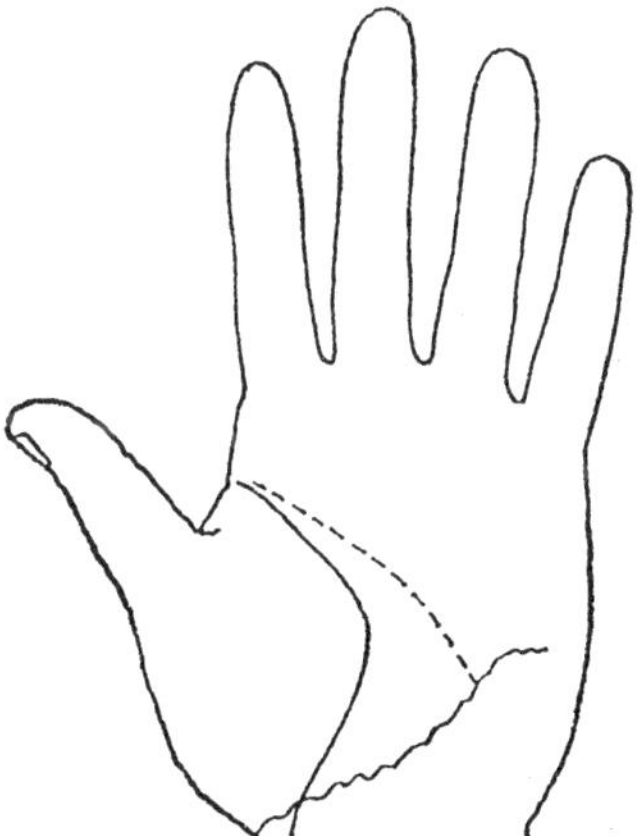

（上）第49図
（下）第50図

のは、如才なく雄弁家だが心臓が悪い。

第50図のように頭脳線が貧弱で、感情線を欠き、健康線が波立つものは、心臓病に罹りやすく、決断力を欠く。

運命線と頭脳線が交差する点に大十字を描いている（第51図）のは、何でも思いのままになる。手掌の四区画は心臓の四室に相当する。全身の毛細血管が平等に働くときは世の中が思うままになるときで毛細血管にポツリポツリと働かないところができれば手掌上に星や点ができる。血液が循環しなければ手掌に黒いものができる。新しい変化は、線よりもむしろ色や点となってあらわれる。

先天性心臓疾患・僧帽弁疾患・脊椎側湾症による心臓疾患、その他気管支拡張症や肺壊疽《えそ》のような胸部臓器の疾患の場合に、指先が丸くふくれ上がって、太鼓のバチ指（第52図）になる。うっ血が原因となって酸素の欠乏をきたし、化骨性骨膜炎の像を呈する。

この場合、爪は円味を帯び、肺結核のようにヒ[*153]ポクラテス湾曲を示す。

第53図のように方形で短く、青味がかった爪は心臓障害の示徴で、チアノーゼ（静脈のうっ血によって青藍色を呈する）をあらわす。典型的なのは死人の爪である。

生理的にも冬季、指が冷えたときなど軽度のチアノーゼが見られる。

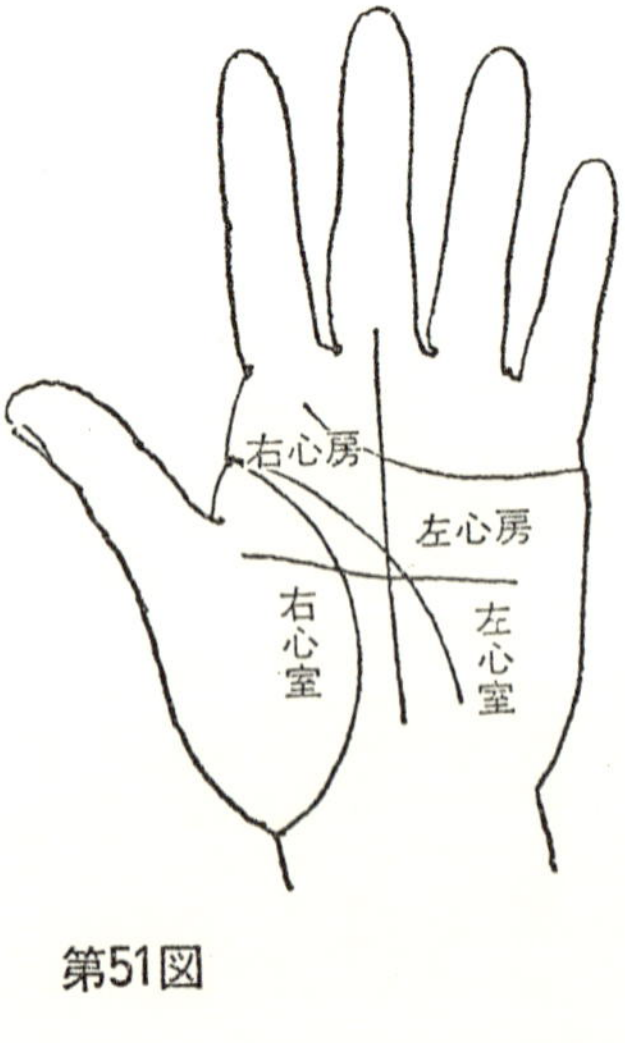

第51図

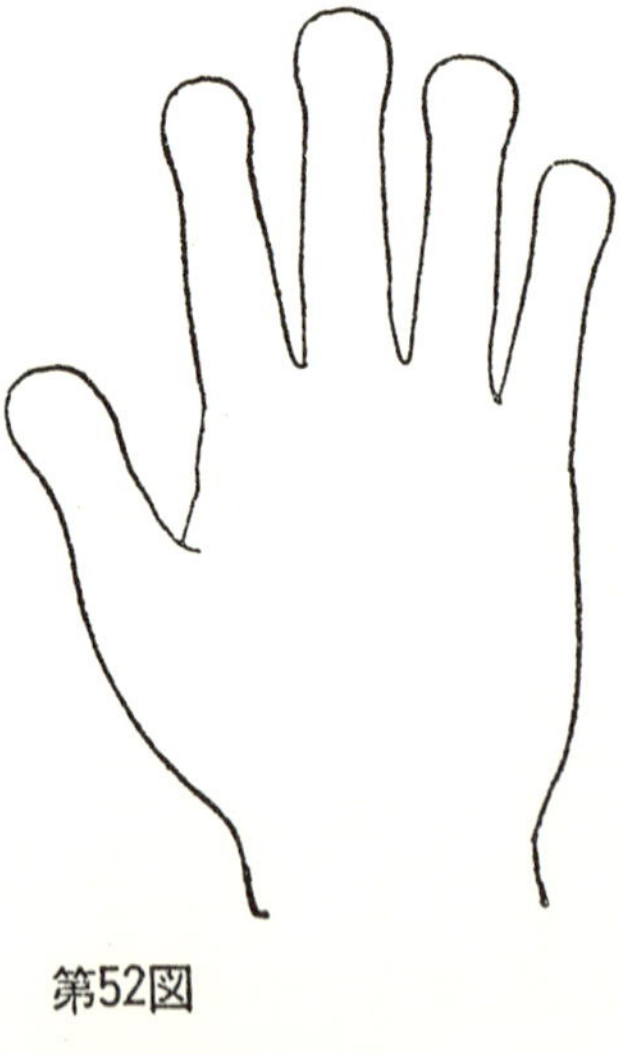
第52図

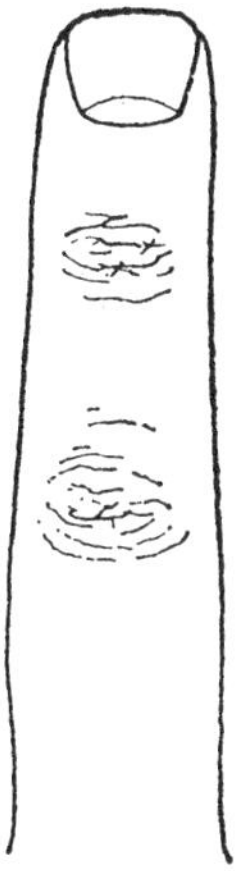

第53図

爪にたてすじができるのは心臓が弱い証拠で、原因は厚着である。

感情線（心臓線）が乱れるのは、中指・薬指・小指の三本の指が、指先に力がはいらないためにしっかり折れないことを示す。それは指先がふくらむのは血液が停滞するからである。これを改善するには、仰向けに寝て四肢を垂直に挙げ、一、二分間微振動をして毛管運動[*110]を行なうとよい。また温冷浴[*111]を行なうと皮膚の毛細血管が働き、皮膚の血色もよくなって心臓病も治る。

心臓はポンプではない

世間を騒がせた話題に、心臓移植問題がある。心臓がポンプであれば、死んだ人から取った止まった心臓が、移植後どうして動き出すのだろうか。神経のつながりもない。末梢の血管がつまっているのに、丈夫な心臓に取り換えれば循環障害は解決するものであろうか。

いくら良い苗でも、畑が悪ければ育たない。心臓移植を受けて一九カ月後に死亡した、南アフリカの歯科医プレーバーグ氏の移植心臓を解剖した、ケープタウン大学の病理学教授トムソン博士の発表によれば、移植された心臓の冠状動脈（心臓に栄養や酸素を送る血管）の内壁にはコレステロールが沈着して動脈の硬化を起こし、血管をせばめていたという。心臓移植という行為そのものに問題がありそうである。

アフリカのウッドワード博士は、一五秒間手足を手足の先や皮膚へ血液がよく流れていけば、拡大した心臓も小さくなり、じっとしていると、心臓に血液がたまって、心臓は拡大し、弁も利かなくなって心臓病は悪化する。

　むくむのは水の飲み方が足らないからである。

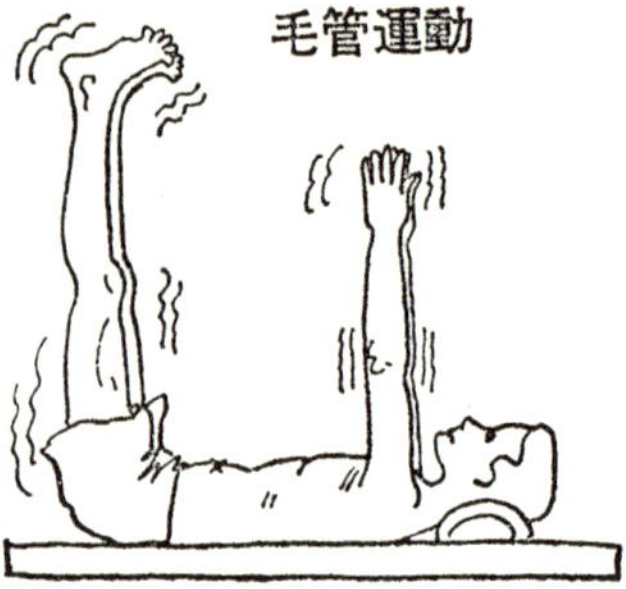

第54図

ラクダのこぶは、水の飲み方が足りないときの〃緊急用タンク〃であり、むくむのは、水の不足で、排泄できない毒素を薄めるためである。

毛管運動

毛管運動とは、第54図のように仰向けに寝て手足を垂直にのばし、足の裏を水平にして微振動を一、二分間行なう。この運動は

上に上げると、止まった心臓が動き出したという三症例を報告している。手足が心臓に影響するためである。こういうことから手相を変えれば、内臓にも効果の及ぶことが理解されよう。

　一九二五年に死亡したアドルフ・シュタイナーは、ドイツの詩人ゲーテの流れを汲む芸術家であり、哲学者であり、自然科学者であったが、血液の循環は心臓の力によるものではないことを唱えた。それにヒントを得て、ポーランドのマントイフェル教授やスイスのアッペンツェラー博士は、心臓がポンプでないという動物実験をやっている。

普通、朝夕実施するが、一日何回やってもよく、これによって手相も改善できる。

温冷浴

温冷浴とは、一四～一五度の水と四〇～四二度のお湯とに、水から始めて交互に一分間ずつ入り、最後は水で終わる方法で、普通は合計七～一一回行なう。水槽が準備できない場合は、シャワーや桶やホースで、足から始めてだんだん上に水をかけ、肩から一分間かけてお湯に一分入る。皮膚はきれいになり、かぜ・心臓病・血圧病・リウマチなども治る。

動脈瘤

第55図のように、両手の感情線が中指のつけ根の土星丘の下で破れているときは動脈瘤をもっている。

太陽丘の異常な隆起または丘が混沌とした線によっておおわれているのは、動脈瘤の傾向がある。

動脈瘤の場合に太鼓バチ指となることがある。動脈瘤は、動脈硬化か梅毒が原因とされているが、[*110]毛管運動、[*111]温冷浴、[*119]生野菜食、[*154]裸療法によって治る。

自民党の立役者だった河野一郎氏は、若いときは長距離競走の選手をしていたが、政治家となって運動をしなくなったために太鼓腹となり、歩け歩け運動の先頭に立って急に歩き出したために、腹部大動脈瘤の破裂で急逝した。

ふだんから毛管運動[*110]や金魚運動[*127]を行なっていれば、お腹が大きくなることも、大動脈瘤をつくることもないであろう。また大動脈瘤が破裂しても、断食をしてじっと寝ていれば、自然に血圧が下がって破れたところがふさがったことであろう。そういうときに、栄養を摂ったり、強心剤を注射したりすると、出血がひどくなって死んでしまう。

静脈瘤

第56図のように、感情線上で、中指の下の土星丘に島がある人は、静脈瘤を有している。

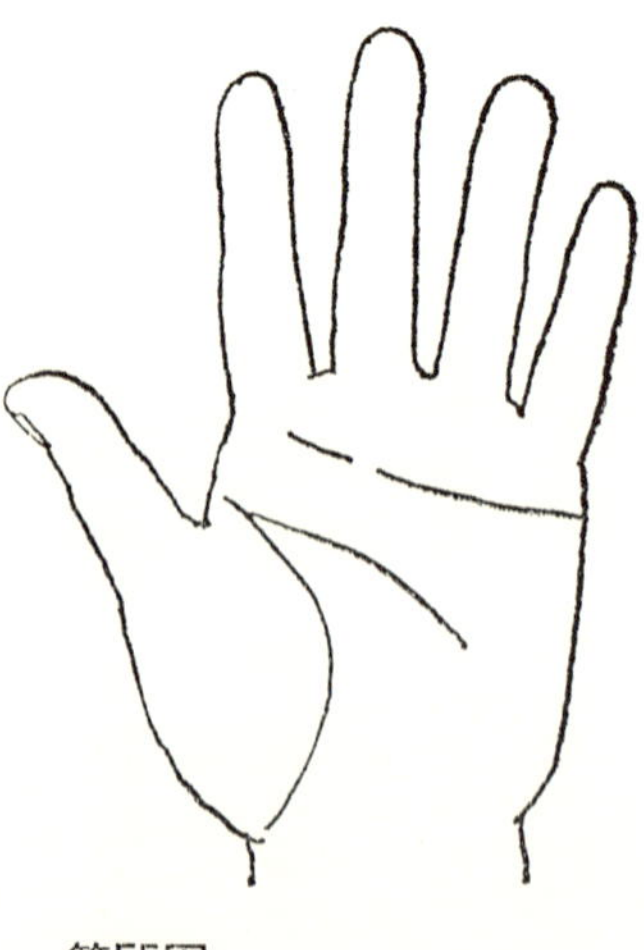

第55図

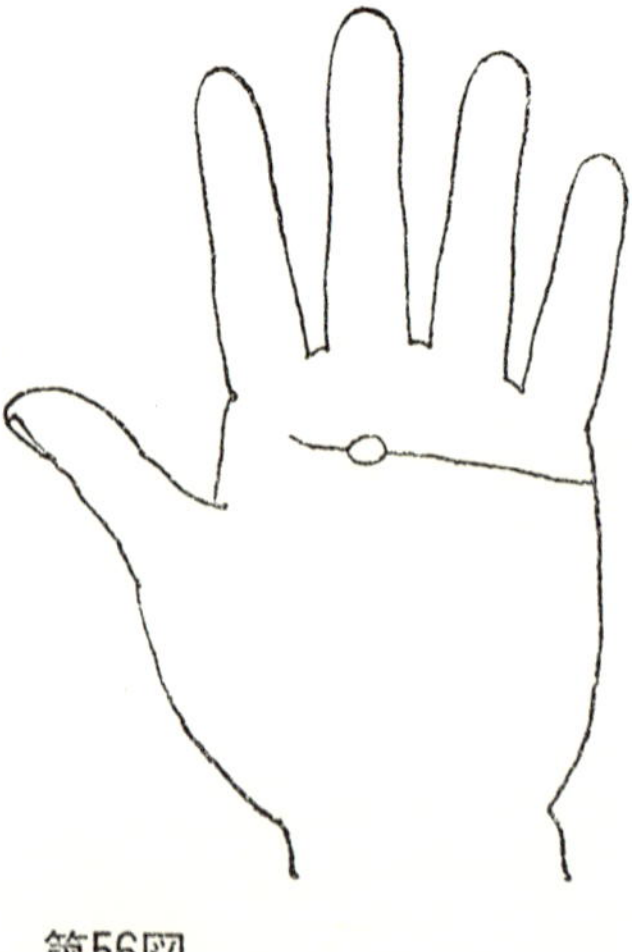

第56図

土星丘が他の丘に比べて隆起しているか、または混沌とした線でおおわれている人は、足脚の疾患やけがに冒されやすく、静脈瘤に侵されることも多い。

静脈瘤は痔《じ》・頭痛・リウマチ・心臓病などいろいろな病気の原因となる。それを治すには「脚絆療法」というのがある。

脚絆療法

サラシか木綿の布一反を縦に半分に裂き、それを半分に折って二本の包帯をつくる。就寝二時間くらい前に、まず毛管運動[*110]をやり、用意した包帯で足先からグルグルと大腿の半分までしっかりと足先程強く巻きつける。そして椅子の上に両足を乗せ、安静にしている。二時間くらいで包帯を取り去り、更に毛管運動をして就寝する。もし途中で苦しくなれば、そこで中止し、二時間になるよう順次時間を増し、毎日欠かさず練習する。

昔の「血の道」というのは血液の通る道のことで、血管のことである。動脈は原則として外から見えないので、静脈が怒張していることをいったものであろう。下肢静脈瘤が婦人病や神経衰弱の原因になる。

静脈瘤の一現象が痔で、この場合、第57図に示すように四指のつけ根が黒ずむ。肛門のどの部分が悪いかは、両手を合わせて丸めて円形をつくり、指先を下に向けて上からのぞいたときに一致する。右手の人差指が時計の一時、中指が二時、小指が五時、左手の小指が七時、人差指が一一時の位置に相当する。

　痔を治すには、脚絆療法[*113]が有効であるが、片足で立つこともよい（第58図）。

「片足に痔なし」ということわざがあるが、片足で立ち、もう一方の足のひざを直角に曲げ、大腿を水平にしてそのまま静止する。男子だったら四〇分、女子だったら二五分立てるのが真の健康といえる。これは、電車やバスに乗っていても手軽にできる健康法である。

　片足で立ったほうの足の筋肉は非常に緊張し、その側の静脈にはポンプ作用が起こって、たまっている血液を環流させる。

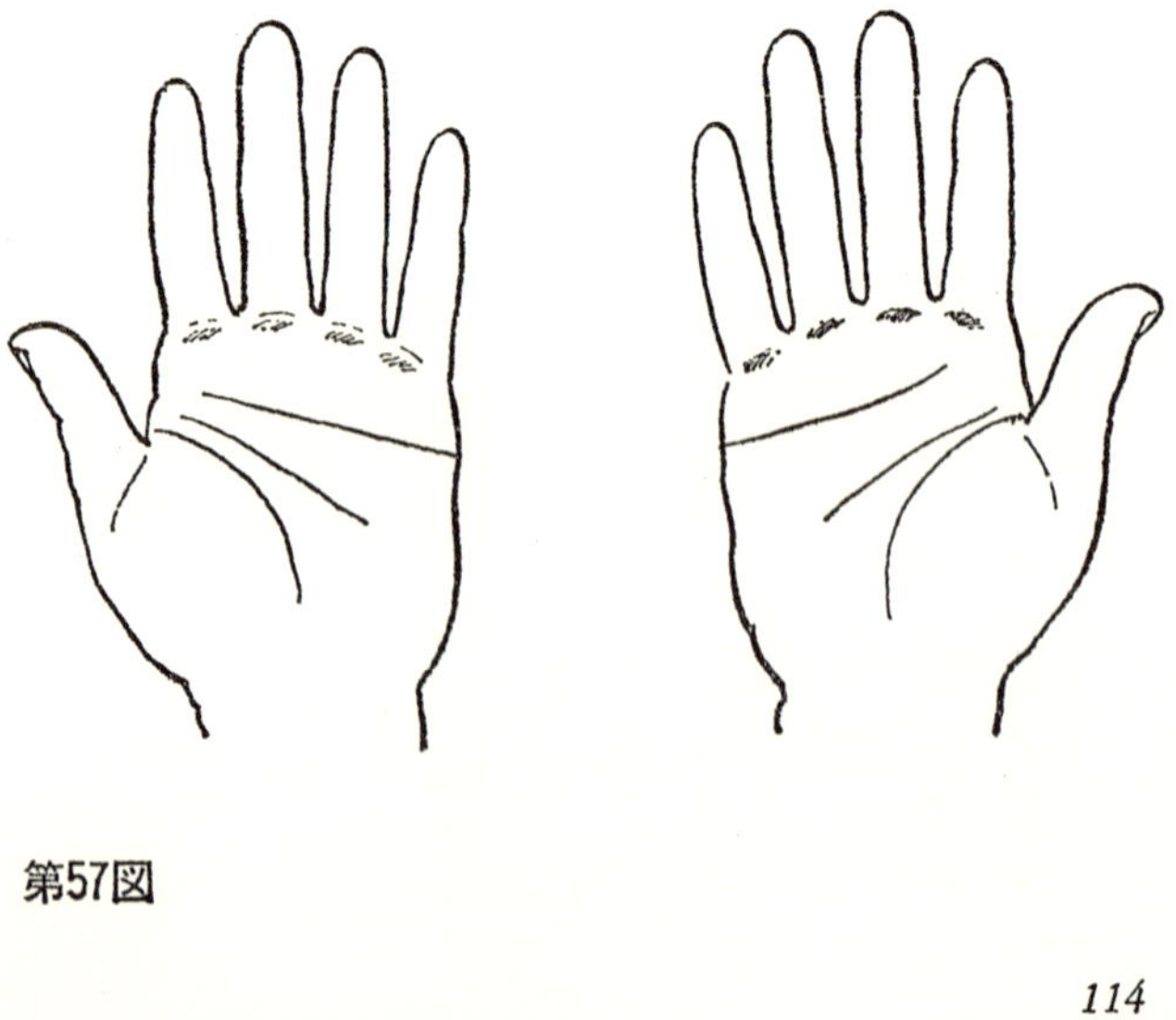

第57図

静脈血は炭酸ガスや老廃物を含んでいて、こういう血液がはいってくると、静脈管はポンプ作用を起こして、心臓への環流をはかる。

静脈管は壁が薄いので収縮する作用があり、動脈管は壁が厚いので拡張する作用がある。動脈にはポンプ作用はない。

静脈がふくらんだ人は、手の色が汚ない。静脈を縮めるのが健康の秘訣である。

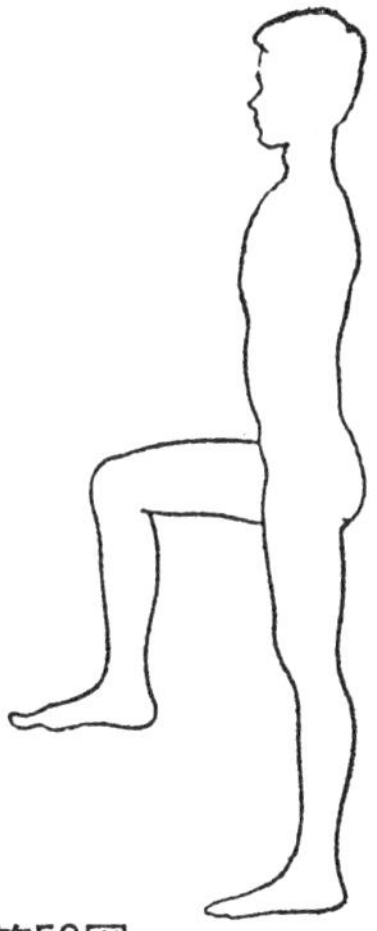

第58図

泌尿器系統の病気

腎臓病

腎臓病の人は中指がはれぼったく、中指の根元の土星丘が貧弱である。

第59図のように、金星丘から起こって月丘に達する横線は、危険な腎臓障害を示す。

第60図のような月丘下部の横線または孤線は、腎臓病または糖尿病で、水分の欠乏を示す。

月丘は手相学上、小指球または想像の丘といい、水難など水に関係しているとされているが、泌尿器官と関連している。月丘の下部に縦横交差の線がある人は、糖尿病か腎臓病である。

第61図のように、月丘下部に星があるのは、浮腫（むくみ）の兆候である。

感情線の下で小指寄りの部分を火星上丘と呼び、ここは人相学上では眼の下の涙道に相当し、これが豊満（第62図）なのは雄弁家といわれているが、実は腎臓病で、むくみがあり、のどに水をためているために声がかれないのである。

腎臓病の中でも、血液から老廃物を濾し取る糸球体（第63図）の疾患を腎炎または糸球体腎炎といい、身体に必要な水分や蛋白質を再吸収する細尿管上皮の病気をネフローゼと呼び、血管の病変（細動脈の硬化）を腎硬化症と称する。

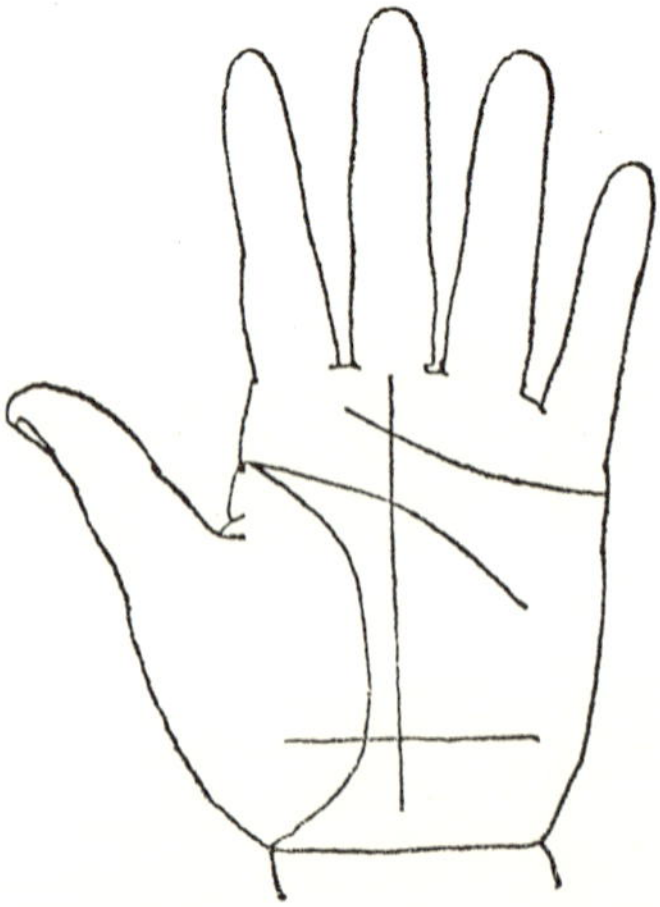

第59図

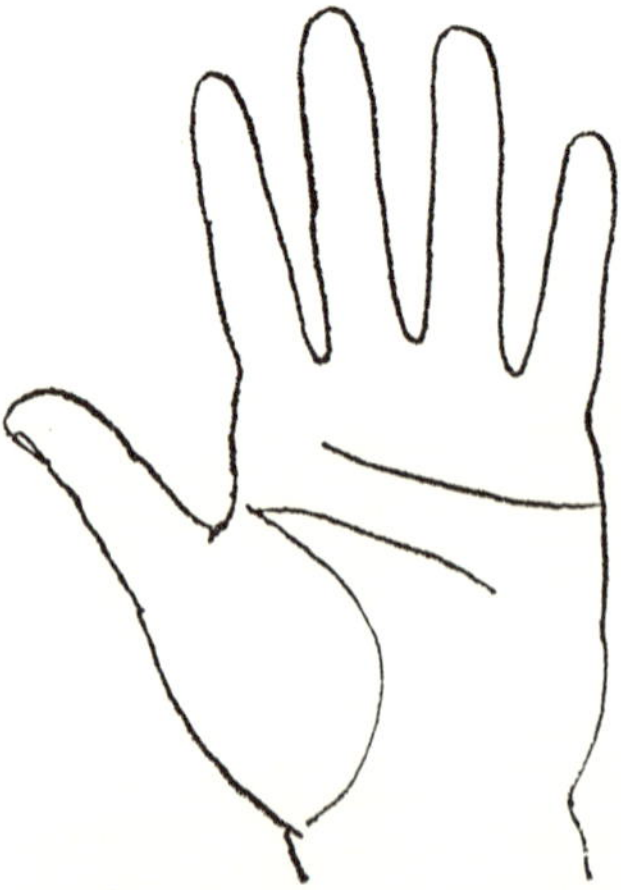

第60図

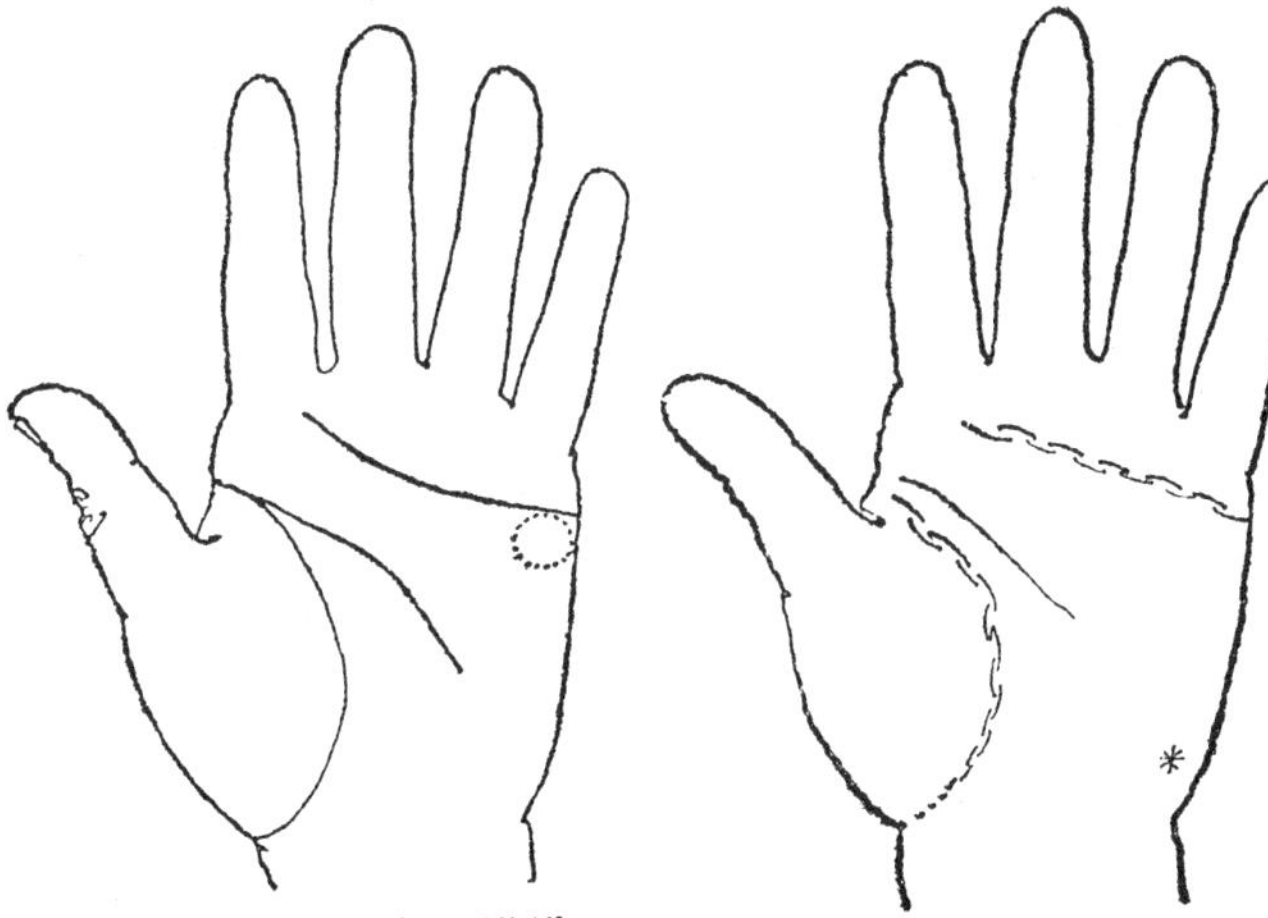

第61図

尿をつくる腎内の構造

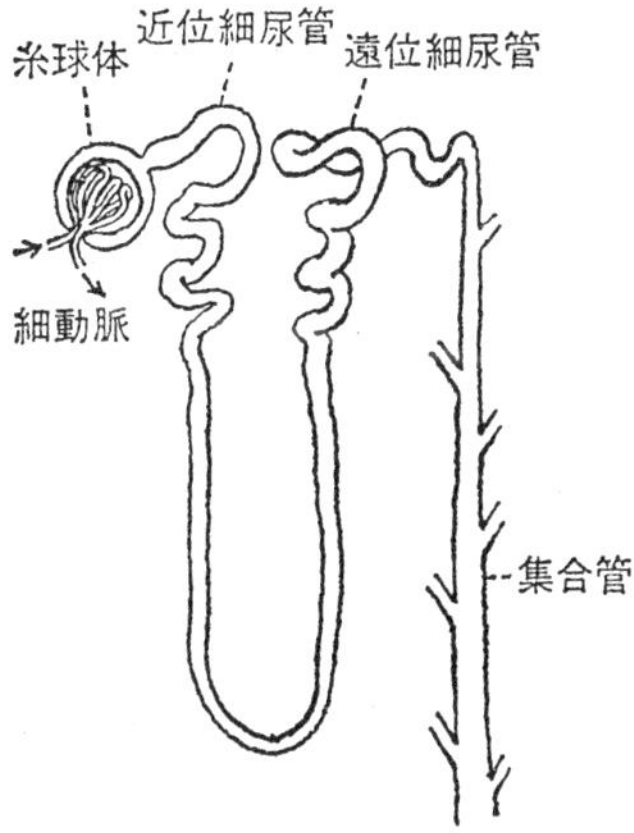

(上)第62図
(下)第63図

細尿管は、血管の塊りである糸球体に続くうねった長い管である。ここで尿の濃縮や再吸収が行なわれる。

腎炎の場合は、扁桃炎・皮膚のおできや発疹・猩《しょう》紅《こう》熱などが原因となるが、足の故障・過食・便秘なども誘因となる。

体がだるいとか、腰が痛いとか、食欲がないとか、漠然とした症状があり、尿を検査して初めて、腎臓の悪いのに気がつくことが少なくない。

胃病や心臓病の人は動かないといけないが、腎臓病・結核・熱病のときは安静が必要である。

ほおのこけ落ちた人は胃病で、顔の下ぶくれの人は腎臓病である（第64図）。前者は食塩不足、後者は食塩過剰である。五指をそろえて引っつけ、すかして見て、すき間のあいているのは、やせ過ぎていることを示す。しかし、指や手掌がむくんでいるのもいけない。入浴後、手にしわのできる人はむくんでいる証拠である。

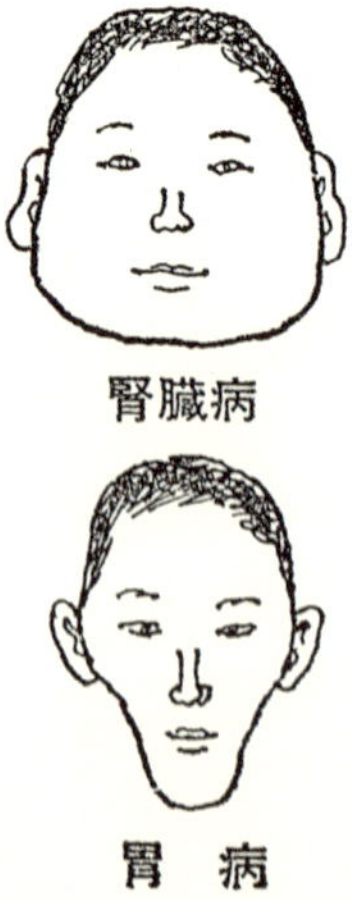

第64図

病名	病変局所	特徴	避ける食物
腎炎	糸球体	**血尿** 浮腫・蛋白尿・高血圧	蛋白質
ネフローゼ	細尿管上皮	**浮腫・蛋白尿** 血尿・高血圧	食塩
腎硬化症	細動脈	**高血圧** 浮腫・蛋白尿・血尿	酸性食品

うつぶせになって寝る人は腎臓の故障である。起立している間は、腎臓は背面の肋骨に引っつく傾向がある。寝るときは硬い平らな寝床を用い、腎臓が肋骨にくい込むのを防がないと、腎臓が収縮して機能が悪くなる。軟らかい寝床と高い枕を用いると、姿勢が崩れ、手に行く神経も麻痺して、手の線も乱れる。

腎臓病には、毛管運動[*110]で足の故障を直すこと、温冷浴[*111]で皮膚の働きを盛んにすること、生野菜を摂取することによって、腎臓にたまったオリを掃除することが大切である。

純生野菜食

生野菜は根と葉とを半々にして、健康者は三種類、病人は五種類以上用いる。歯の丈夫な人はよくかんで食べてもいいが、慣れるまではすりつぶして食べるほうが無難である。生野菜だけを一日一、〇〇〇～一、三〇〇グラム食べれば労働もでき、痼疾《こしつ》（持病）も一掃でき、体質は一変する。この療法を行なうには、始めは主食や副食を減らし、だんだん生野菜を多くしていくようにする。純生野菜食を何日行なうかはそのときの状況によるが、元へ戻すときも徐々にやっていかないとむくみを起こす。

生野菜が栄養になることは、牛や兎が草だけ食べていても、立派な体をしていることでも判る。生きたものは生きたもので養われるという原則によって、日常、生野菜を食べていると、細胞が一新して、皮膚のしみは取れ、色は白くなり、小じわも消えて若返る。手相を変えるには、生野菜食と毛管運動、親指を深く折って手を強く握る練習をすることが必要である。

生野菜食の効用としては

・太陽光線のエネルギー（葉）を利用する。
・大地の栄養（根）を十分利用する。
・ビタミンが豊富。
・蛋白質が少なく、腎臓に負担をかけない。
・アルカリ性食品が摂取でき、高血圧を防ぐ。
・便秘や下痢が治る。
・触媒作用の強い酵素を摂取できる。

生野菜は、調味料を使わずに食べるが、ナトリウム（食塩の成分）に比べてカリウムが多いため、利尿作用や便通をつける働きがある。ナトリウムを多く摂ると腎臓を悪くし、むくむ。生野菜は中性として作用するので、酸性体質の人にもアルカリ性体質の人にもよく、グローミュー[*45]を再生補給し、手相を改善するよい食物である。

健康に関しては、皮膚・食物・手足（肉体）・精神の四つの要素が相まって、完全な健康を維持している。保健治病にもこの四要素を合理化する必要がある。自然の動物は裸で、生の物を食べ、四つ足ではい、心配も恐怖もない。自然の生活に還るのが健康の秘訣である。

最近、公害が大きな社会問題となっている。文明とはたくさん物を製造し、たくさん物を捨てることである。今までは生産にばかり一生懸命になっていて、廃棄処理をおろそかにしていたのである。上水は送るが下水は後まわしになる。工場は誘致するが廃棄物の始末は考えなかったのである。

人間の公害処理器官は腎臓にほかならない。人工腎臓では食塩水で血液が薄められるので、だんだん貧血を起こし、衰弱する。それよりも、断食や生野菜食によって、有害な廃棄物を出さないようにすることが根本的な対策である。腎臓病の患者に水を飲むことを制限するのは、川の流れを止めて、河川や海湾を余計に汚すのと同じである。

なお、日本人は一年間に二キロの薬を飲んで、お腹の中を薬のヘドロ公害で汚している（東大物療内科講師高橋晄正博士による）とのことである。たいていの薬はベンゼン核を有し、これが腎臓を害することを銘記せねばならない。

ゴルフをやる人は、上半身を一方向にばかりひねるために、胸椎一〇番の椎骨がくびれ、腎臓の主神経を圧迫することになって、腎臓の故障を招いている。それを防ぐには、反対側にも身体をひねったり、金魚運動によって脊柱のゆがみを矯正することが必要である。運動すると、血液は酸性に傾くのでゴルフで疲れたからといって、肉を食べたり、酒やビールを飲んだのでは、酸性がますます強くなり、腎臓病・高血圧・リウマチなどに罹る。

膀胱病

第65図のように、生命線が短く、感情線が鎖状で、頭脳線は途中で切れて月丘に下り、そこにゴチャゴチャした線のあるのは膀胱結石である。月丘下部に格子のような線がある人は特にそうである。

第66図のように、頭脳線が月丘へ深く斜めに下がっていて、小指の根元の水星丘に縦線がたくさんある人は、膀胱障害に悩む。

水を余り飲まない人は膀胱を悪くしたり、結石をつくったりする。水で膀胱を洗わないと、尿も濃くなり、オリがたまる。水洗便所で水をよく流さないと便器が汚れるのと同じである。また、水の不足は便秘となり、腸がふくらむために腸壁が薄くなって、

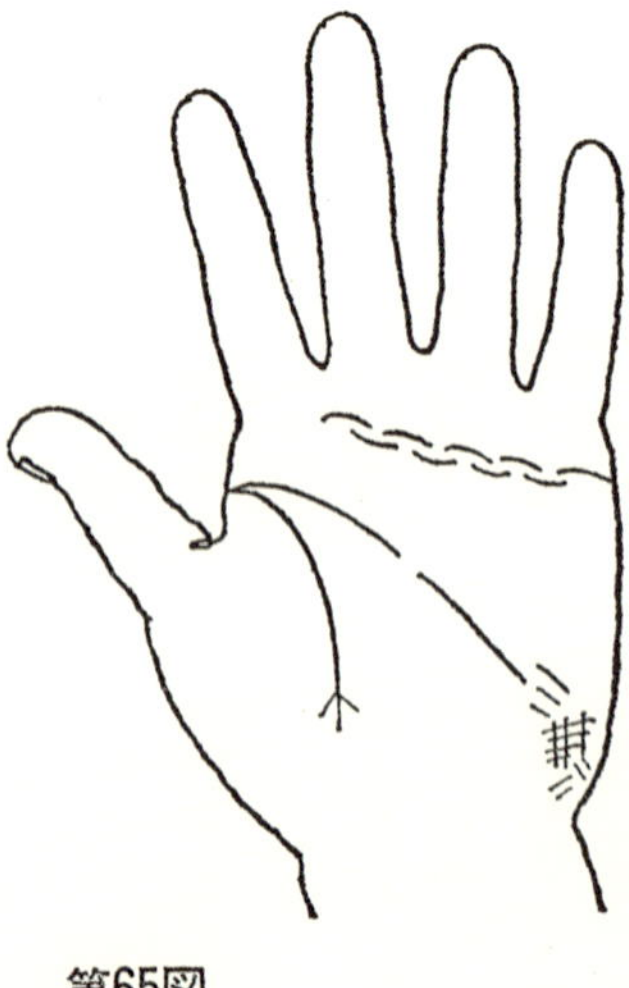

第65図

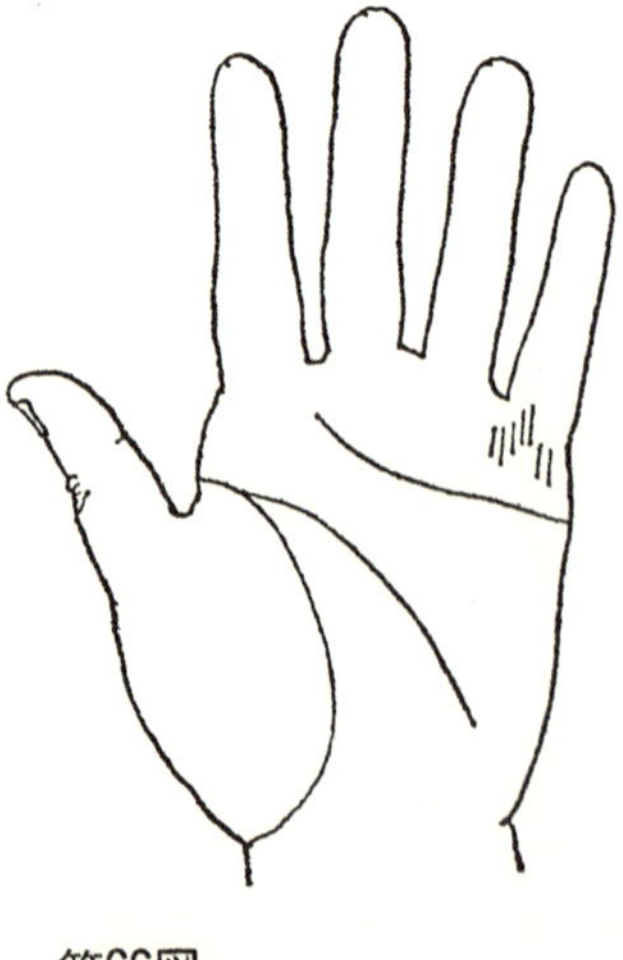

第66図

細菌が腸壁を通過し、付近の臓器にくっついて炎症を起こす。ほうれん草や不断草は蓚酸を多く含んでいるが、煮ると有機の蓚酸が無機になり、カルシウムと結合して蓚酸石灰となり、結石をつくる。生で食べると、石も融かす。ここでいう「有機」とは生きている、「無機」とは死んでいるという意味である。パンでも魚でも、焼けば焼くほど、無機蓚酸が増える。薄着になって皮膚から酸素を送ってやると、蓚酸は分解する。途中でできる一酸化炭素はガンの原因となる。一酸化炭素を炭酸ガスに変換するには、薄着になることが必要である。タバコがガンの原因になるというのは、紙巻タバコの紙がくすぶって、一酸化炭素を発生するからである。キセルを用いるか葉巻を吸えばその心配はない。

消化器系統の病気

胃腸病

頭脳線が薄くて短く、健康線が切れ切れなのは慢性消化不良である（第68図）。

胃腸病の人は手掌の中央部が青いが、これは静脈がふくらんでいることを意味し、腸の静脈もふくらんでいて、腸の働きも鈍いことを示す。腹巻をすると腹が黒くなり、静脈のうっ血をきたして手掌の色が悪くなる。人間は衣服をつけるようになって病気をするようになった。

下痢、軟便気味の人は、打撃縁の下方すなわち月丘部分が凹む。

第67図のように、火星上丘から月丘にかけて縦横十字の格子や複雑な線がある人は腸の障害である。下痢すると打撃縁の肉が落ちて円味がなくなる。

胃の悪い人は、アルカリ過剰のために指が小指側に曲がる（第68図）。

手掌の皮膚が乾燥して、カサカサしているのは水の不足で、そういう人が胃ガンに罹る。胃ガンは指の色が青黒くなる。一般に胃の悪い人は鼻が青黒くなる。やせて硬い手は消化系統の不全と落ち着きのない心を示す。

生命線に沿って、その内側が青味がかっているのは、右手なら右の腸すなわち回盲部、左手なら左の

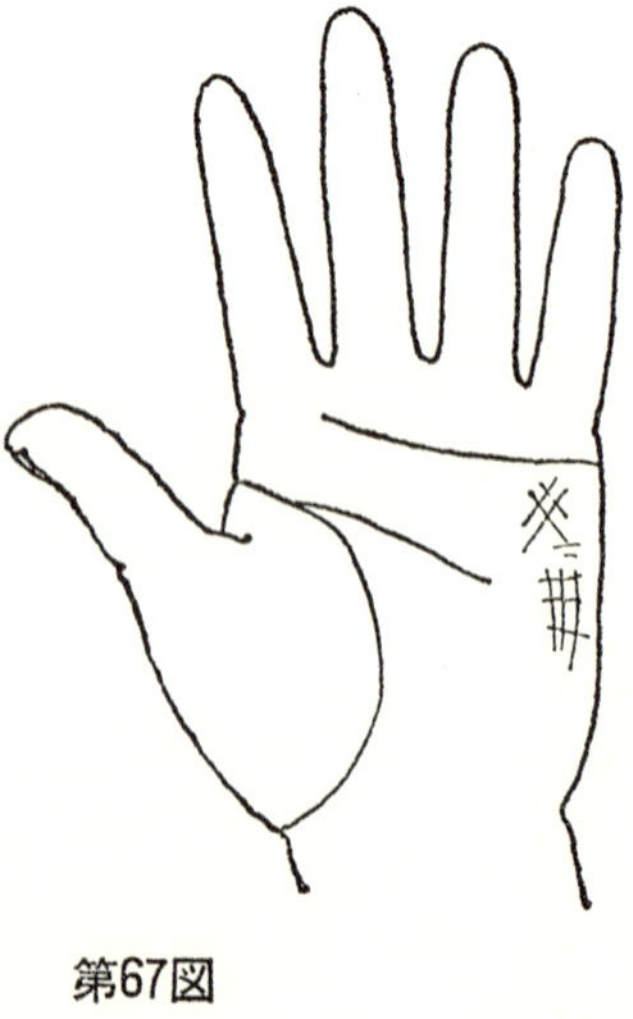

第67図

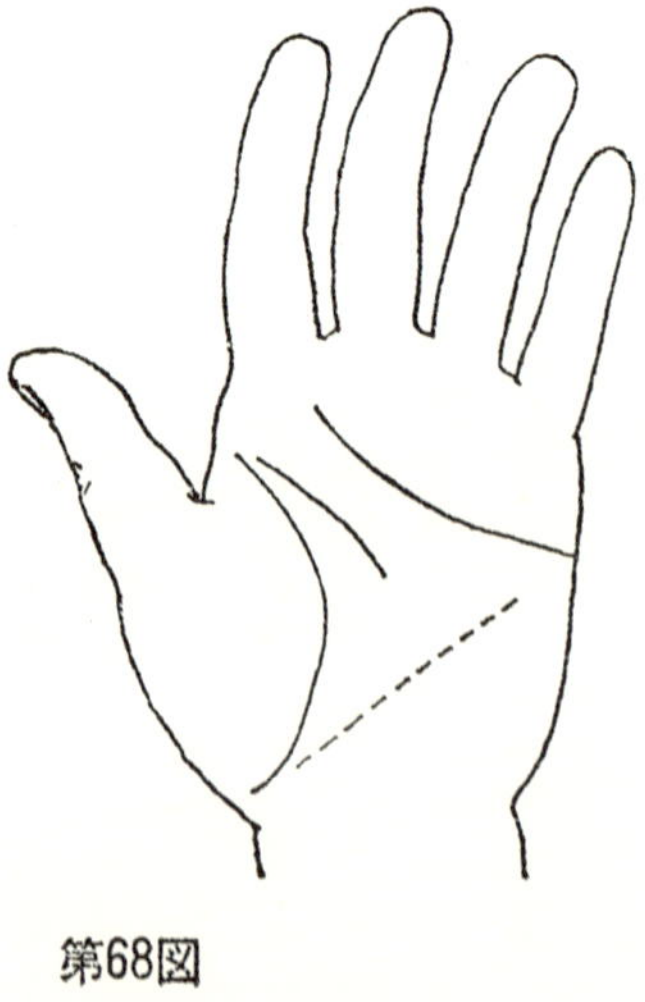

第68図

消化系の全景

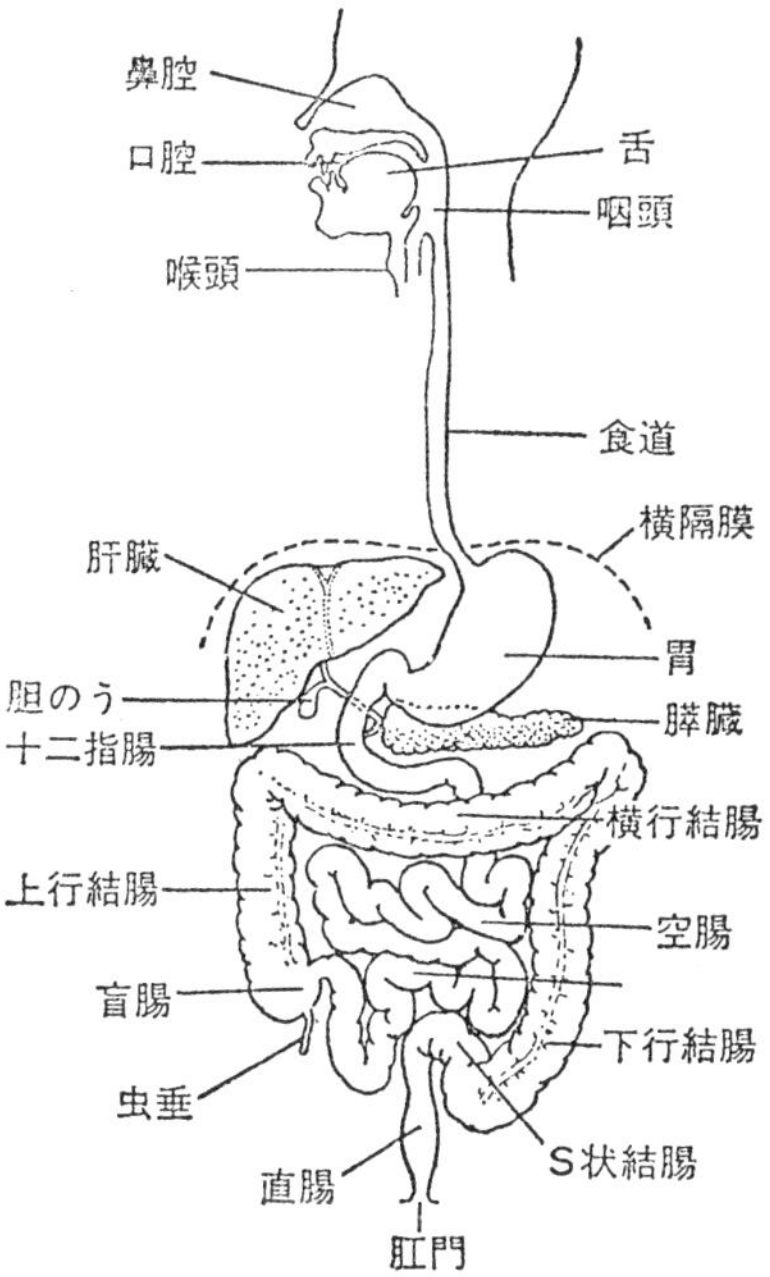

第69図

腸すなわちS状結腸の便停滞である。右と左の割合は三対七である。その関係は一〇一ページ第36図の通りである。右便秘は胃や膵臓・脾臓《ひぞう》に、左便秘は肝臓・胆のうに故障を起こす。

　胃下垂の人は第70図の上のような丹次部型の細長い顔をしていて、手も細長く、胆のう炎や胆石の人は第70図の下のような定九郎型（ムッソリーニ型）の幅広いがっしりした顔をしていて、手も幅広く指も短い。

　爪に点状の凹みや横すじのあるのは便秘や回虫症である。爪がスプーンのように反るのは十二指腸虫症か貧血で、カルシウムの欠乏が原因である。

　生命線の幅が広過ぎるのは体力が弱く、下痢をしやすい人である。感情線の副線である金星帯がある人は腸が悪い。下痢とは、有害な物を体外へ捨てようという自然の防御作用であるから、失った水を補わないと衰弱する。いくら下痢をしても、生水をチビリチビリと十分な量を飲めば、下痢は目的を達して止まる。

胃炎の症状としては、胸やけ・げっぷ・吐き気があり、胃部の膨満感や鈍痛がある。胃壁は元来、酸性の胃液によって保護されているが、重曹や胃散を常用していると、胃の酸が欠乏し、胃壁が弱くなって傷がつき、胃潰瘍を引き起こすようになる。

胃潰瘍には、上腹痛と嘔吐と吐血が特徴である。胃潰瘍の痛みは、食後三〇分から一時間で始まり、十二指腸潰瘍の痛みは、空腹時に感じられる。胃ガンの場合は、左手が腫れぼったく、色がどす黒くなる。

胃が悪いということは、「私は水を飲みません」ということばのいい替えである。水を飲むと、胃にたまってポチャポチャいうのは、胃の出口の幽門がしまっているからで、生水をチビチビ飲み、金魚運動[*127]を行なっていると、だんだん胃にたまらなくなってくる。水の飲み方の足らない人の手は、皮膚が乾燥してしわがより、指で皮膚をつまんで離しても元へ戻りにくく、指先の厚味が薄くなっている。

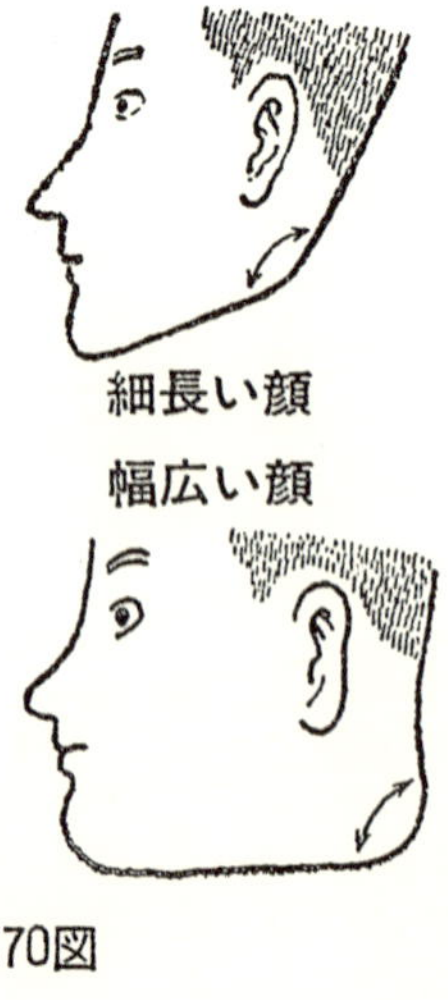

第70図

金魚運動

金魚運動とは、第71図のように硬いものの上に仰向けに寝て、足先をひざのほうへできるだけ反らし、両手を組んで頸部に当て、魚の泳ぐように身体を細かく左右に振り動かす。普通は朝夕一、二分ずつ行なうが、腹痛などの場合は、スイマグ*[195]（またはミルマグ、クリマグ）を水で一〇倍くらいに薄めたものをチビチビ飲みながら、一時間でも二時間でも治るまで続ける。この金魚運動によって便通は整い、腹痛も内臓下垂も治る。

人間も四足動物と同じ構造で、腸管は腹壁と平行に走っているが、起立すると、ゴムホースを立てるか釘に引っ掛けるような格好になり、腸は折れたり、ねじれたり、骨盤のほうへ下がったりして、便がたまるようになる。それを直すのが金魚運動である。

金魚運動

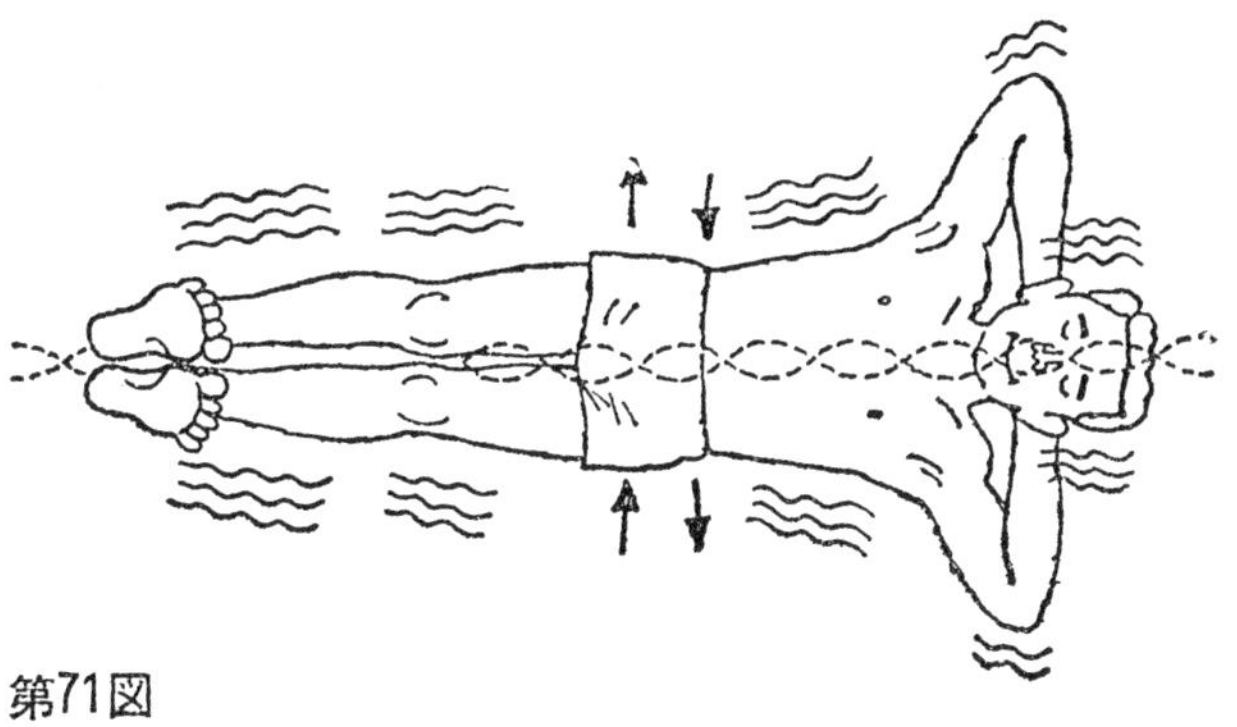

第71図

汗をかくと、水とビタミンCと食塩を失う。その補いをしないと、水の欠乏は尿毒症となって胃壁も乾燥してひび割れ、ビタミンCの不足は皮下出血を起こして、胃にきずができるようになり、食塩（塩化ナトリウム）の不足は、胃液の成分である塩酸の原料、塩素の不足から、胃の働きがにぶり、一方、ナトリウムはアルカリ性である腸液の原料であるから、これは腸の悪くなる原因ともなり、胃で十分に消化されない食物が腸へ行くことと相まって腸の炎症を招く。

食塩の過剰は、手がはれぼったくなり、腎臓病や高血圧を招く。食塩不足のときは手に力がなく、主線が薄くなって雑線が多くなる。

水は生水をチビリチビリと飲み、尿に色がつかないようにする。食塩は果物にかけるとかゴマ塩にするとかして摂り、食塩補給の前後四〇分はなるべく水を飲まないようにする。塩水にすると食塩の吸収が悪く、下痢をして腸壁を傷つける。また、一週間とか二週間に一日だけ塩絶ちをして、食塩の過不足を調節しておく必要がある。

ビタミンCは果物や生野菜から自然の形で補給するのが有効である。結晶のビタミンCを摂り過ぎると、腎臓結石をつくるという。ビタミンCの不足している人は、手掌に赤い網のような細血管が浮き出ている。

小腸の炎症は、下痢を伴うことも、下痢のない場合もある。下痢のない場合は、疫痢《えきり》のように中毒症状を呈し、けいれんを起こすこともある。月丘にポツリと黒点が出るのは小腸の故障

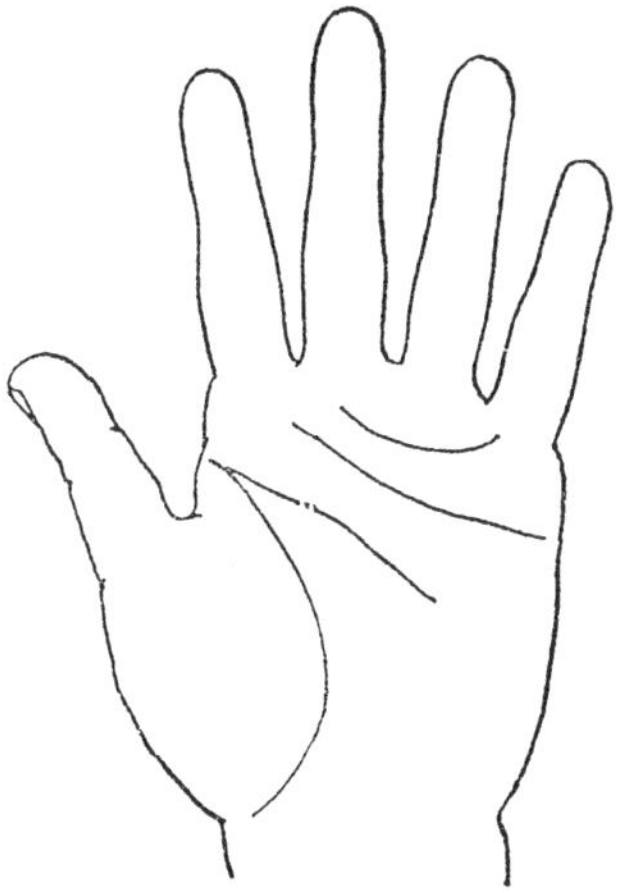

第72図

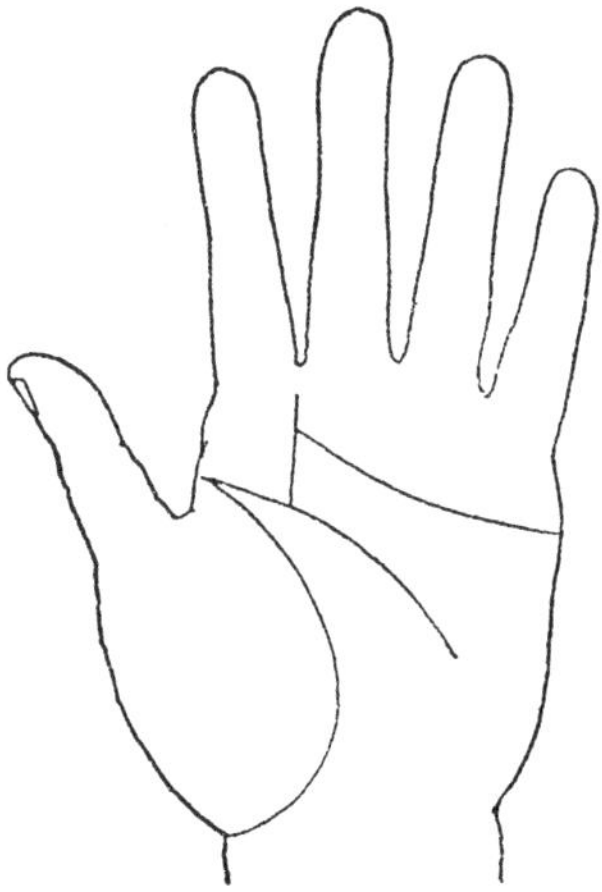

第73図

である。第72図のように、感情線の内側の同心円的副線である金星帯のある人は、神経質で腸が悪い。

第73図のように、木星丘の土星丘寄りにはっきりした赤線があって、人差指と中指を分けているのは腸の故障である。小腸は月丘に、大腸は金星丘に変化があらわれる。青黒いのはよくない。

三日月（小爪）のはっきりした人は、下痢をしてもケロリと治るが、三日月のない人は始終下痢し、宿便が小腸の内壁に固着していて吸収率が悪く、大食家であるが、胃腸病・肺炎・低血圧症・脳栓塞の傾向がある。

一方、三日月が爪の⅓以上出たものは、大腸に便がたまり、吸収率がよ過ぎて、脳溢血を起こす危険がある。三日月がたくさん出た人は、酒を飲むとすぐ顔が赤くなり、じきに酔うが、三日月のない人はなかなか酔わない。そういう人は胃下垂とか、慢性軟便症とかが多いのであるが、お酒を飲んだほうがよい。飲むといっても、夕食のときに盃一、二杯のお酒を飲むと、胃腸の調子がよくなって太ってくる。多くては逆効果になる。

一合のお酒は一合のご飯を食べたと思えばよい。カロリーからいうと、日本酒一合（一八〇CC）がご飯一ぜん、ビール中ビン一本がご飯一ぜん半に相当する。その分だけ食事を減らさなければならない。また酒の害を防ぐには、飲んでから二〇時間以内に、日本酒なら三倍、ビールなら二倍、ウィスキーなら三〇倍の水を飲まないといけない。

大腸の炎症は下痢が特徴で、粘液が多量に出るが便と混じらず、粘液が便を包むようになっている。血液や膿が便に混じることもある。

下痢のときは、食事を絶って生水をチビチビと十分に飲むと治る。便秘に対しては、生水飲用と生野菜食[119]と金魚運動[127]が有効である。

胃腸の弱い人に簡単にできる対策は朝食を廃止することである。胃弱・胃酸過多・胃潰瘍・便秘・慢性下痢・リウマチ・肩こり・頭痛・全身倦怠、その他どこといって悪いところはないのに何となく元気がなく、疲れやすいなどという人は、何をおいても朝食を廃止して、昼と夕の二食とすべきである。

朝、目が覚めてから五時間経たないと、胃は働かないため、食べた物が消化吸収されて、エネルギーになるには六時間を要する。自然の動物は朝起きてすぐ朝食を食べるということはない。彼らの仕事は食物を探すことであり、食物にありついたら、その日の仕事は終わりとなる。

人類の朝食の習慣も三、四百年しかない。昔の役人は朝出勤して仕事をし、朝食前に仕事を終え、家へ帰って朝食を摂った。この朝食は後醍醐天皇の勅作「日中行事」の中の一節に「朝の御飯《おもの》は午の刻なり」とあるところからも明らかである。午《うま》の刻とは午前一一時から午後一時までをいう。

朝食べないと栄養が不足すると考える人があるが、私たちは必要量の倍くらい食べているのが実情で、朝食を摂らないと、昼・夕の食事の吸収がよくなって、かえって活動しやすくなる。前日夕食にエネルギーを補給し、夜間の安静によって消費がないから、午前中は十分の熱量が蓄えられている。午前中は排泄の時間であって、大腸や腎臓を働かせるために、食物を体内に入れないで水だけ飲むのがよい。朝食をやめると、一時はやせるが、やせた人は三ヵ月もすると、腸の吸収がよくなり、エネルギーを貯蔵しようとして、体に蓄えができるから以前よりも太ってくる。太り過ぎの人はやせると動作が活発になるので、再び太ることはない。

ところで、朝食をやめると作業能率が悪くなるという実験がある。これは何十年も朝食を摂っていたのを急に止めて、すぐデータを出そうとするからである。一週間でも一ヵ月でもかけて徐々に減らしていって、朝食を廃止してから二、三週間してからデータをとれば、必ずよい成績が出る。力士は朝食を摂らず、子供でも朝食をやめたほうが発育も良くなり、学業成績も向上する。朝食をやめると、頭がふらふらするとかいうのは、栄養の不足によるものではなく、宿便（古便）が移動するための症状であって、体内で大掃除が行なわれていることを示す一時的の兆候である。続けて水を飲んでいれば、すぐに回復し、爽快になってくる。

十二指腸虫症のときは、爪に顕著な変化がみられることが多いが、これは強度の貧血に陥るためと考えられている。爪の色は蒼白ないし黄色味を帯びた白色で、薄くて軟かくてもろく、縦に亀裂して折れやすく、中央が陥没して、スプーン状の形を呈するものが多い。

肝臓病

小指の下で感情線が切れ、多数の棒が感情線と交差し、小指の根元の水星丘が隆起して顔色が黄色っぽく、爪が碁石のように円くてつやがあり、健康線（肝臓線）がないか不明瞭なのは肝臓の故障をあらわしている（第74図）。

水星丘が異常に隆起しているか、丘が混沌とした線によっておおわれているのは、胆汁性障害・肝臓疾患・黄疸で、主線が黄褐色ないし黒褐色を帯びる。

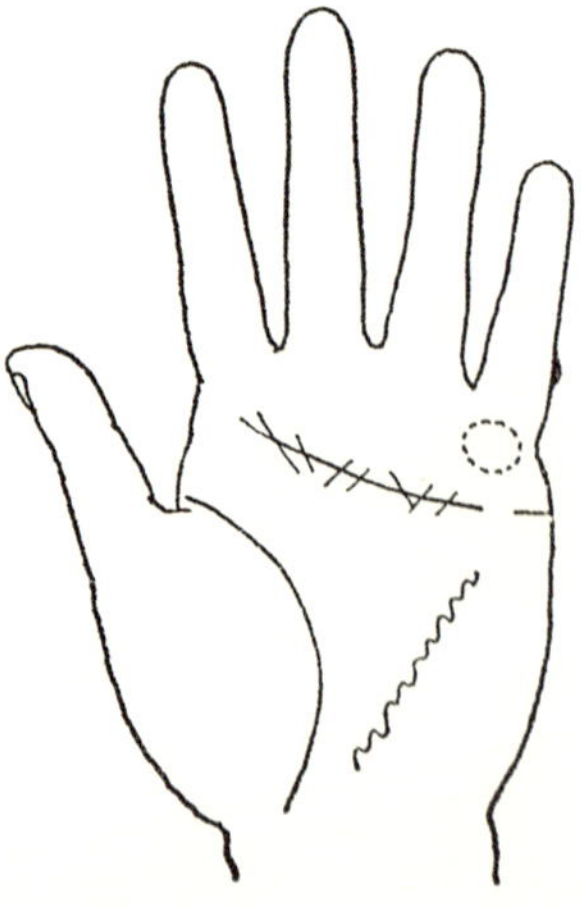

第74図

手の色が一様でなく、赤・白・紫がまだらに入り混じっているのは肝臓障害である。

小腸で吸収された栄養は、脂肪以外のものは門脈という血管を通って肝臓へいき、ここで解毒・分解・合成されてから血流内に入る。肝臓は消化器官でもあり、栄養の貯蔵庫でもある。肝臓が悪くなるというのは、倉庫がいっぱいになる（栄養過剰）か、毒物（便秘・アルコール・食品添加物など）が多過ぎて肝細胞が疲れてしまうからである。

左の兆候は疲労感を示し、それは肝臓の機能不全を示す。三つもそろっていれば、肝臓が悪いと考えて間違いない。

舌苔／口の酸苦味／口臭／げっぷ／おなら／食後の膨満感／かんしゃく／めまい／後頭痛／皮膚の黄色化（黄疸）／白眼《しろめ》―三白眼・四白眼／絶え間ない疲労／動悸／偶発的な息切れ／どんよりと落ち着きのない精神状態／人の氏名や顔あるいは数を忘れる／手足の冷え／絶え間ない睡気／睡眠中の輾転反側《はんてんはんそく》（ころげまわる）／便秘／肩のこり／右肩甲骨の痛み／胸椎骨第四番より第一二番、特に第四、八番が痛む／右季肋部（肝臓）付近の痛み／みぞおちの痛み／右乳房付近の痛み／右手・右足の痛み

温冷浴[*111]をやり、薄着になれるようにし、朝食[*130]を廃止し、生水や生野菜を努めて摂るようにしていると、肝臓の働きもよくなり、手掌の色は白くなって、健康線がはっきりしてくる。きき過ぎた暖房や厚着、運動不足はいけない。

胃腸の具合が悪いと訴える人も、実は肝臓が悪い場合が少なくない。胃腸か肝臓かの区別は、一二六ページ第70図の胃下垂型か胆のう型かによって判断する。胆のう型は肝臓の故障を招きやすい。人相からいうと肉食型である。手では、右手の人差指が左手のそれよりも色が黒ずんでいるとか、細かく振動しているとかいう場合は肝臓、逆の場合は胃に障害があると考えられる。

病気の原因となるものとして、砂糖と酒と煙草が挙げられる。

「白砂糖はカルシウムの泥棒」というドイツのことわざがあるが、歯や骨が腐るばかりでなく、神経麻痺・糖尿病・心臓病をも引き起こす因となる。砂糖はグ*45

ガン

ロスアンゼルスの二世大西氏は昭和四四年八月、マウント・サイナイ病院で肝臓の手術を受けたが、ガンが拡がっていて切除ができないということで、標本だけ取って、そのまま縫合してしまった。その方の伯父さんが以前に胃ガンを治したことがあるというので、私に治療を依頼された。

九月に来日されたときは、そんなに衰弱したようにはみえなかったが、下腿に茶色の斑紋がたくさんできているのが目立った。この褐色色素が内臓にできるとガンになるのであろう。

裸療法一日六回以上、温冷浴・平床寝台・硬枕利用・金魚運動・毛管運動・合掌合蹠・背腹運動・三号型健康機・肝臓部の芋薬・食事の半分は生野菜食・スイマグ・柿茶の飲用などの生活を続けること、約二カ月で肝臓部の硬結が軟かくなり、五カ月半の昭和四五年二月に帰国された。同年七月に私がロスアンゼルスを訪れたときは非常に元気で、相変わらずローミューを消失させるので、もち菓子一個、ケーキ一個、コーヒー一杯につい て、コップ一杯の生水を四～七時間以内に飲んで、蔗糖をブドウ糖に変えて無害にする必要がある。

生野菜食や裸療法を続けていて、下腿の褐色斑が薄くなったこと、手の健康線がはっきりしてきたことが認められた。

酒はグローミューを硬化し、動脈硬化を招く。砂糖も酒も過ぎると肝臓を悪くし、ついには肝硬変に陥る。酒の害を防ぐには、「胃腸病」の項で述べたように、日本酒で三倍、ビールで二倍、ウィスキーで三〇倍の水を二〇時間以内に飲まないといけない。

煙草はニコチンよりも、紙巻煙草の発生する一酸化炭素が恐ろしい。一酸化炭素の慢性中毒はガンの原因となる。体内に一酸化炭素が増加するということは、酸素の欠乏を意味する。

ドイツの生化学者ワールブルクは一九二八年に、ガン細胞のエネルギーは糖分の分解というような酸素の存在を必要としない醱酵の過程から生じること、すなわち酸素の不足が正常細胞に障害を起こし、ガン細胞を発生しやすい状態にすることを報告した。フランスの医学者ラオール・エストリポー博士はその著「ガンの病原学に関する研究」において、つぎのようにいっている。

「われわれは、各種疾病の原因について個別的に研究して見よう。そうすれば、われわれはこれら一切の疾病の原因が一酸化炭素という恐るべき名称をもった毒素に起因するということが知られるであろう」

厚着をしたり、便秘をしたりすると、体内に一酸化炭素が発生する。ビタミンCの欠乏は皮下出血を招き、そこへある種の刺戟が加わると、ガンが発生することも考えられる。たとえば皮下出血をしている子宮頸部が、性交過多による刺戟を受けて子宮ガンを発生するとか、胃潰瘍から胃ガンになるとかいう場合である。

フランスのタンネは、ガンに罹っている人は、細胞のぐるりを取り巻く凝乳酵素《ぎょうにゅうこうそ》の膜が欠乏しているという。高令者には皮膚に黒褐色の汚ない斑点ができるが、これは細胞の周囲に凝乳酵素が欠乏していることを物語る。しかし、こうした症状も一酸化炭素によって引き起こされる。

イギリスの細菌学者ホールマンは、ガン組織やガン患者では、過酸化水素や過酸化物を分解するカタラーゼという酵素が減少していることを発見し、ガンを予防する条件として、つぎの三つを挙げている。

・カタラーゼの摂取を増やすこと―生野菜、特にネギ類に多い。
・体細胞によるカタラーゼの生成を増加すること―運動すること。
・われわれの細胞のカタラーゼの作用を破壊、あるいは阻止する物質の摂取を減らすこと―

人工的な色や味や香りをつけたり、防腐剤の入ったインスタント食品、かぜ薬や睡眠薬、酸素の不足した空気、厚着、身体の温め過ぎなど、すべてカタラーゼの作用を障害する。

カタラーゼの不足は結局、酸素の不足につながるものである。体内にマグネシウムが欠乏した場合も、一酸化炭素が増大する。マグネシウムは、一酸化炭素を体内から除去する役割をもっているので、スイマグ[*195]（コロイド状水酸化マグネシウム）を常用することは、ガンの予防と治療の上で大切なことである。

また、糖分やアルコールの過剰摂取がグローミュー[*45]の消失や硬化を直接的に来たすが、以上述べた諸要因が身体各部のグローミューを消失させ、一酸化炭素の発生を促進して、ガンを発生させる。

処置としては、裸療法[*154]を一日六〜一一回行ない、不完全燃焼によって発生した一酸化炭素を酸化して炭酸ガスとし、体液を清浄する。温冷浴[*111]も実行する。

ガンは、体液としてはアルカリ化の極なので、食事としては米・パン・魚肉・鳥肉などの酸性食がよい。常に生野菜を根と葉とを半々にして、五種類以上を混和してすりつぶしたものを併用し、便通をつけ、ビタミンCを補う。ビタミンCの補給には柿茶が有効であり、生水の代用にもなる。凝乳酵素[*110]はオートミールや牛乳に多く含まれている。グローミューの再生賦活《ふかつ》をはかるには、毛管運動、合掌合蹠[*185]を行ない、汗をかけば食塩を物につけて食べ、生水の飲用を心がける。

局所には、里芋・小麦粉・しょうが・食塩を五：五：一：一の割合で作った芋薬（製品名りうはっぷ）をはると腫瘍もくだけてくる。

たとえガンでも余り大きくなっていないものは、右の方法で治すことができる。

代謝系統の病気

糖尿病

糖尿病の場合は、生命線の終末に叉があって両刀が開いていることが多く、月丘に横線または孤線が見られる（第75図）。前者は足が弱いこと、後者は水の不足を示す。また、月丘や金星丘に赤い斑点や網状の血管がみられるが、これはグローミュー[*45]の消失による毛細血管の拡張である。後頭部に赤い斑紋のあるものも糖尿病の兆候である。

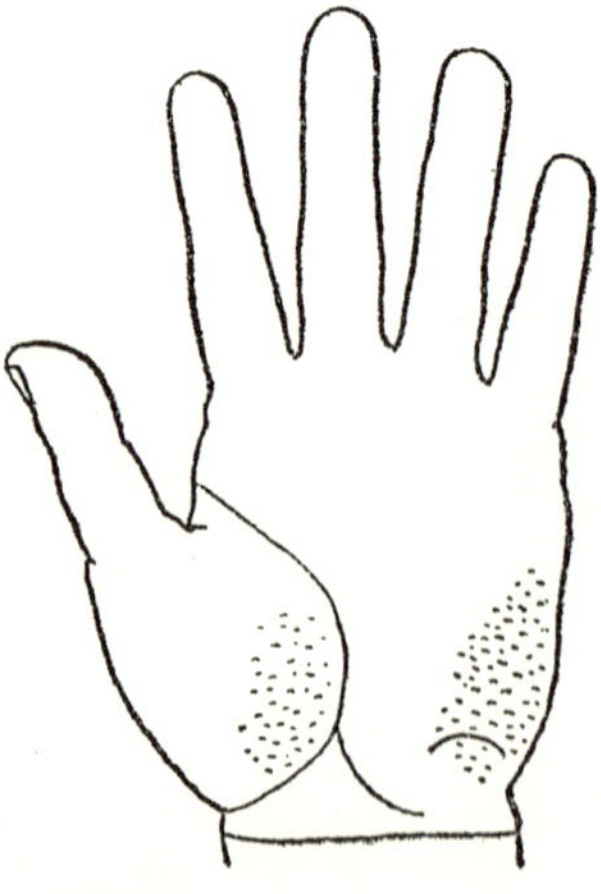

第75図

第76図のように、月丘から打撃縁にかけて一面にふくれ、頭脳線が上に追いやられ、月丘に星またはそれに似たものがあるのは、慢性糖尿病である。打撃縁から横に走る線を旅行線というが、これがはっきりしているのもある。

第77図のように爪が鷲の爪のように湾曲しているのは、カルシウムが糖によって奪われるからである。爪に横溝があらわれたり、糖尿病性壊疽《えそ》によって足指が黒くなり、爪が脱落することもある。

糖尿病の初期にはのどが渇き、尿量が多く、食欲が旺盛となって、甘い物を多く摂るようになる。体の疲労感があるが、動くとかえって元気が出るのが普通である。

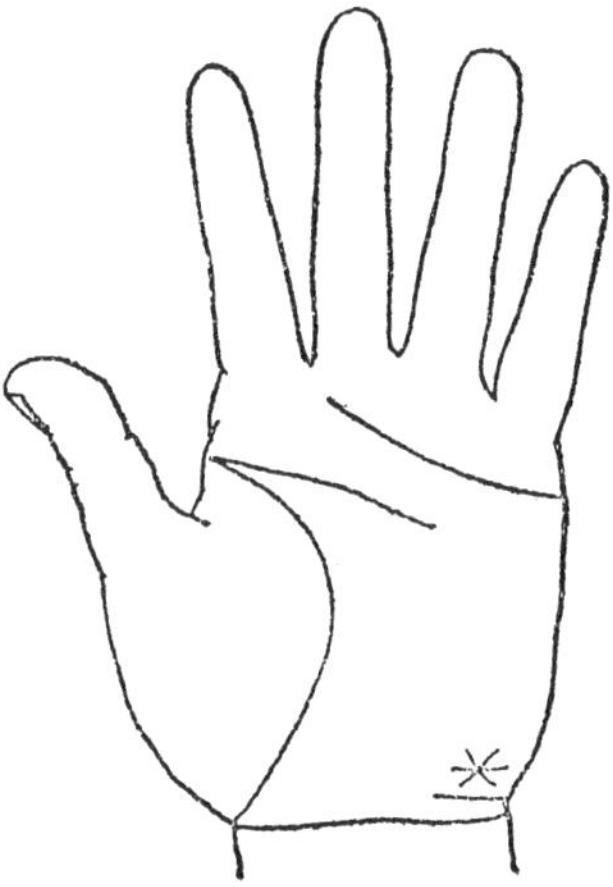

第76図

糖尿病は過食が原因で、余分の栄養を尿に排泄することにより、血糖の増えるのを防いでいる。血液が酸性になり、しかも食塩が不足したときに糖尿病になる。インシュリンを使うと、尿に糖は出なくなるが、糖が脂肪に変わって、それが動脈や心

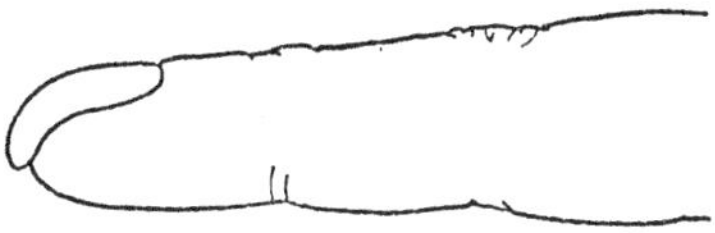

第77図

臓にたまり、脳溢血や心臓麻痺で倒れる結果となる。

糖尿病を治すには、毛管運動[*110]と温冷浴[*111]で毛細血管を収縮させて血液をグローミュー[*45]へ流し、生野菜食でその壁をつくる必要がある。

朝は尿に糖がいちばんよく出る時間なので、午前中は食事をしないほうがよい。煮た物を一切やめて、生野菜を根と葉とを半々にして五種類以上食べるようにすると、二、三週間で尿に糖は出なくなり、蛋白も消失する。長期間できないときは、たとえ二、三日でも純生野菜食[*119]をやると、糖尿病も好転する。毎週一日だけでも続けるとよい。

酒でもビールでも魚でも肉でも、体内に入ると糖に変わってしまう。糖尿病は糖類やデンプン類だけを制限すればよいというものではない。

リウマチ

リウマチは関節あるいは筋肉の痛みであり、神経痛は特定の神経の経路に沿った痛みであって、性質は違ったものである。しかし、四十腕・五十肩（肩甲関節周囲炎）のように、両者の区別がつきにくいものもある。

太陽丘（薬指のつけ根）が貧弱で、月丘もやせている人はリウマチである。

第78図のように、生命線の終末に叉があるのは、生国を遠く離れることを意味する。長男よ

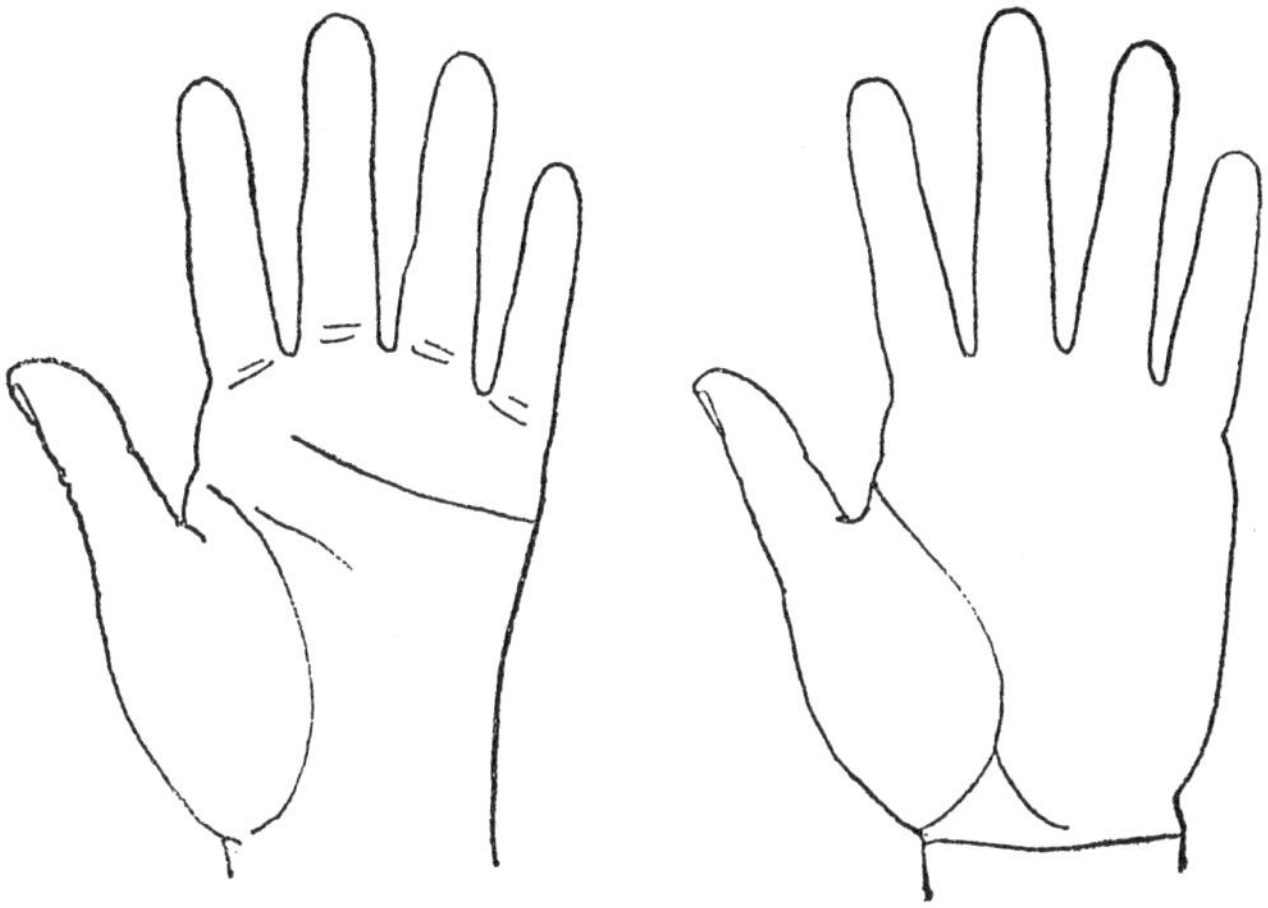

第78図

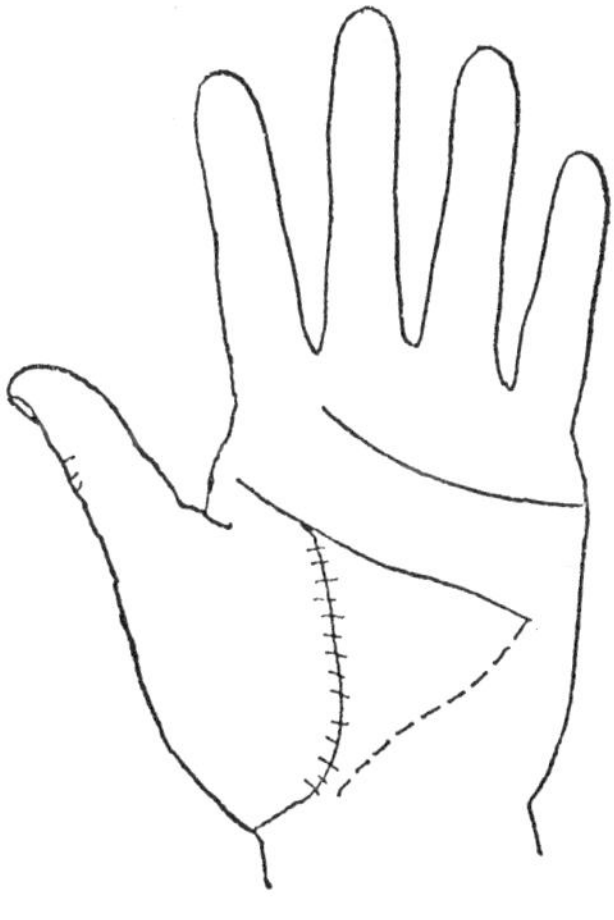

(上)第79図
(下)第80図

り次男、次男より三男と末になるほど両刀が開いているようであるが、余り開いたのはリウマチに冒される。

第79図のように、打撃縁に円味がなくペシャンコなのは、右手なら右側、左手なら左側のリウマチに罹る。これは尺骨神経が冒されたもので、小指と薬指が曲がって伸びなくなる。薬指の伸びないのは神経の麻痺で、神経痛やリウマチになる。

第80図のように、健康線が貧弱で、頭脳線と健康線のつくる角も貧弱で、生命線が幾多の小線により横切

られているものは、神経痛・リウマチに罹る傾向がある。

中指の根元の土星丘は循環系統をつかさどり、足脚に関係しているが、この丘が異常に隆起したり、混沌とした線によっておおわれているのはリウマチに罹る。

第81図のように、月丘に縦の長い線と、それに交差する横線のあるのは、足の故障やリウマチである。リウマチのときは指の関節もはれる傾向がある。

第82図のように、月丘に悪い形の十字があり、感情線の起始が二重になっているのは、ひどい痛風である。痛風は尿酸がたまるために、関節や指がひどい変形を起こす。最近、日本人にもかなりみられるようになった。

月丘が他の丘に比べて卓越している人を月型というが、幻想にとらわれるほか、リウマチや痛風に冒

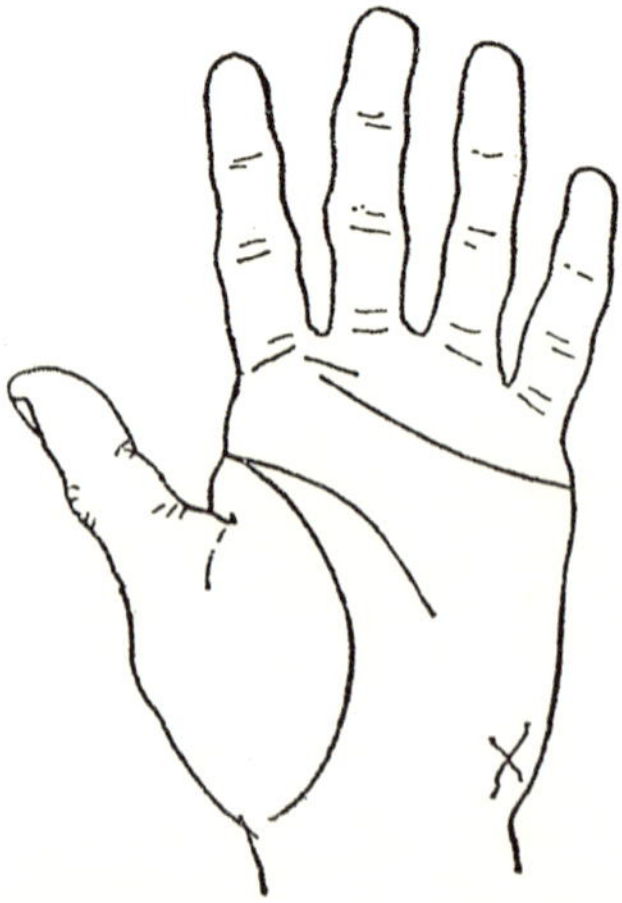

第82図

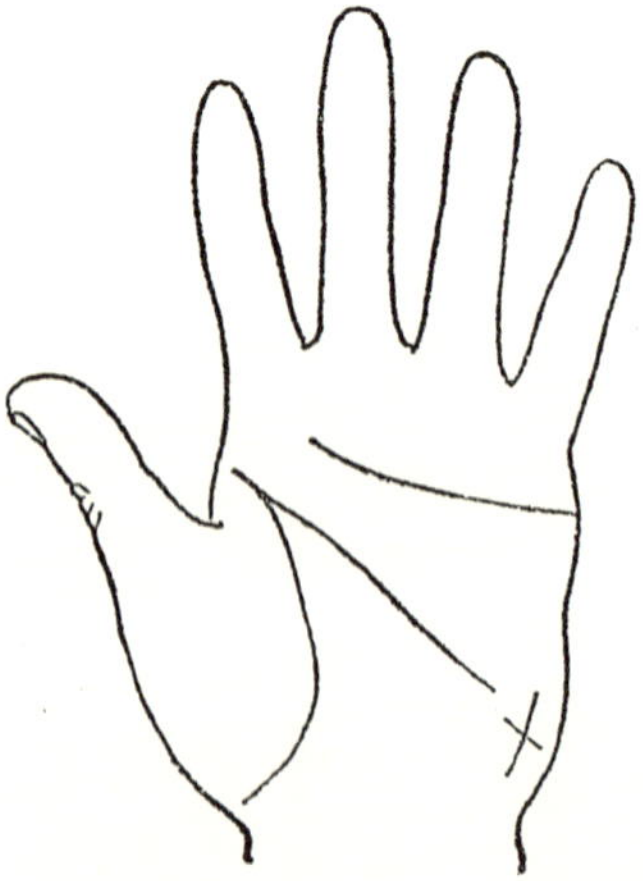

第81図

される危険がある。手掌の皮膚が繻子《しゅす》のように甚しく滑らかな人は、リウマチや痛風に冒されやすい。

ラセーグは、「リウマチは関節をペロペロなめて、しまいには心臓に食いつく」といい、リウマチは心内膜炎や心臓弁膜症を遺《のこ》すことがよくある。

痛みによって死んだ例はないが、痛みを止めようとして死んだ例はたくさんある。鎮痛剤によって胃に穴があいたり、腎臓障害を起こすことがある。リウマチの特効薬のように使われる副腎皮質製剤コーチゾンは、生体の反応力・防御力を弱めるので、一時的には痛みがとまるようにみえても、麻薬のように習慣性になり、副作用のために余病を引き起こし、ついには薬を中止するのが落ちである。ホルモンは核酸に働きかけ、遺伝因子に影響するといわれている。ホルモン剤の濫用は胎児に悪影響をおよぼし、本人の体質も悪化する。

リウマチも神経痛も蓚酸石灰がたまることが原因と考えられる。[*110]毛管運動と[*111]温冷浴と[*119]生野菜食で、蓚酸石灰を融かせば治る。便秘、白砂糖または食塩または蛋白質の過剰、生水を飲まないことなどが誘因となる。

食塩や蛋白質の過剰を清算し、リウマチ・腎臓病・浮腫（むくみ）高血圧症などに有効な方法として、野菜粥《がゆ》がある。これはふつうの人でも三週間に一日ぐらいの割合で実行するのが望ましい。

まず粥をつくり、たき上がったところで、米の中へ大根・人参・ほうれん草・ちさ・白菜・つる菜・かぶ、その他場合によっては里芋・さつま芋・ごぼうなどを千切りにして、米と等量入れてかき混ぜ、火を消してむらしておく。

調味料は一切使わず、ふだんの飯の杯数と同じ程度に粥を食べ、副食物・間食を摂らない。野菜の量を多くすると尿がたくさん出る。この粥食日を終えると、それ以後の体内塩分吸収力は極めて好調となって、塩分の過不足をきたすことがなくなる。

「おかげんはいかがですか」とか「あんばいはいかがですか」と尋ねるのは、塩加減、塩梅《あんばい》はどうかということを聞いているのである。

熱病

熱病というのは酸性体質で、一般的には生命線が薄いとか、切れているとかいう人が冒されやすい病気である。

第83図のように、感情線が頭脳線のほうへ沈下し(感情線の取り囲む面積が大きい)、健康線が波立っている人は熱病の傾向がある。熱病のときは月丘が

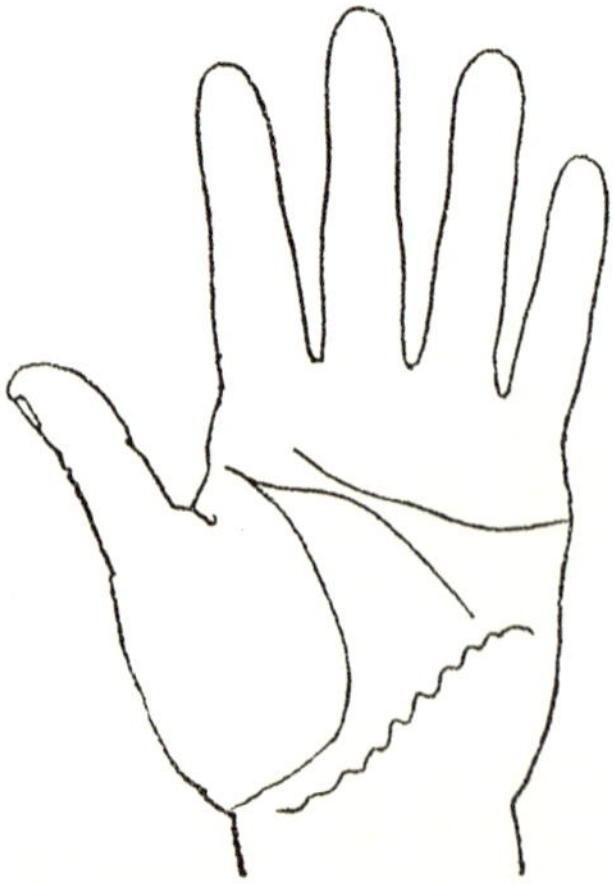
第83図

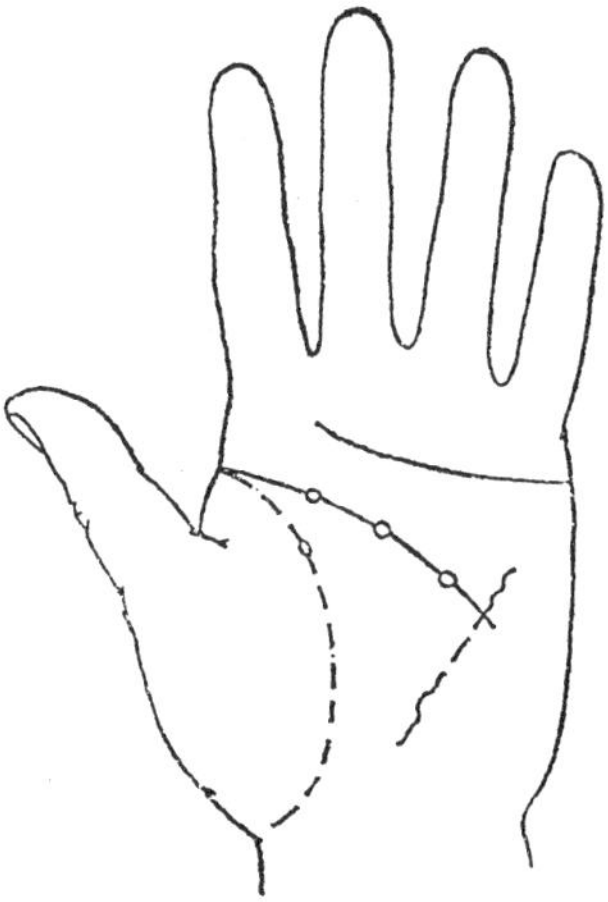

第84図

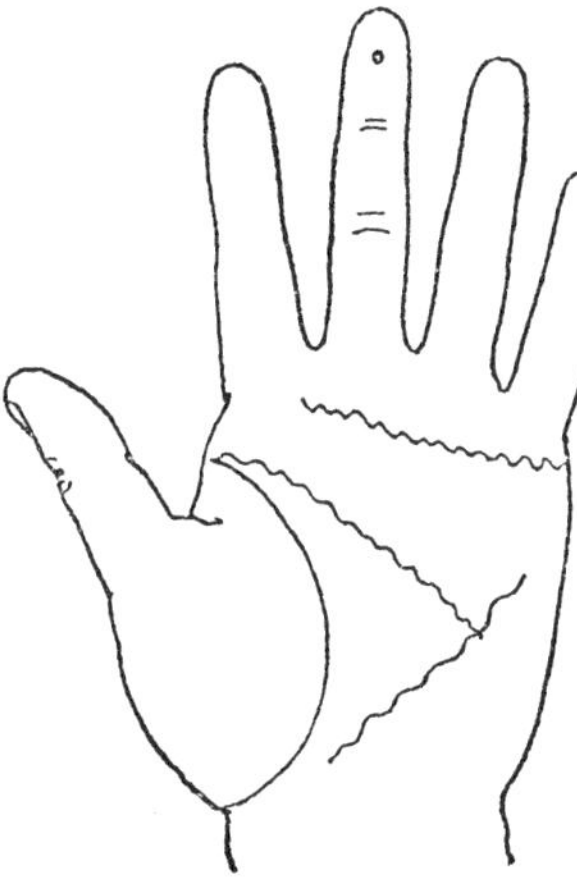

第85図

くもる。

第84図のように、頭脳線上に白い点があって、生命線および健康線が弱いのは熱病、多くはチフス・マラリアに罹りやすいことを示す。

第85図のように、頭脳線が波立つか色があせ、健康線が乱れて、その上に黒い点があり、感情線が乱れているのはマラリアで、健康が害されるときにあらわれる。

感情線上に黒い点や赤い点があるのは、マラリアに罹っているものが多い。中指の第一指骨（末節）上に黒点があるのは、激しい慢性マラリアである。黒点とは静脈瘤を示し、そこに細菌や原虫（原生動物）が潜んでいるのである。それを追い出すために悪《お》寒《かん》戦慄《せんりつ》（ふるい）がくる。そのときは裸になり、それから二〇分もすると熱が出てくるから、たくさん着込んで温かくしていると、発汗して下熱する。

平清盛は沈みいく夕日を招き戻したというほどの勢力があったが、おこりに罹り、大変な熱に悩まされた。おこりとは今のマラリアである。比叡山の山上から冷たい水を家来に運ばせ、それを風呂桶に満たして入浴したら、冷水が煮えくり返ったという。

これは伝説であるが、対症療法の始めかも知れない。熱が出るのは細菌や原虫（原生動物）を殺すためであるから、熱を逃がさないように温かくしていないといけない。

第86図のように、頭脳線上に黒または青黒味のある点があり、生命線から健康線の変形したものが出て、それが中途で終わって黒ずんだ星ができるのは、腸チフス・発疹チフス・または激しい頭痛症に冒されやすいことを示す。これらは静脈血が停滞することを示し、足脚の血液循環が悪いために生じるもので、マラリアにも罹りやすい体質である。

急性熱性病、殊に伝染性疾患において、爪に変化を起こすことが往々ある。これは固有症状ではなく、全身器官が高熱による新陳代謝の変動によって、もしくは毒素の循環により栄養障害を被る結果であって、疾患経過中または回復期に発現する。

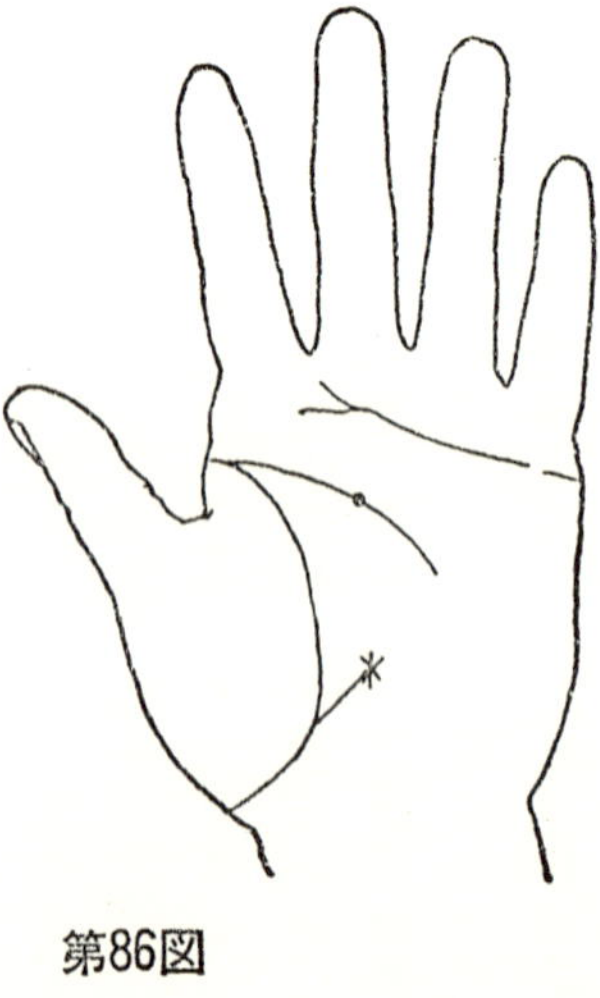

第86図

流行性感冒や肺炎の後には横線があらわれる。爪が脱落する場合もある。手の爪は生えかわるのに四ヵ月を要するので、何ヵ月前に病気をしたかが判る。

猩紅熱《しょうこうねつ》のときに爪が脱落したり、横溝ができたりすることがある。腸チフスの回復期に爪面に白色の横線がみられることがある。マラリアの場合も横溝形成がみられることが多い。発作前に爪が淡紅ないし黒藍色に変わることが多いが、これは血球溶解作用の為である。

伝染病予防法という法律に基づいて、主な伝染病に対する予防接種が強制的に行なわれている。ところが、十五年も天然痘の流行がないのに種痘が行なわれ、三種混合のワクチンも何を対象にしているのか十年一日の感がある。それよりも細菌やその毒素を純粋無垢な赤ん坊に注射して、健康にしようという考えがおかしくないであろうか。予防接種はたいてい発熱するが、脳炎やショック死などの危険を伴うことが少なくない。

ビタミンCの不足により、皮膚や粘膜に傷をつけて、細菌の侵入門戸をつくっていると、伝染病などに冒される。大掃除をしてごみがたくさん出たが、ごみ屋さんが間に合わないので、庭にごみを積んで燃しているのである。それを火事になるといけないといって水を掛けて消されては困る。発熱とは体内の不用物を燃しているのであるから、下熱剤を使ってはいけないのであって、自然に火の消えるのを待つ、つまり自然に下熱するのを待たなければならない。

足首の悪い人は油の切れた機械を無理に動かすようなもので、歩くと熱を持ってきてビタミンCが失われる。手頸横線が三本水平に走っている人はその心配がない。[*110]毛管運動をやり、手首・足首を外および内へ回転することを毎日続けると、手頸横線がはっきりできてくる。

熱が出ることは症状だからかまわないが、発熱によって体内のビタミンC欠乏を招くので、ビタミンCの補給をしなければならない。

柿の葉は六月から十月の間に、午前一一時から午後一時の間に採取し、洗って二、三日糸につるして陰干しする。それを二つ折にして主脈を切り去り、

食品中ビタミンCの含有量

一〇〇グラム中の含有ミリグラム

食品	含有量	食品	含有量
はまなす	二〇〇〇	にんにく	三〇
野ばらの実	一二五〇	夏みかん	三〇
柿葉の煮汁	六〇〇〜八〇〇	青えんどう	二五
柿の葉茶	六〇〇〜八〇〇	セロリー	二五
浅草海苔	二四〇	ねぎ	二五
番茶	二二〇	らっきょう	二〇
青唐辛子	一九〇〜三六〇	メロン	二〇
夏大根	一〇〇	にんじん	七
緑茶	六〇〜二四〇	大根	三〇
小松菜	九〇	とまと	二〇
ほうれん草	一〇〇	馬鈴薯	一五
柿	三〇	桃	一〇
蓮根	五〇	バナナ	一〇
みかん	五〇	甘藷	五〜二〇
キャベツ	五〇	玉ねぎ	一〇
レモン	三〇〜五五	ぶどう	五

横に三ミリ幅に包丁で刻む。

一方、釜に湯を沸かす。一〇〇枚の葉について二リットルの水を用い、沸騰したところへ刻んだ葉を入れ、ふたをして三分間煮て、すぐ火から下ろし、たらいに水を流しながらその中へ釜をつけて冷やし、よく冷えたところで煮汁を採取し、褐色のビンに入れて保存する。真夏なら四グラム、その他は二グラムの硼酸を一・八リットル当たりに混ぜてよく振っておくと腐らない。オリがたまったらこすとよい。この液を一日三〇CCくらい飲む。

茶をつくるには、釜に湯を沸かし、その上に蒸籠《せいろう》をのせ、十分湯気で蒸籠を温める。蒸籠をいったん下ろし、それに刻んだ柿の葉を厚さ三センチくらいに手早く入れて、これを湯気の立っている釜にのせ、ふたをする。一分半ほど蒸したらふたをとって、うちわで三〇秒間あおいで葉にたまった水滴を蒸発させ、更にふたをして一分半蒸す。そこで蒸籠を下ろし、葉をひろげて風通しのよいところで陰干しする。

柿茶を出すには土びんか魔法ビンに、一摘みの柿茶を入れ、熱湯を注いで十分か十五分してから飲む。お湯がなくなれば、更に二、三度熱湯を注いで色の出る間飲用する。

漢法では、「治に四つあり。汗吐下和これなり」といって、汗をかくこと、吐くこと、下痢させること、中和することを目標にしている。発汗を促進する方法として、脚湯法がある。これは発熱のほか、むくみ・腎臓病・不眠症などにも有効である。

脚湯法

第87図のように、バケツの大きなものか一斗カンにお湯を入れ、仰臥《ぎょうが》して、ふくらはぎから下をつけ、ひざから上は毛布や掛け布団でおおっておく。

さし湯をするとか電熱などで温め、四〇度から始めて五分ごとに一度ずつ上げ、四三度まで通算二〇分下腿を湯につけ、その後水へ一回つける。水は一四度なら二分、一六度なら二分半、一八度なら三分半つけて終わり、水気をふき取って安臥《あんが》(楽な姿勢で寝る)し、発汗しきるまでそのままにしている。

発汗しにくいときは、身体のぐるりへ湯タンポとか電気毛布や電気コタツをおくなどして温め、温かい柿茶などを飲ませるなどする。発汗後は汗をふき取り、二時間半以内に生水と食塩とビタミンCを補給する。

脚湯法は午後三時以後に行ない、続いて行なうときは三時間の間隔をあける。

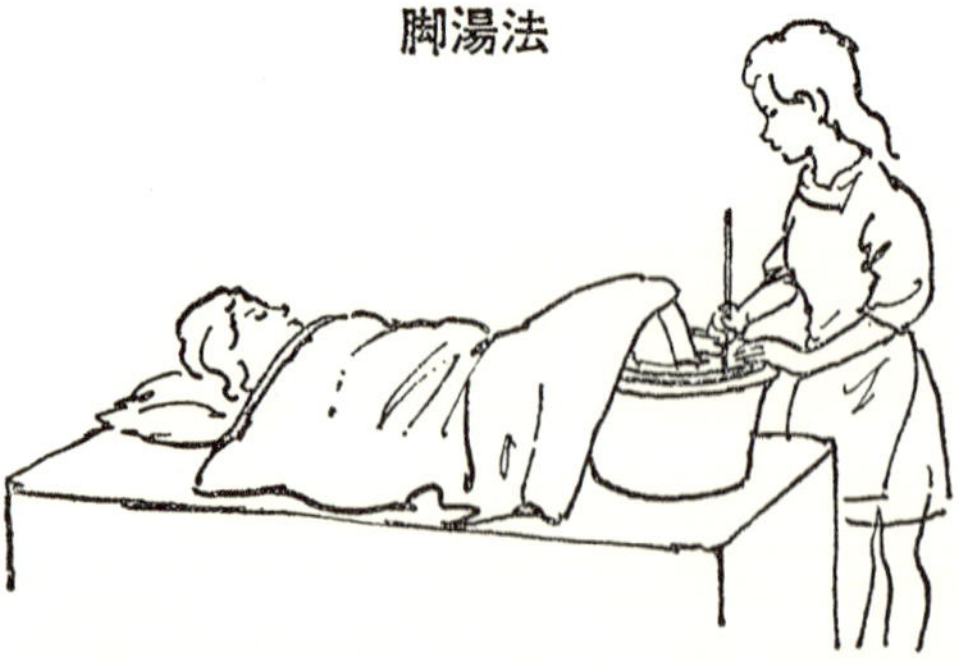

第87図

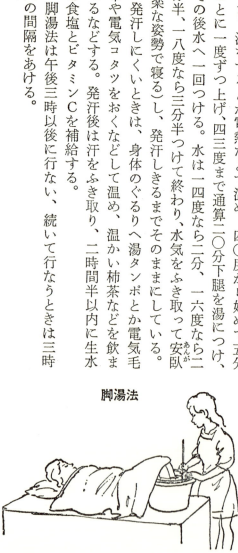

呼吸器系統の病気

肺結核

第88図のように、頭脳線が無数の島から成っているのは肺が悪い。このような人は生命線の始まりが細かい縦線で切られ、感情線の終わりが房のようになっているのがふつうである。特に爪に縦溝のある人、爪が細長くて幅の狭い人は肺病である。左手（先天的）がそうでも、右手（後天的）にこのような頭脳線がなければ、肺病に罹っても治る傾向がある。小指の曲がったのは、その側の肋膜癒着《ゆちゃく》があり、そちら側の肺活量の小さいことを示す。

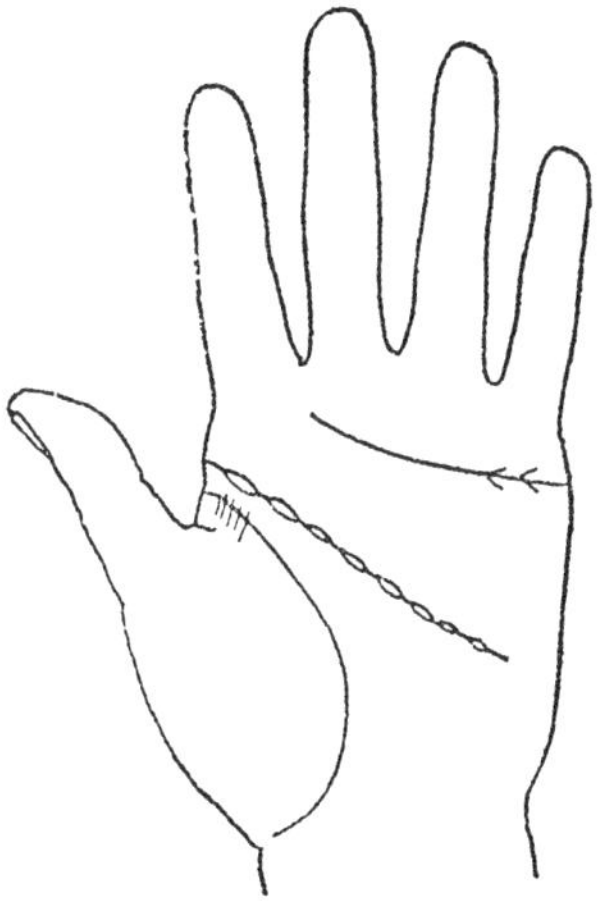

第88図

第89図のように、金星帯が感情線と交差するのは肺結核の既往症がある。また小指および薬指の関節のところに紫色の細い静脈が浮き出している。この静脈の色の濃い人は肺が悪いとみて差し支えない。

これは静脈が拡張していて、肺にもくもりがあることをあらわす。[*110]毛管運動とビ[*147]タミンCの補給で、青いすじは消える。

第90図のように、頭脳線が弱く、マスカケ（感情線が頭脳線といっしょになって、（手掌を一文字に貫いている）があり、その上に金星帯があって「二」の字をつくっているのは気管支拡張症で、せきがとれない。

第91図のように、長くて薄く、かつ曲がっている爪は咽喉痛に冒されやすく、呼吸器が弱い証拠であり、爪にうねまたは縦溝のついているのは肺結核の示徴である。

肺結核も慢性になると血行障害をきたし、指の末節が肥大膨脹して太鼓のバチあるいは棍棒状になる傾向（第92図）が多いが、爪は独特な変形を成すことからヒポクラテスの爪と呼ばれる。爪は指先に時

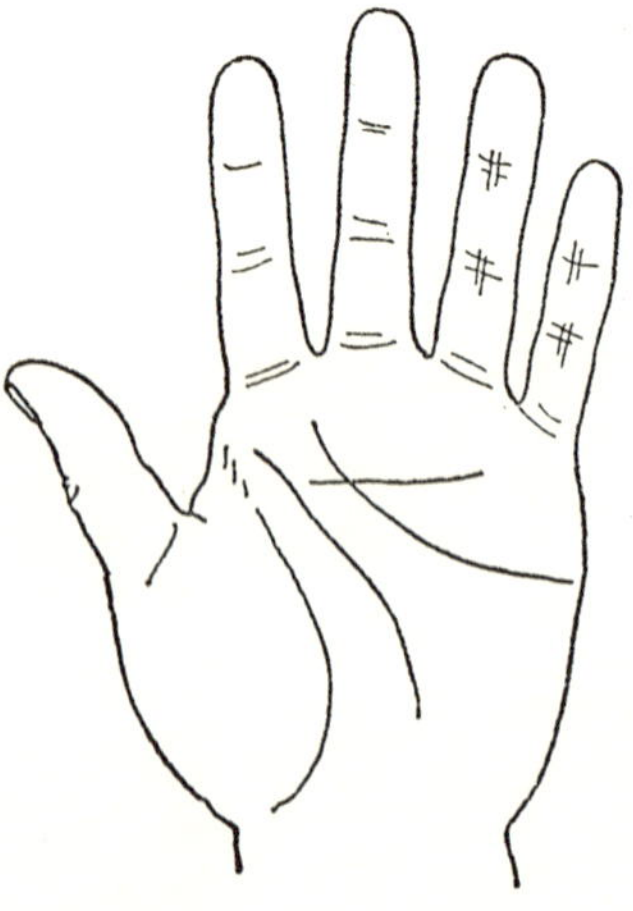

第89図

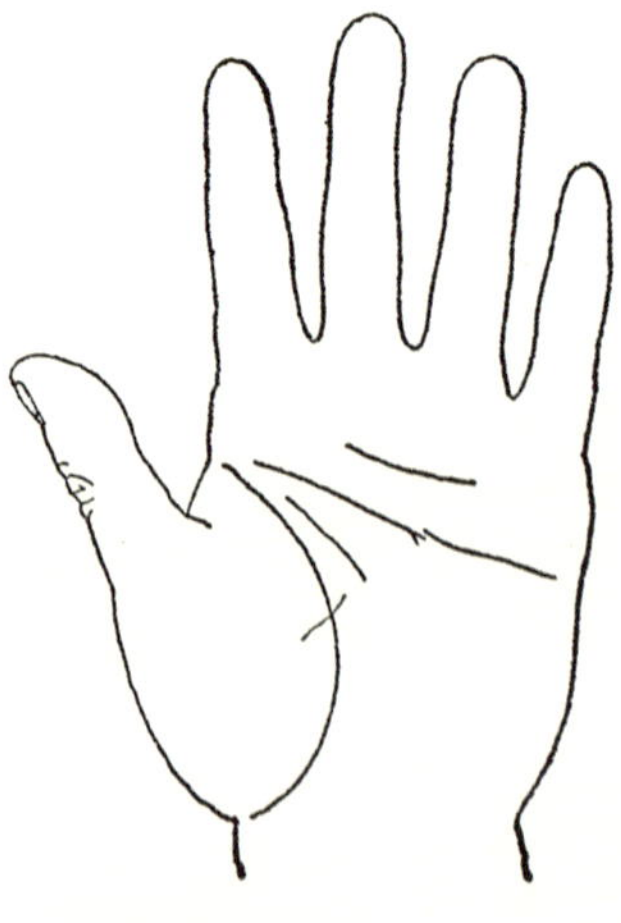

第90図

計ガラス形の帽子をかぶせたように付着している。掌面に向かって湾曲し、前後および両側より指頭をおおう円蓋を成している。

うっ血のため、血管は強度の充血をきたし、爪半月（三日月）は消失し、皮膚に包まれた爪の爪母は萎縮し、これに反し、露出した爪は厚さを増している。

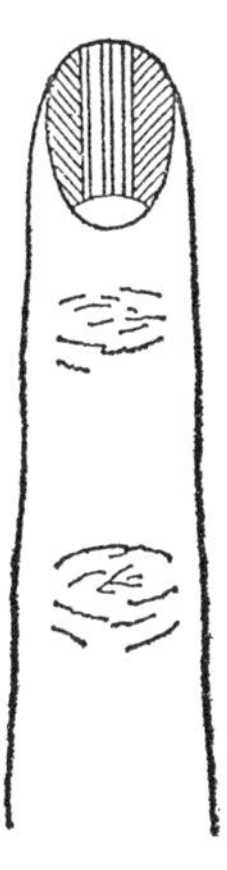

第91図

ヒポクラテスの爪

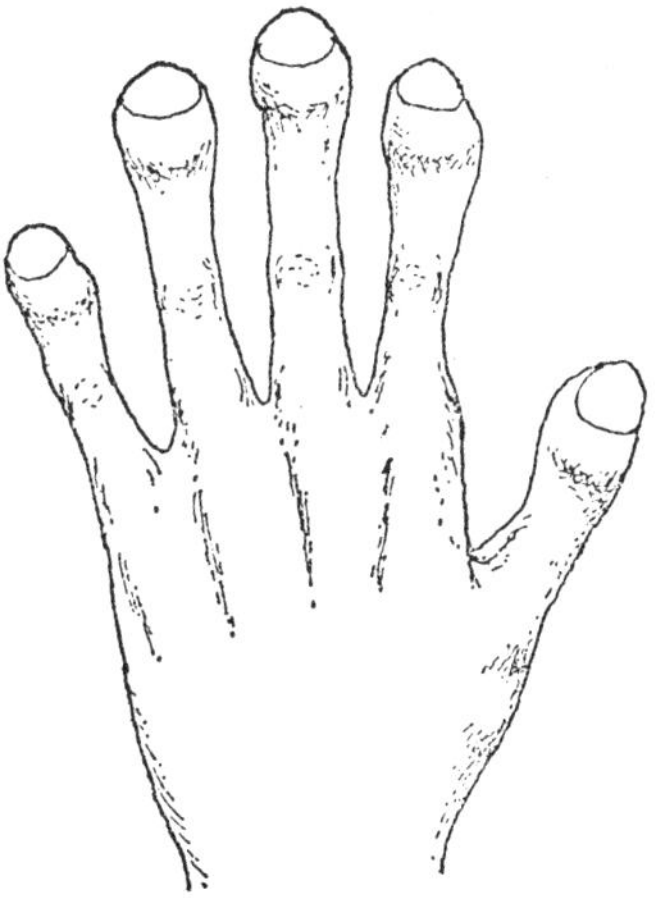

第92図

ヒポクラテスの爪は肺痨性爪湾曲と呼ばれるほどであるが、その他の病気にも出現する。

①伝染病および慢性呼吸器病―肺結核・肋膜炎・肺腫瘍・膿胸・気管支拡張症・肺炎

②循環器障害―先天性心臓弁膜症（肺動脈口狭窄症）・その他四肢にうっ血を起こす動脈瘤・遷延性心内膜炎

③神経性疾患―脊髄空洞症・神経炎

④胃拡張・慢性黄胆・肝臓疾患

⑤バセドウ氏病（甲状腺の機能亢進）・レイノー氏病（足指の対称性壊疽《えそ》）・粘液水腫（甲状腺の機能低下）・肢端肥大症・ポット亀背（結核性脊椎炎）・クル病。

肺結核はビタミンCの不足によって肺に皮下出血を起こし、血液が傷口からしみ出して腐ってたんになり、たんを出すためにせきが出る。また、肺の傷口から細菌が侵入する。細菌は原因ではなく、付加物である。傷のない皮膚が化膿しないのと同様で、傷のない肺に菌は繁殖しない。

ビタミンCは、結晶のものはアスコルビン酸で酸性であり、弱アルカリ性の体液になじめなく、排泄されてしまう。生野菜・果物・柿茶[*148]などの自然の形で摂るのが有効である。毛管運動[*110]を一日に何回も行なって手足の血液循環をつけ、肺のうっ血を去り、合わせて温冷浴[*111]と裸療法[*154]によって皮膚呼吸を促し、皮膚の血液循環を整えれば肺のくもりもとれる。

裸療法

裸療法とは、ふつう、いすに腰掛け、毛布を着たり脱いだり交互に行なう方法で、日の出前と日没後が最も良く効く。着衣のときは汗をかかない程度に温かにするのであって、掛け布団を着たり脱いだりしてもよい。時間は次のようにする。

肺も皮膚の続きなので、皮膚の働きをよくすれば肺もよくなる。肺だけで呼吸しようとしないで、皮膚全体で呼吸しようとすると肺が良くなる。

肺結核の場合には手が冷える。それは手を冷やし、貧血にさせて、肺のうっ血をとろうという自然の才覚である。それを火ばちやストーブで手を温めると、肺に血がたまって喀血したり、せきが出たりする。毛管運動[*110]や温冷浴[*111]をやっていると、手も冷えなくなる。

小指のつけ根の水星丘や薬指のつけ根の太陽丘は、各指の延長線上になく、たいてい内側（親指側）へずれている。ずれ方のひどいほうの肺が悪い。手掌を運命線で折り、更に個性線（太陽線）で折って、個性線をつくるようにすると、丘は指の延長線上に移動してくる。

回数	部屋を開放し、裸となる時間	着衣し、部屋を閉め、温まる時間
一回目	二〇秒	一分
二回目	三〇秒	一分
三回目	四〇秒	一分
四回目	五〇秒	一分
五回目	一分	一分三〇秒
六回目	一分一〇秒	一分三〇秒
七回目	一分二〇秒	一分三〇秒
八回目	一分三〇秒	二分
九回目	一分四〇秒	二分
一〇回目	一分五〇秒	二分
一一回目	二分	着衣のまま安臥

咽喉炎とかぜ

第93図のように、頭脳線と健康線が月丘上で交わっている人は咽喉炎に悩む。

第94図のように、長くて薄く、かつ側方へ曲がっている爪は咽喉痛に冒されやすく、呼吸器が弱い。

第95図のように、感情線の下で小指寄りの火星上丘に縦にたくさんの線がある人は、気管支炎や喉頭ガンにやられるおそれがある。

のどの悪い人は首が曲がっている。象形文字の「大」は人をあらわす。「夭」は一時的には「にこやか」と会釈する形であるが、永続すると「わかじに」になる。首の曲がるのを防ぐには、右手の薬指の長さを半径とした丸太二つ割の形（半円形）の枕を頸部に当てて寝る。枕という字は「木」ヘンであって「糸」ヘンではない。頭に枕を当てては首が曲がり、手の麻痺を

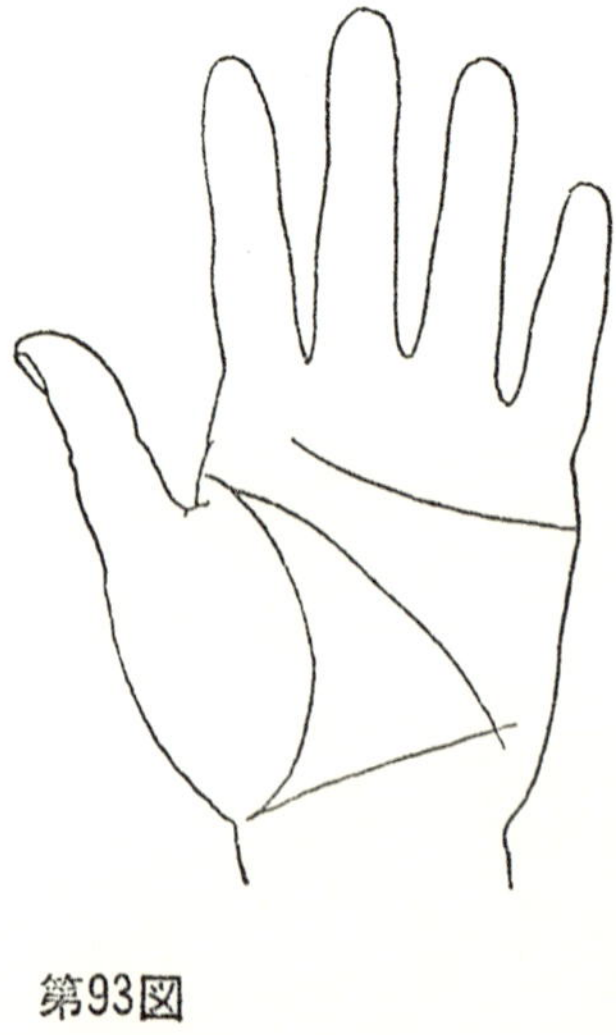

第93図

第94図

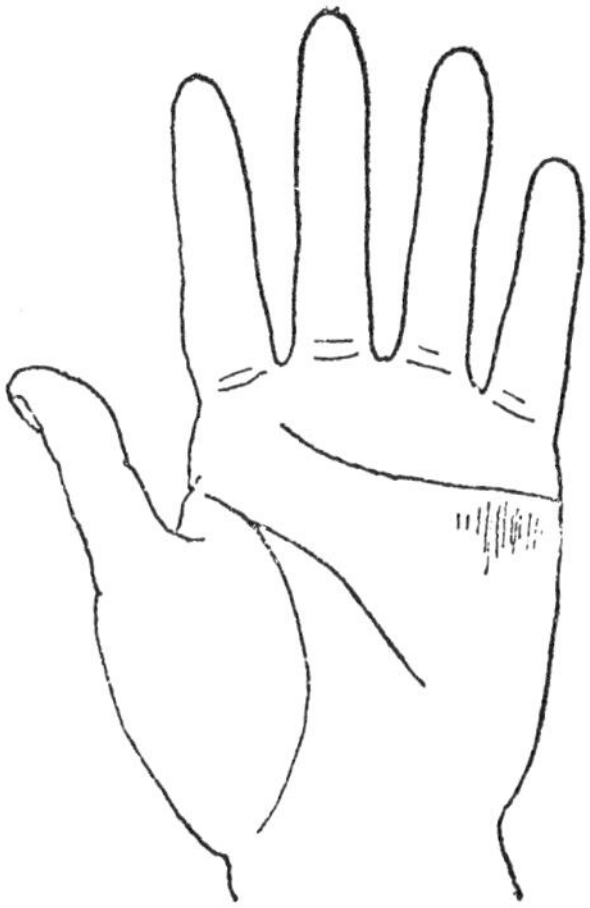

第95図

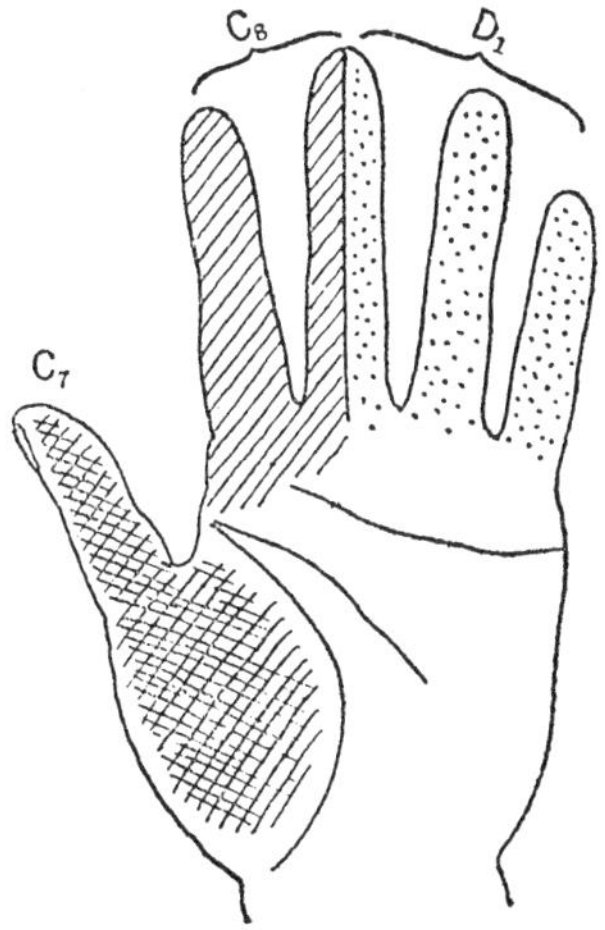

第96図

起こし、主線も乱れる。

首を前屈して飛び出す骨を頸椎七番というが、親指は頸椎七番(C_7)、人差指と中指の半分は頸椎八番(C_8)中指の半分と薬指と小指は胸椎一番(D_1)の神経の支配を受けている(第96図)。木枕によって頭痛、目・耳・鼻・咽喉などの故障も治る。

一週間に一回くらい昼食にカレーライスを食べると、のどにからし湿布をすることになり、のどが丈夫になって声もよくなる。同じような意味で、時々七味のとうがらしやわさび漬を食べることもよい。ただし、痔の悪い人や腎臓病の人は感心しない。カレーライスを食べたあとは五分くらい水を飲まないようにする。

からし湿布は内部の血液を表面へ引っ張り出すことで、「流水腐らず」の理屈で細菌も死んでしまう。肺炎・せき・咽喉痛・神経痛などにはからし泥が有効である。

からし湿布（からし泥）

約一〇〇グラムのからし粉（和がらし）に五五度の同容量の湯を加えて、よくかき混ぜ、手ぬぐいまたはサラシに約三ミリの厚さにからし泥を塗り、患部の皮膚にガーゼ二枚をおいて、その上から泥布を貼る。時々からし泥布の端をめくって、皮膚の発赤の度合を調べ、真っ赤になったら取り去る。二〇分経っても真っ赤にならないときはいったん中止して、四、五十分後再びからし泥を施す。肺炎などの場合、二〇分で発赤しなければ、四〇分の間隔をあけて何回でも発赤するまで行なう。子供の場合は小麦粉を適宜混ぜて、ヒリヒリを防ぐ。

手掌が青紫黄とまだらになったようなのは、厚着の習慣で、よくかぜを引く。小指や薬指の手掌面（腹）の関節部に紫の血管が浮き出ている（第89図）のもビタミンCの欠乏症で、かぜを引きやすい。

かぜはのどや鼻が冒されるが、冬のかぜは夏のお腹こわしと並んで、一番よく罹る病気である。「かぜは万病のもと」ともいうが、「かぜを治す薬はない」というのがいつわりのないところである。かぜの原因はビールスだとされているが、ビールスは血液のオリ――蛋白質の分解産物――であって、効く薬はないのである。何回かぜを引いても免疫は獲得できないのに、予防接種をやるのはおかしい。

外界の気温と体温がうまく調節がとれるようになっていれば、まずかぜは引くことはないはずである。かぜの予防には、皮膚を健全にし、体温調節の神経中枢を健全にすることが第一条件である。それには水浴から始めて水浴で終わる温冷浴[*111]が絶対に必要である。これは流感・肺炎・結核などの予防になる。

夏季の発汗に対して、水分・塩分およびビタミンC（無機の薬品からでなく、有機性の柿茶[*148]とかレモンなど）を補給することを忘れると、足に故障を起こしたり、皮膚のグローミュー[*45]を損じて皮下出血を起こしたり、また不全血液がところどころに停滞することにもなって、鼻や咽喉が弱くなり、細菌に侵されやすくなる。更に肝臓や腎臓などの解毒器官が十分働かなくなり、腸には宿便が停滞する。そのため、体液が酸性に傾きやすくなる。

酸性に傾いた体液をアルカリ性に戻す為には、身体の防衛機構が働いて、発熱とか発汗とか、さまざまの症状をあらわす。それを図示すると、次ページの表のようになる。

かぜの手当

①熱の出る前に寒気を起こすことがあるが、このときはむしろ薄着か裸になって、皮膚の血管や筋肉を収縮させ、細菌や毒素を追出す。寒気のする時間はせいぜい二〇分である。

②熱が出てきて体が熱く感じたときは、冷さないように温めて細菌を熱で処理し、安静にし

て毒素を皮膚から捨てる。
③午後三時以後に脚湯法*150で発汗する。
④熱の高いときは、胸部にからし泥を施すと肺炎を予防する。せきやのどの痛みにもからし泥をのどに貼るとよい。
⑤熱のある間は柿茶や水を飲ませ、食事はなるべく少なくする。生野菜食もよい。

脚袋とは、ネルのような布で筒を二本つくり、一方は閉じ、一方にはひもをつけて、両足にはき、上はひざの少し上でしばっておく。冬、足が冷える人はこの脚袋をはめて寝ると温かである。かぜのときもこれを

原因	症状	対策
・ビタミンC欠乏 ・塩分の過不足 ・発熱 ・水分欠乏 ・足の故障 ・過食 ・うたたね ・疲労 ・上衣の調節 ・垢の下着 ・室内の過温 ・肛門不潔 ・浴後の湯ざめ ・睡眠不足 ・便秘	直腸温度上昇 発汗 発熱 悪寒 逆上 倦怠 鼻塞 頭痛 咽頭炎 せき 腰痛	・足を治すこと ・胸部からし泥湿布 ・柿茶・レモン・ミカン（ビタミンC補給） ・食塩補給と塩ぬき ・生野菜泥状食 ・玄米食 ・小魚油揚丸食 ・しじみミソ汁 ・大根おろし ・脚袋で発汗 ・脚湯で発汗 ・清水補給 ・便通をつける ・断食（最良策） ・通風・安静

はめて発汗させるとよい。古ズボンの先を縫い合わせてもできる。三組つくってかぶせると、たいてい発汗する。発汗後は、脚湯法[*150]にならって水・ビタミンC・食塩の補給を行なう。

冬季の食塩過剰、夏季の食塩不足もかぜの原因となる。

気管支拡張症・肋膜炎・膿胸・肺壊疽《えそ》・肺腫瘍の場合に四肢末梢に慢性うっ血を起こし、肺性肥大性骨関節症を招く。指骨は肥大して太鼓のバチ状を呈し、爪はヒポクラテス湾曲を形成する。

神経系統の病気

頭痛

第97図のように、大きな枝が生命線のほとんど起始部から起こり、大きな曲線を描いて手頸のほうへいくのは頭痛持ちに多くみられる。こういう人は時々手にマヒが起こり、二重の折れ目ができるからである。手を握る力が弱いというのは神経のマヒであって、その典型的な例が半身不随である。

第98図のように、頭脳線が鎖状をなしている人は、確たる信念を欠き、慢性頭痛もちに多く

みられる。

第99図のように、頭脳線が薄くて短く、健康線が切れ切れな人は、頭痛持ちである。

頭脳線に破れのあるのは、頭の障害や脳腫瘍などを示す。切れた場所に相当する腸のマヒが原因である。古い便がたまると、石炭の蒸し焼き(乾溜《かんりゅう》)のようになって、一酸化炭素を発生し、それによって頭痛を起こす。

第100図のように、頭脳線が破れて折れ重なったのは、重症性の脳障害を一時有した人が、回復したことを示す。運命線と交わる点が三五才であるから、場所によって何才のときといえるが、二〇才で三〇〜四〇才の位置に重なりがあるのは、そのときに脳障害を起こすような生活状態を現在とっていることを示す。そういう人は現在の生活を改めて、障害を予防する必要がある。

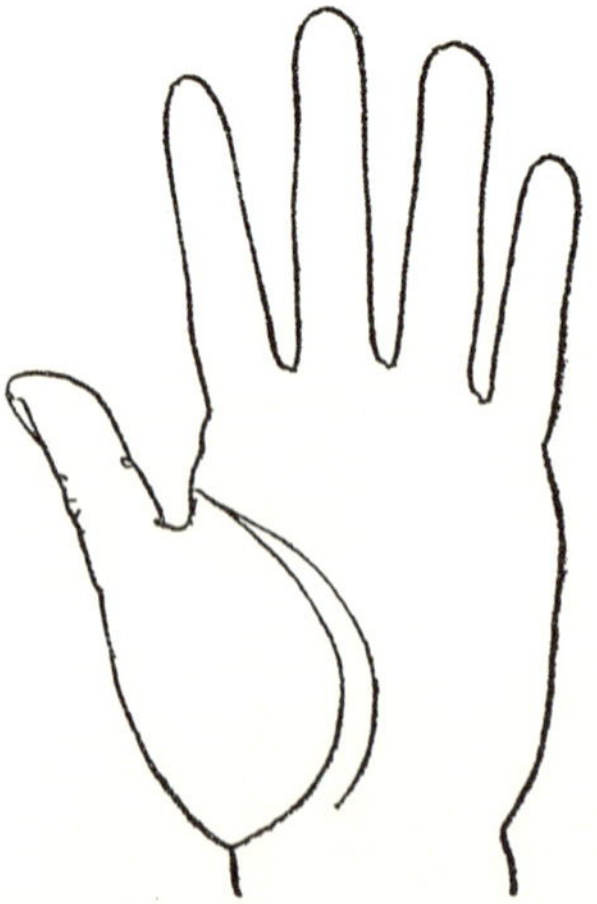

第97図

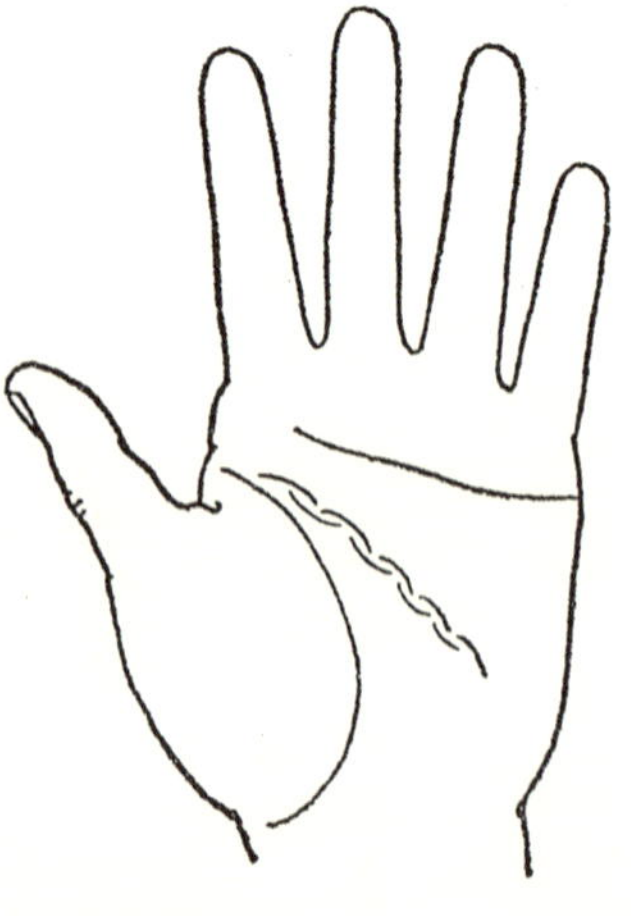

第98図

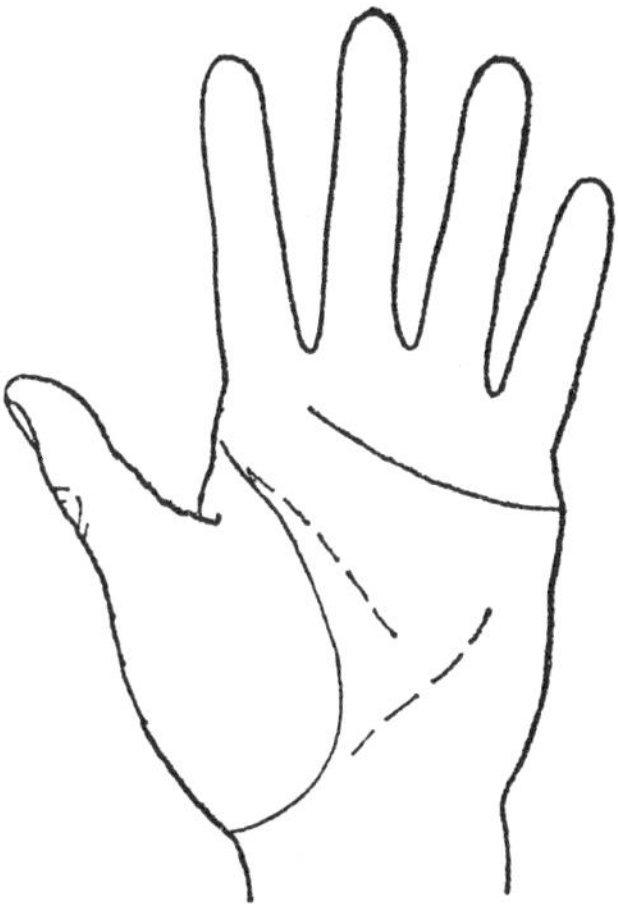

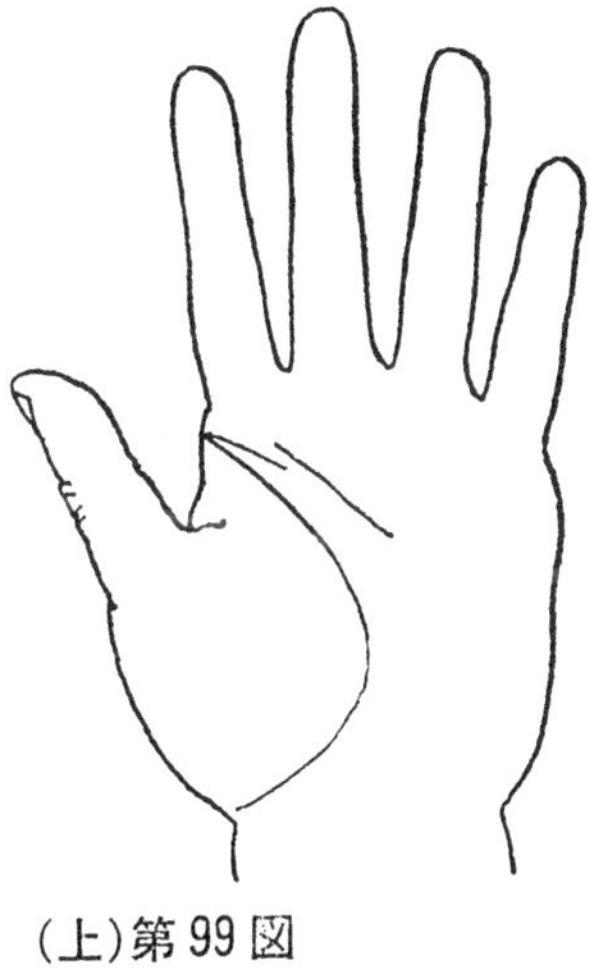

(上)第99図
(下)第100図

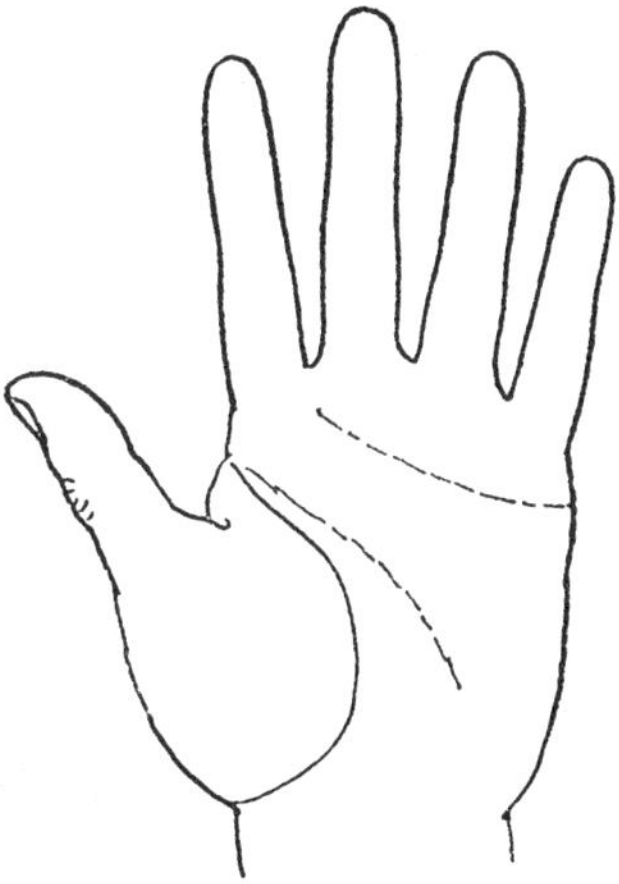

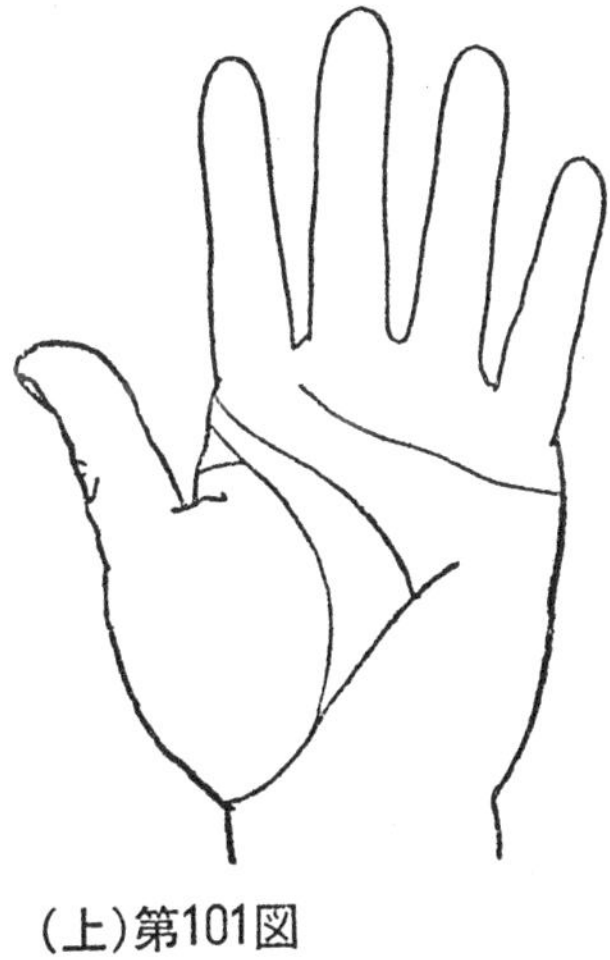

(上)第101図
(下)第102図

一般に破れていても重なっているのは障害の治ることを示す。

第101図のように、頭脳線がいくつもの小さな部分に分かれ、感情線も切れ切れに分かれているのは、重症な頭痛、記憶力の喪失である。

第102図のように、頭脳線が健康線と結合し、生命線が起始で「叉」をつくるのは、脳疾患・憂うつ症である。

第103図のように、多数の棒で頭脳線を切るのは頭痛もちである。

第104図のように、頭脳線の起始部が蒼白《そうはく》で線上に黒点があり、しかも生命線の起始部に「叉」がある人は、重症の脳疾患で、脳腫瘍にもなる。頭痛・めまい・悪心・嘔吐などがみられるが、どんどん便通をつけさえすれば治る。

第105図のように、頭脳線も健康線も波立っているのは、脳膜炎のような脳疾患や憂うつ症に罹る。原因は便秘である。

第106図のように、頭脳線が月丘に進むが、波立った垂直線か曲がった棒で横切られていて、その上、感情線が不完全なものは、頭痛はもちろんであるが、

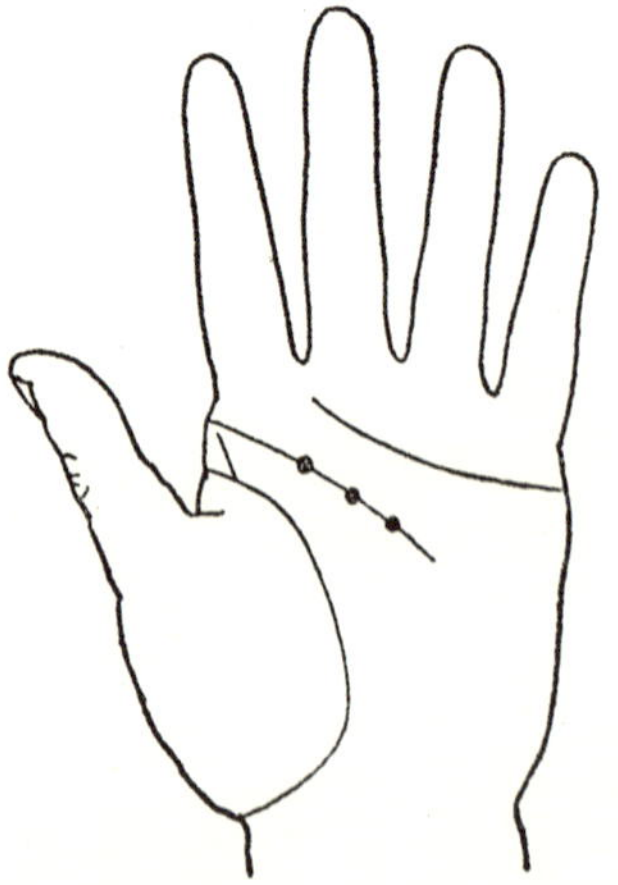

第104図

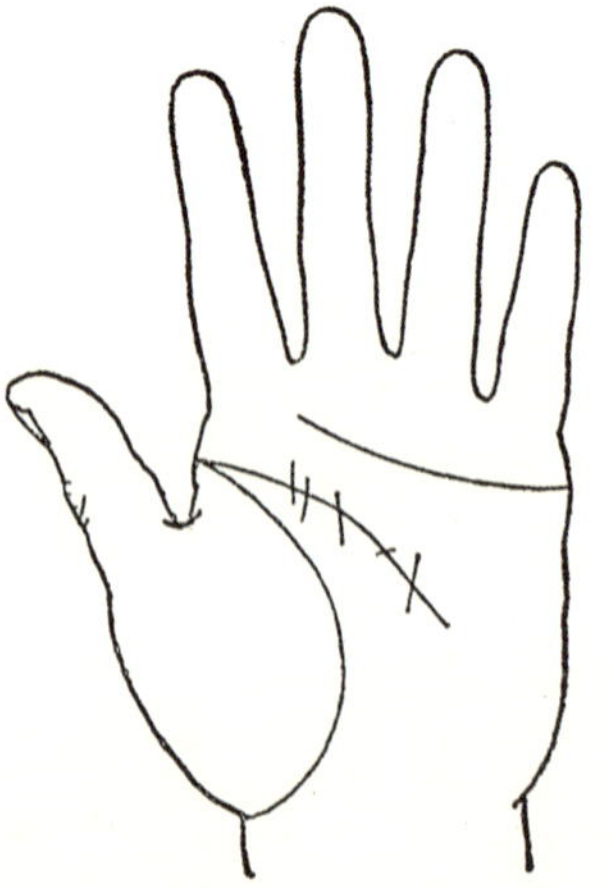

第103図

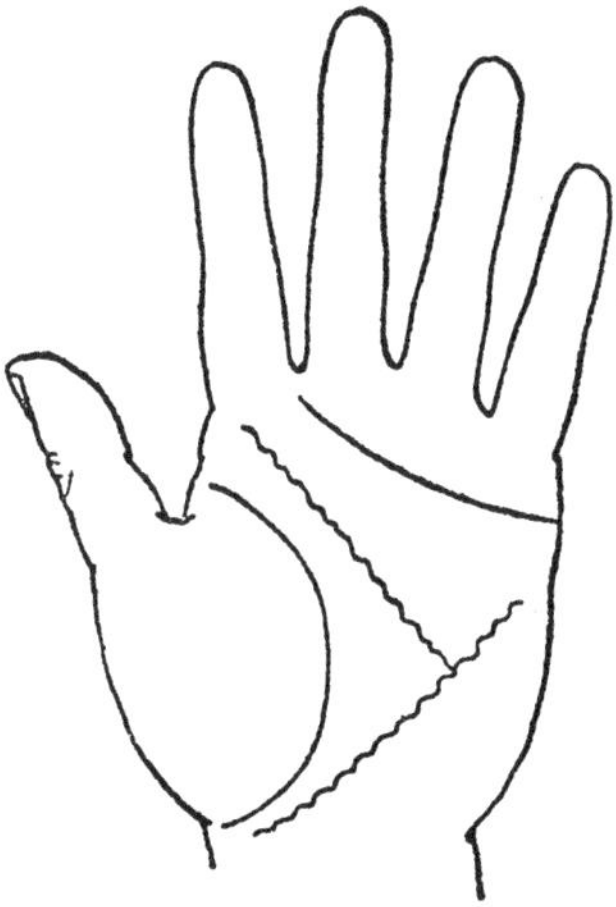

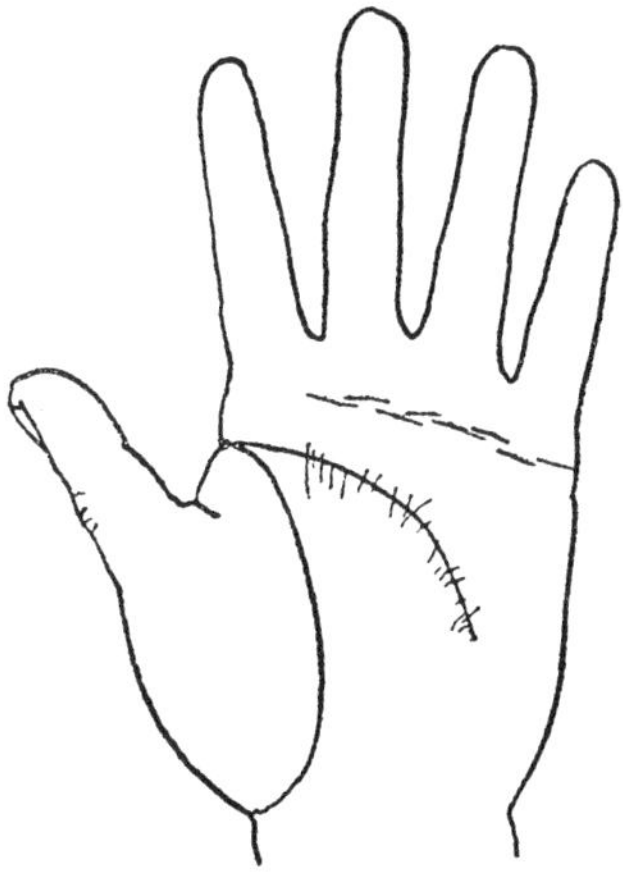

第105図

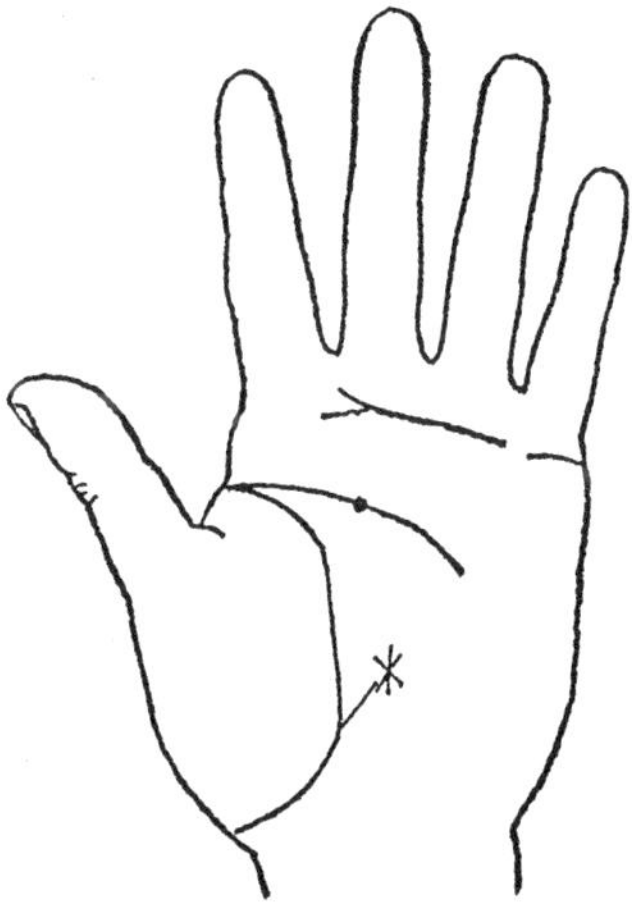

（上）第106図
（下）第107図

精神錯乱の危険がある。

第107図のように、頭脳線上に黒または青黒味のある点があり、生命線から健康線の変形したものが出て、それが中途で終わって星ができ、その星も黒ずむのは激しい頭痛症に冒されやすいことを示す。黒点や星は血液の停滞を意味する。

第108図のように、運命線が貧弱で頭脳線のところで終わり、生命線も貧弱なものは、脳の故障のために人の厄介になるおそれがある。脳が悪いというのは多くは宿便が原因である。便通をつけるには、白米よ

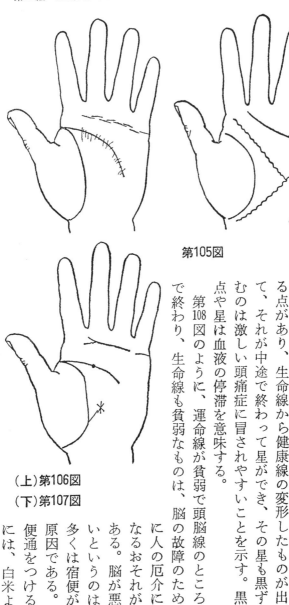

り玄米や半つき米や麦飯、白パンより黒パン、調理食より生野菜食がよい。水をチビチビと始終飲むことも必要である。便通は食事の回数だけあるのが本当である。体温は真夏の気温と同じであるから、胃腸内に長く停滞した食物は腐り、それが吸収されて血液を汚す。

　薬指は神経系統をつかさどるので、頭痛もちでは薬指の動きが悪いことが多い。薬指を動かすようにすると頭がよくなる。五指をひろげて手掌を机の上につけ、薬指だけを机から離して、それが高く上がるほど優秀である。引っ張り上げる練習をしていると神経系の故障も治る。ただし、ピアニストのように手ばかり使っていると神経過敏になるから、足の指を動かすことも同時に練習する必要がある。

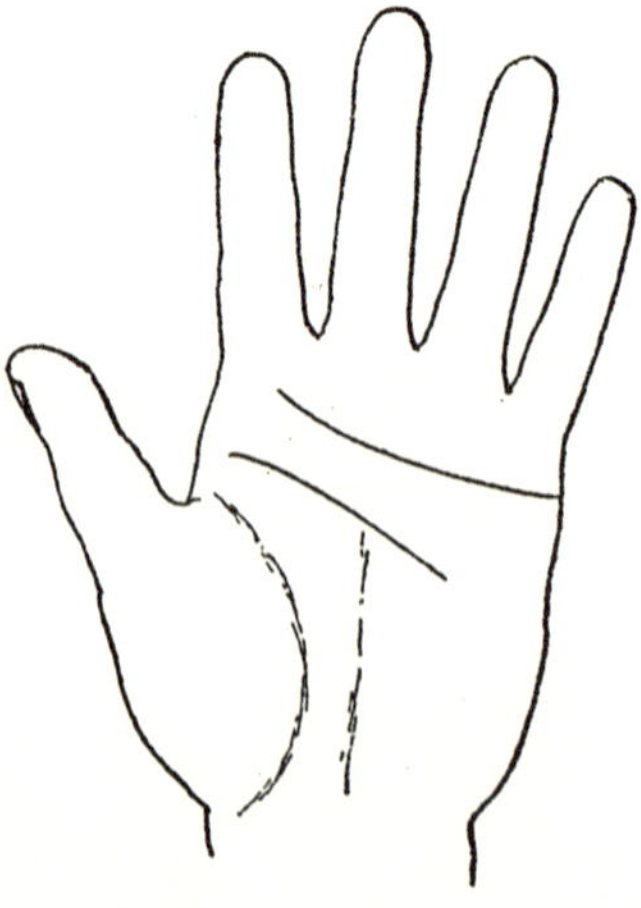

第108図

　頭痛薬を用いることは神経を麻痺させることになり、原因を治さないので病気が進行する。頭痛のときは脳の血管が膨脹し、時には収縮しているのであるから、温冷浴[*111]を行なうとよくなる。また、体内で一酸化炭素を発生しているので、水酸化マグネシウム剤で一酸化炭素を解消し、その発生源の宿便を排除するのが頭痛の根本療法となる。頭がフラフラするとか、気分がイライラするとかいうときには、血液中の一酸化炭素が増加している。

腕を丈夫にし、手相をよくする方法の一つに倒立法がある。これは内臓下垂を防止し、便秘を治癒《ちゆ》し、頭痛を解消し、心臓・肺を丈夫にし、結核の空洞などもつぶれ、脳溢血・脳貧血も予防する。

倒立法

やり方は、両手で体重を三分間支えるのであるが、始めは第109図の①から始め、徐々に進めて壁に垂直に立てたはしごを利用するか、はねて足を壁に支えるか他人に保持してもらって三分間静止する。毎日実行すれば、疲労を感じない体にできる。

頭痛の予防と治療に有効で

倒立法

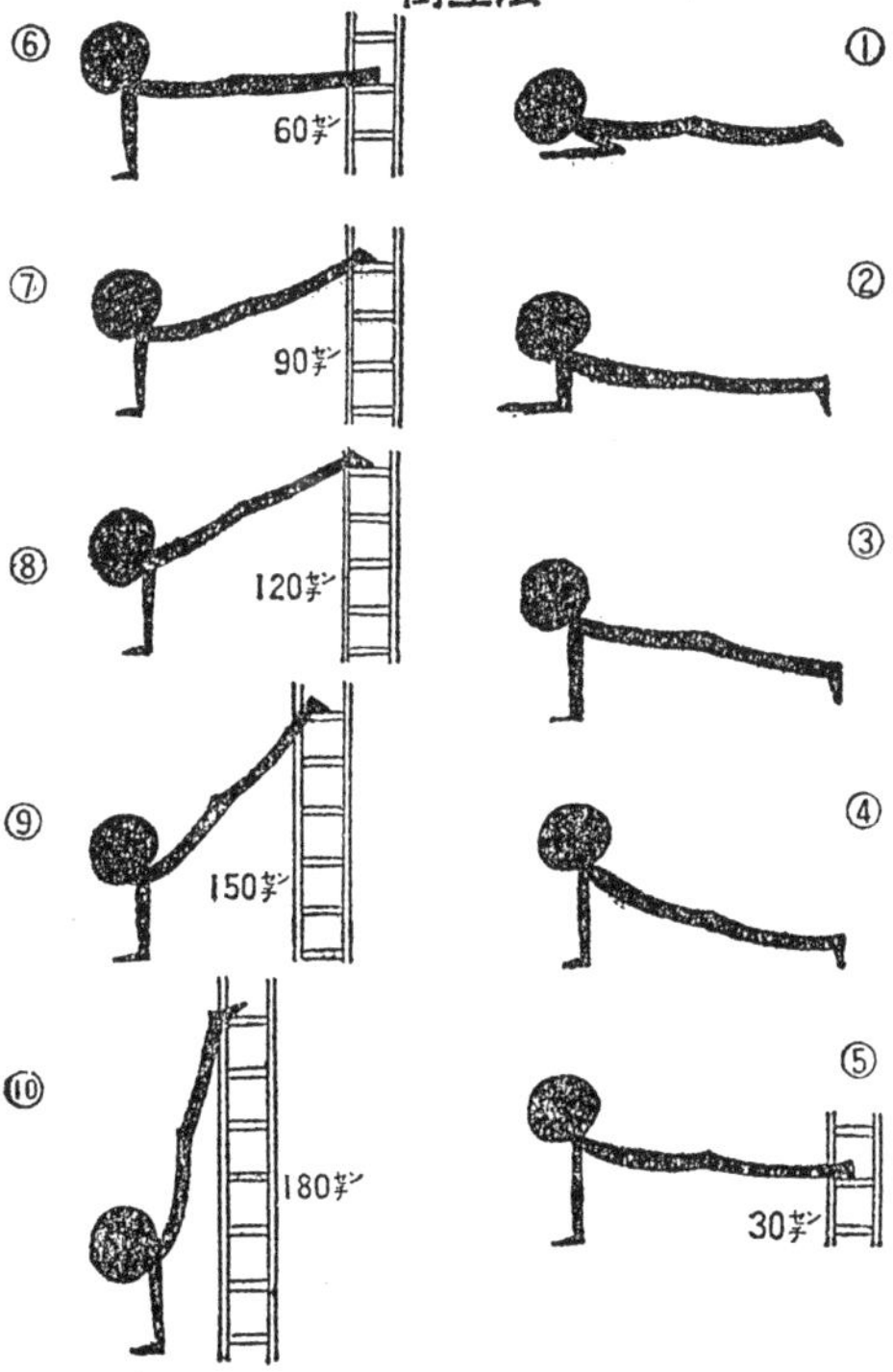

第109図

頭脳を明晰にする方法として、次の背腹運動を朝・夕行なうのがよい。

背腹運動

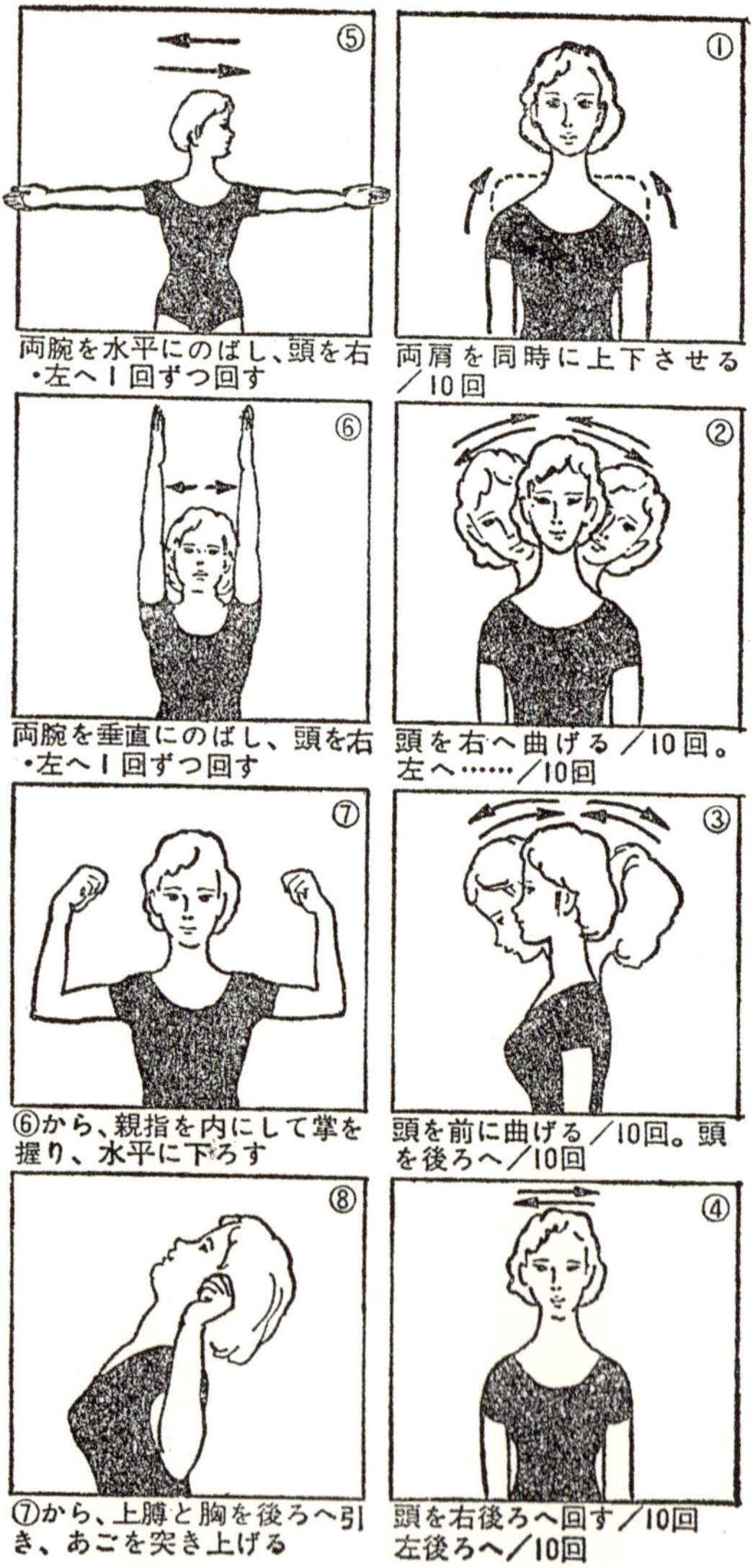

① 両肩を同時に上下させる／10回

② 頭を右へ曲げる／10回。左へ……／10回

③ 頭を前に曲げる／10回。頭を後ろへ／10回

④ 頭を右後ろへ回す／10回 左後ろへ／10回

⑤ 両腕を水平にのばし、頭を右・左へ1回ずつ回す

⑥ 両腕を垂直にのばし、頭を右・左へ1回ずつ回す

⑦ ⑥から、親指を内にして掌を握り、水平に下ろす

⑧ ⑦から、上膊と胸を後ろへ引き、あごを突き上げる

第110図

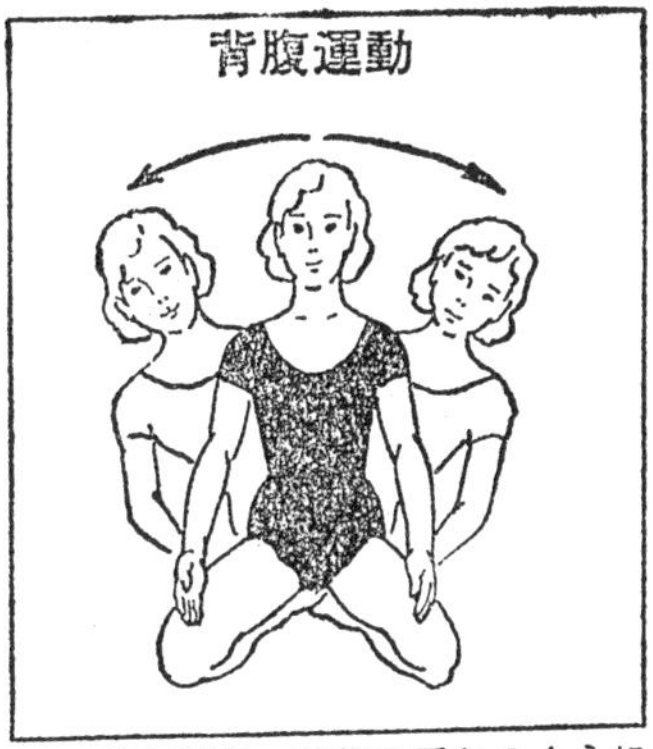

両ひざを開き、親指を重ねるように座る。尾骨を中心に左右に40度ずつ揺振し、腹部を出し入れする

第111図

準備運動（第110図）をやって頸椎七番の狂いを直すことは、手相を改善する方法である。この運動は頭を中心の位置で止めることが大切である。

本運動（第111図）で背中を動かすと血液は酸性になり、お腹を動かすとアルカリ性になり、酸とアルカリの中和を計る。

左右に振ることは脊柱の狂いを正し、腹部を動かすことは内臓下垂を防ぎ、腸に運動を与えて宿便を排除する。

一分間に五〇回の速度で一〇分間行なうと脳血管も収縮拡大を起こし、頭痛や脳血管の出血や閉塞も治る。

脊柱を左右に振ると頭脳が明晰になるが、前後に振るとばかになる。

輪立ちのような深くて強い主要線は、線というよりも折れ目といったほうがよい。これは子供や労働者の手によく見られるもので、精神能力の発達が不全であるかまたは休止していることを示す。

視力障害

第112図のように、頭脳線が太陽丘の下で切れているのは、視力障害を起こしやすい相である。

第113図のように、感情線上で薬指の延長上に円形があるのは視力障害である。薬指は神経系統をつかさどり、五官の一つの視力と関係がある。

第114図のように、個性線と感情線との交差点に黒点があるものは、メチールや梅毒で目をつぶすおそれがある。手相上の示徴は、それが原因である場合も結果である場合もある。生野菜食を続けると黒点がとれる。薬指のつけ根の太陽丘が異常に隆起するか、または混沌とした線によっておおわれているのは眼の障害で、視力喪失にまで及ぶことがある。

太陽丘に円があって、個性線が貧弱な人は、失明のおそれがある。三角庭（生命線・頭脳線・健康線

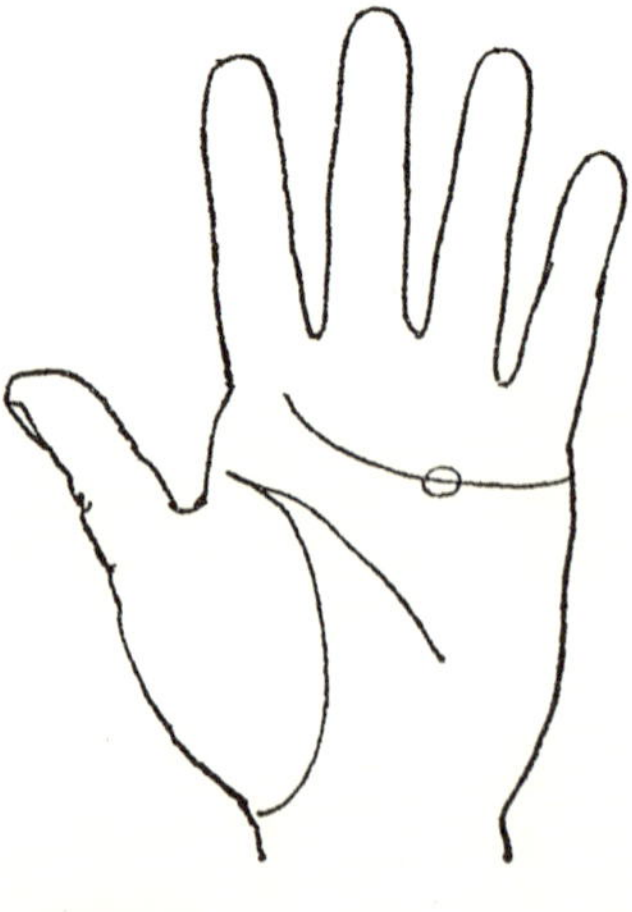

第113図

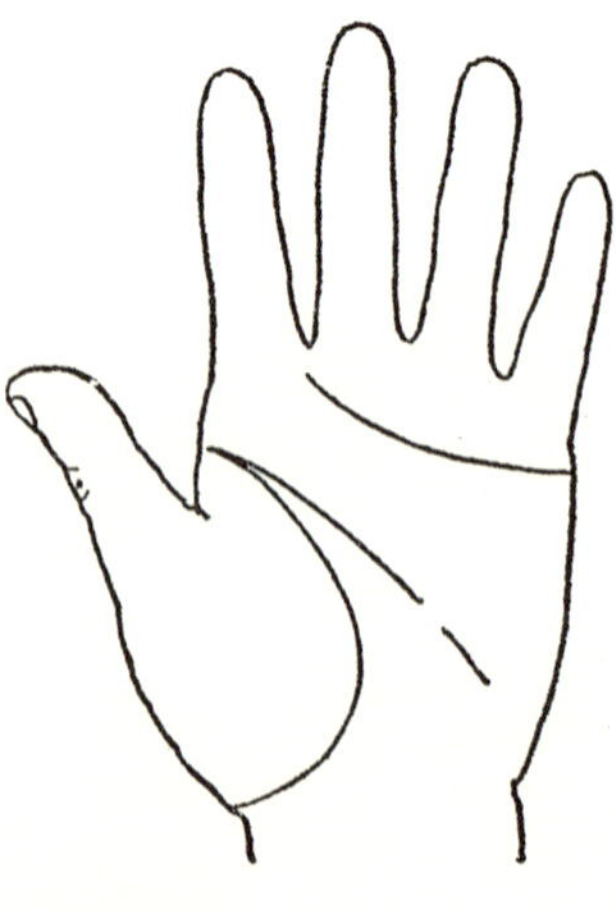

第112図

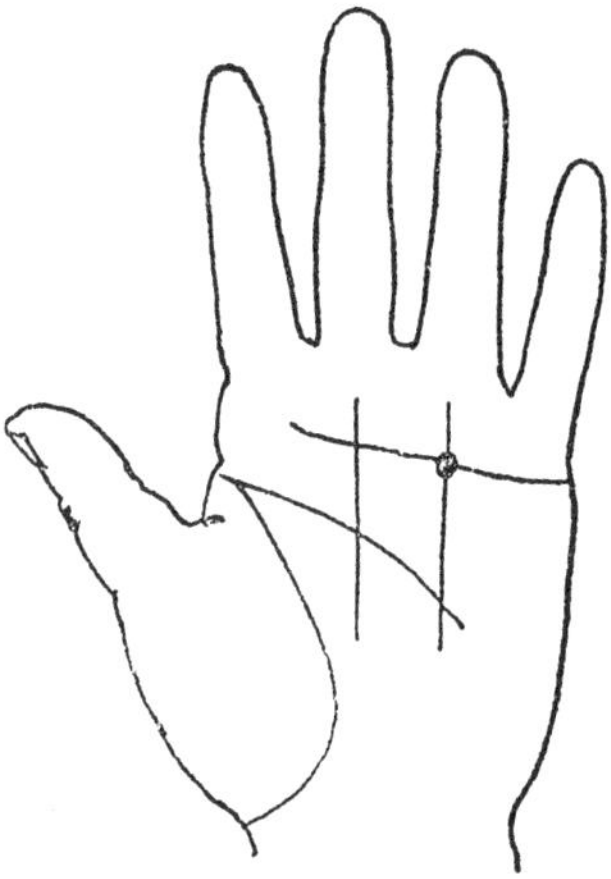

第114図

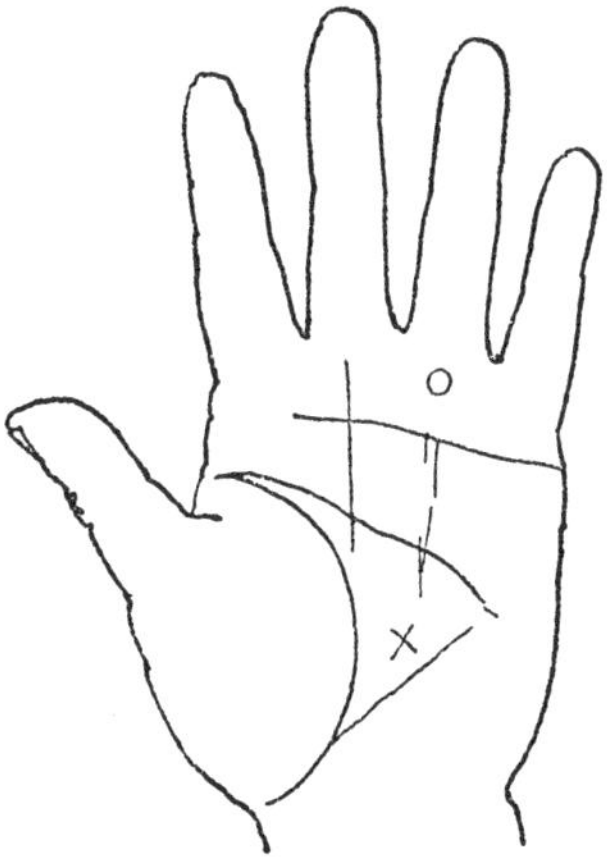

第115図

の取り囲む領域）内で、星や十字の示徴が健康線の近くにある人も、失明のおそれがある（第115図）。

眼が疲れるとか、乱視・近視などの人は視軸が狂っている。まず前方の一点を定めて、これを両眼で見つめる。次に片手の親指と人差指で輪をつくって、目標をその中に入れ、右眼をつぶったり、左眼をつぶったりする。この際、ある眼で見ると目標が輪の中にあるが、他の眼で見ると輪を外れてしまうであろう。これは両眼でなく、片眼で物を見ている証拠であり、視軸が狂っているために視力が悪くなり、頭も疲れるのである。

視軸をそろえるには、前方の一点を定めて、これを両眼で見つめ、片手の人差指または鉛筆を前方に差し出すと、指が二本に見えてくる。そこで見つめていた点を二本に見える指の真ん中にはさんで、指をすす早く前後に二〇回くらい動かす。この方法を読書やテレビを見ているときなど、三〇分ごとくらいに行なうと、眼が疲れず、鼻や眼の病気もよくなる。

視軸がそろわないのは、根本的には足がびっこなので、両足をそろえることが必要である。

第116図のように、仰向けに寝て、一方の脚は平床上になるべく真っ直ぐに伸ばして着けたまま、他方の脚も真っ直ぐに伸ばしたままで静かに挙げ、上半身と四五度くらいになるように胸のほうへもってくる運動である。時々爪先を反らす運動を行ない、また毛管運動を与えるとよい。左右交互に練習し、伸びないほうに主力を注ぐ。

もう一つの方法は、第117図のように仰向けに寝て、一方の脚は平床上に着けたまま、他方の脚のひざを曲げて、その足先を反対側の肩につけるようにする。左右交互に行なう。前後に毛管運動をやっておくと、楽にできるようになる。

てんかん

下肢柔軟仰臥法

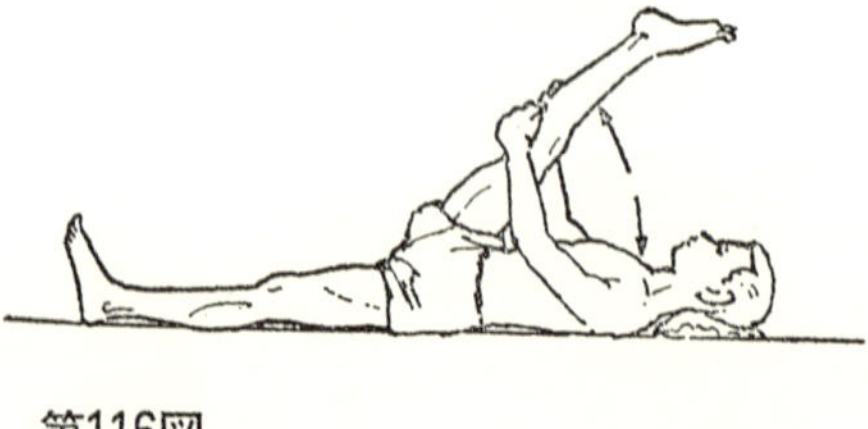

第116図

下肢外側面伸展運動

第117図

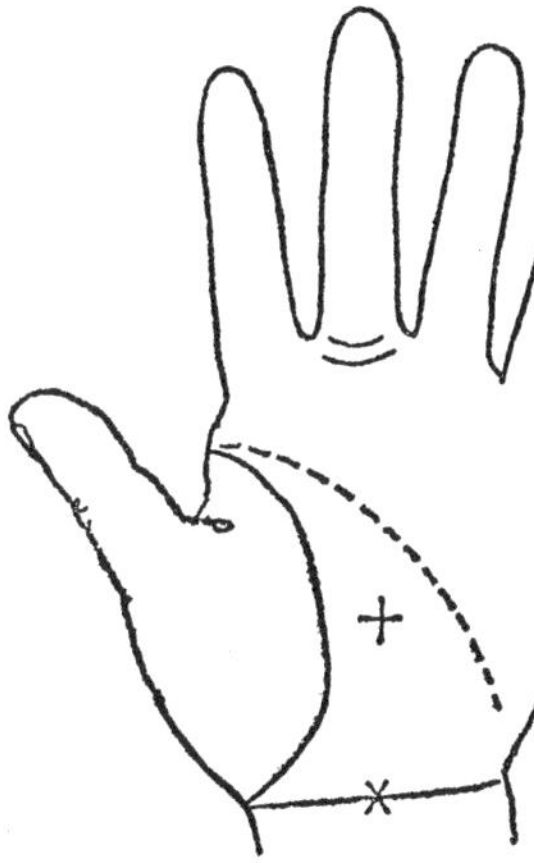

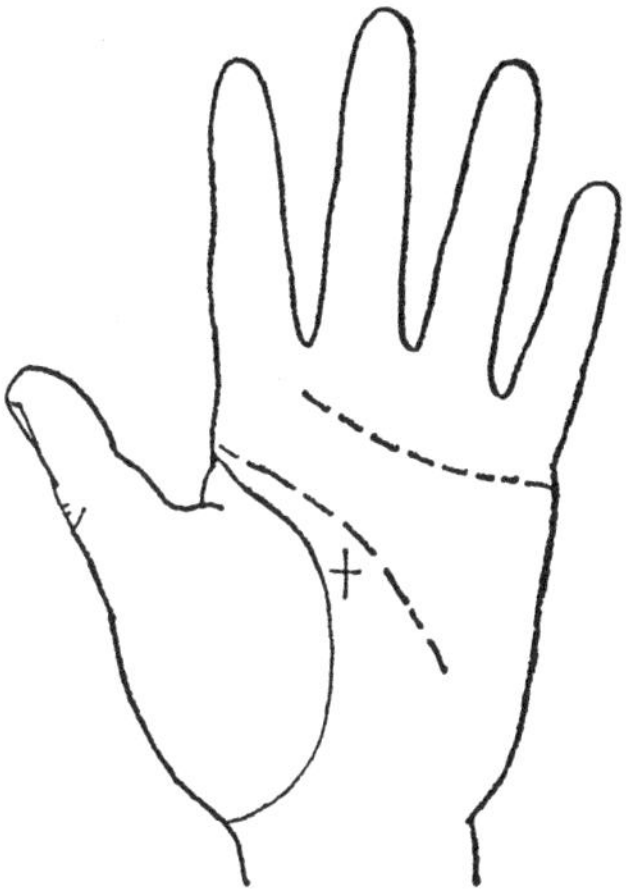

第118図

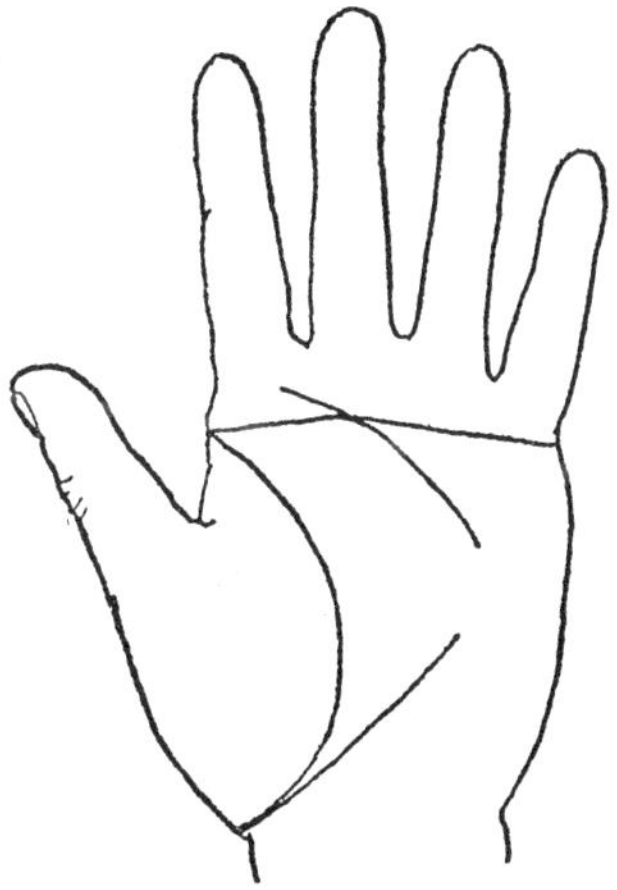

（上）第119図
（下）第120図

第118図のように、頭脳線がいくつもの小さな部分に分かれ、感情線も切れ切れで、更に三角庭（頭脳線と生命線と健康線の取り囲む領域）に十字がある人はてんかんである。完全なてんかんは爪が短い。

第119図のように、二重の金星帯が土星丘にあり、長い頭脳線が断続しながら月丘に下がるのはてんかんである。長期のてんかんは手頸横線上に十字がある。爪が細長いのは下痢、短いのは便秘で、短い人に限って土星丘に金星帯ができる。手頸横線の十字は手頸の麻痺によって生ずるもので、手頸が自由に動く

ように手入れをしなければならない。

第120図のように、頭脳線が感情線に向かって走り、健康線が生命線の終末から起こっているものは、気絶しやすく、てんかんに罹りやすいことを示す。

第121図のように、生命線の終末から小指の根元の水星丘に線が登るのは、てんかんのような気絶の発作を起こす。

第122図のように、感情線と頭脳線の間の方形に三つつながった円ができればてんかんになるおそれがあり、てんかんになると三つ連なる。

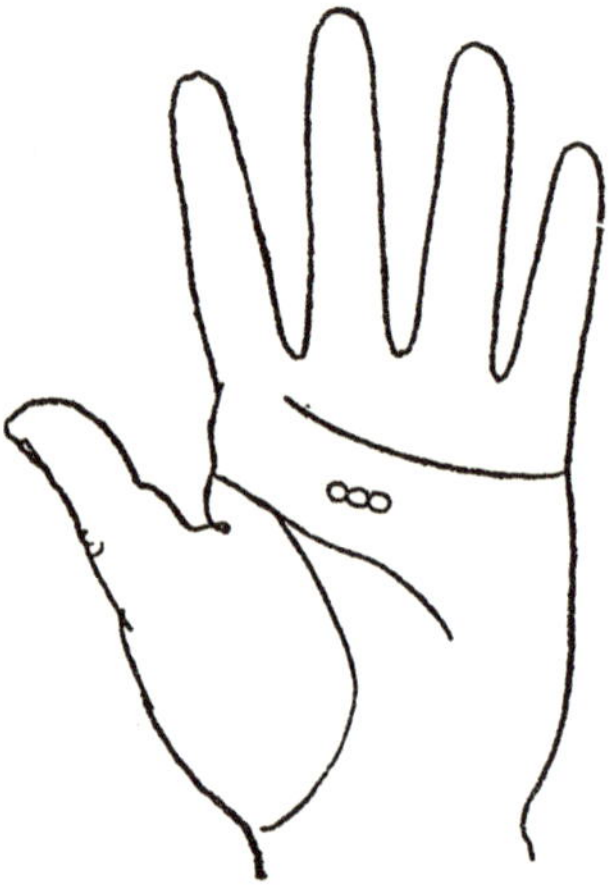

第122図

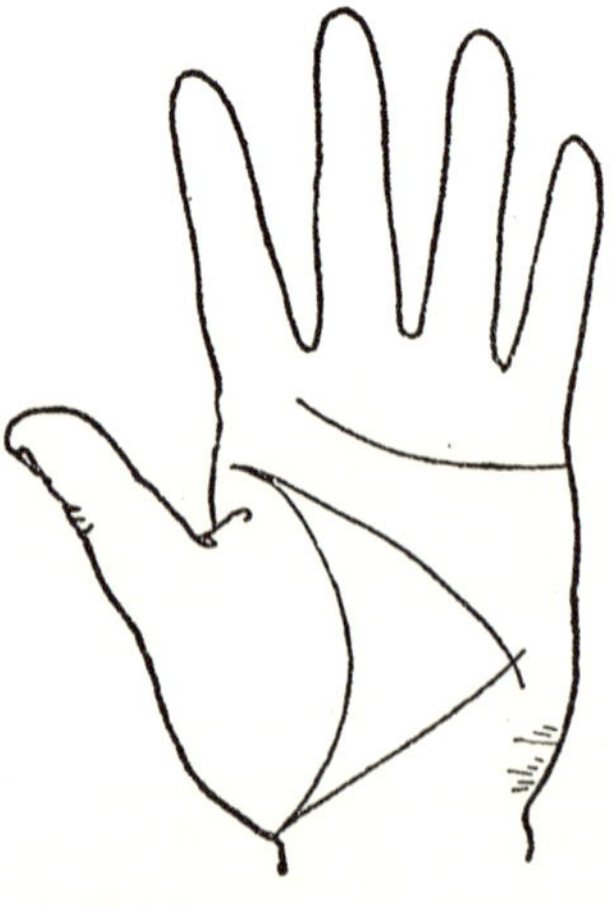

第123図

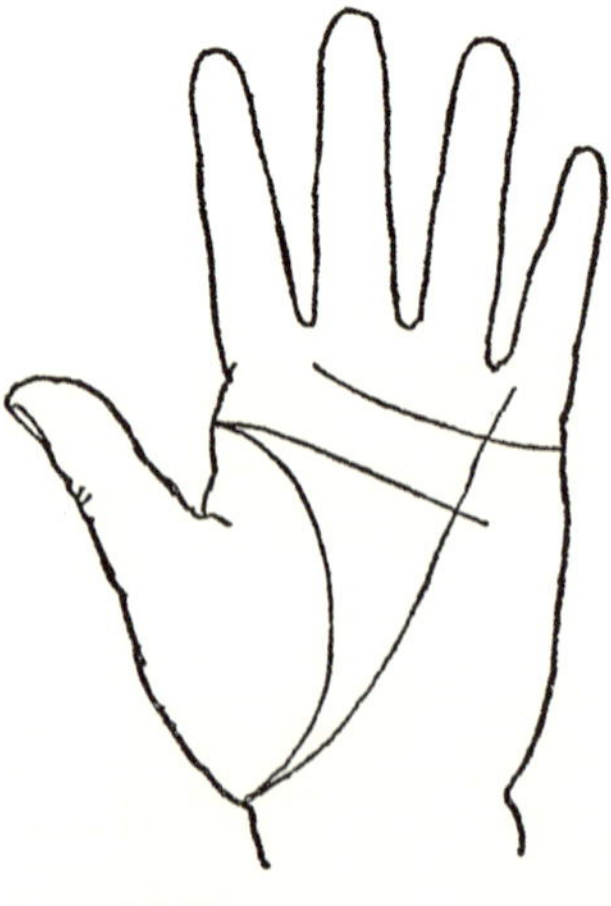

第121図

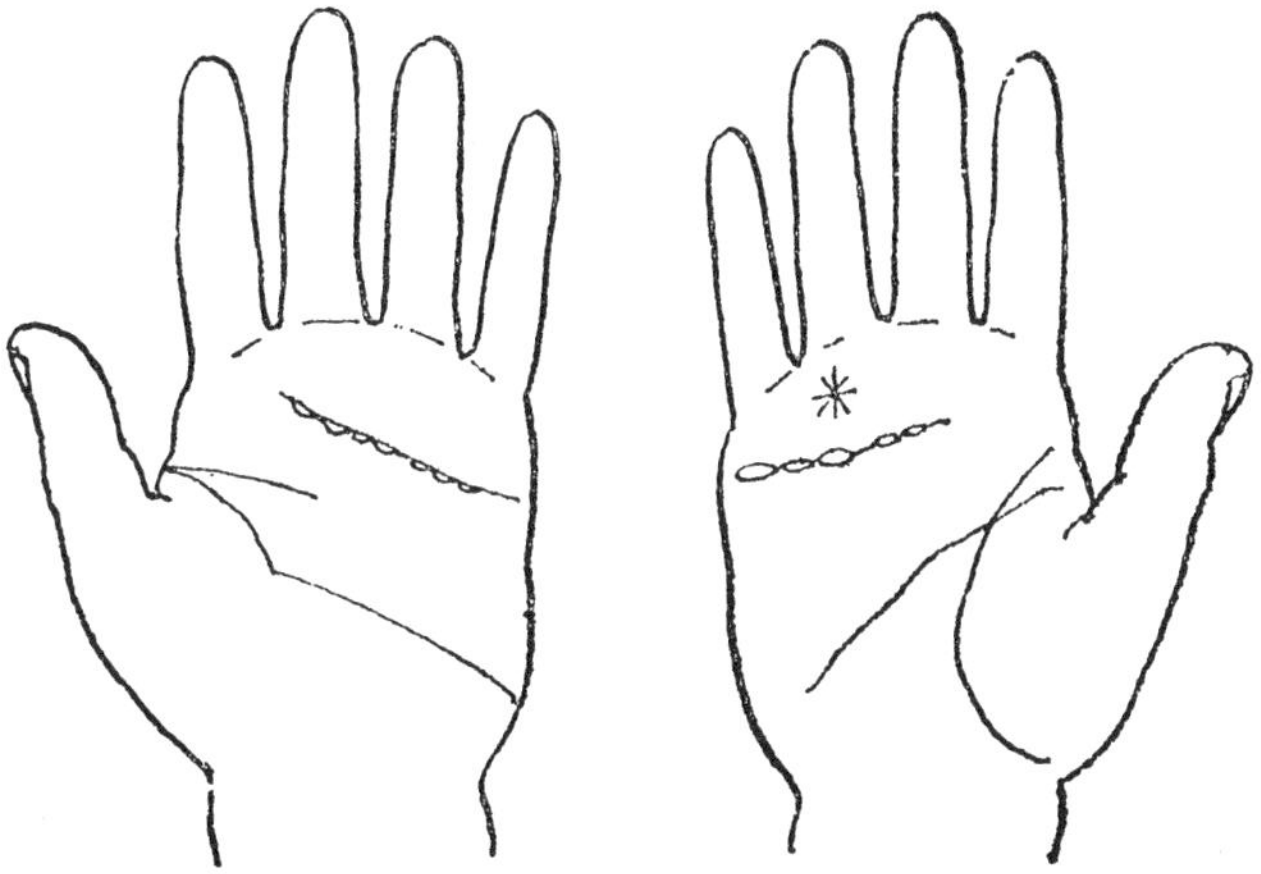

第124図

第123図のように、頭脳線と健康線が月丘上で交わり、更に月丘に放射線がたくさんあるのはてんかんである。頭脳線が貧弱で、月丘におびただしい放射線があるのも同じである。

第124図のように、左手の生命線は三〇才のところで曲がって打撃縁で終わり、感情線は小さな島をつくり、右手は生命線と頭脳線が叉をなし、感情線に数個の島があり、太陽丘（薬指の根元）に星があるのは、精神薄弱でてんかんもちである。

てんかんには生まれつきの真性テンカンと、外傷や脳腫瘍などから起こる症候性てんかんがある。

真性てんかんの原因は胎便（カニババ）が出ないことである。生まれたらすぐに産湯《うぶゆ》をつかわせて、包んでしまい、すぐにお乳を飲ませると胎便が出ないで残り、それがてんかんの原因ともなる。生まれたら一時間四〇分、室温（一〇度C以下のときは電気ストーブなどで温める）に放置し、その後温冷浴[*111]をやり、生後四八時間は乳を飲まさないでスイマグ[*195]をぬるま湯で薄めて飲ませると、黒い便が出る。

一五才の時からてんかんに悩まされ、てんかんの発作を押さえる薬を常用しても、相変わらず発作の襲来が続いている娘があった。薬を止めたら連続発作が起こり、一週間くらい意識を失うことが二、三回あって、回虫が死んだり、融けたりしたのが三〇〇匹近く出た。発作は腸にたまった便を出そうとする自然の療法なので、発作を止めてはいけない。原因になる便の停滞を防ぐことが必要である。手相は胎生三ヵ月ごろからできるものであるから、手相が悪い人は、胎児時代に子宮内の位置や体位の異常、栄養の障害などによって、腸がねじれたり細くなったりしたことを示す。

金魚運動[*127]、スイマグ[*195]飲用（大量）・生野菜食[*119]・断食などで根治する。外傷や脳腫瘍に起因するものも同様である。

精神病

第125図のように、頭脳線が中途で飜転して金星丘のほうへ曲がるのは、神経衰弱・精神異常・臆病者に見られる。

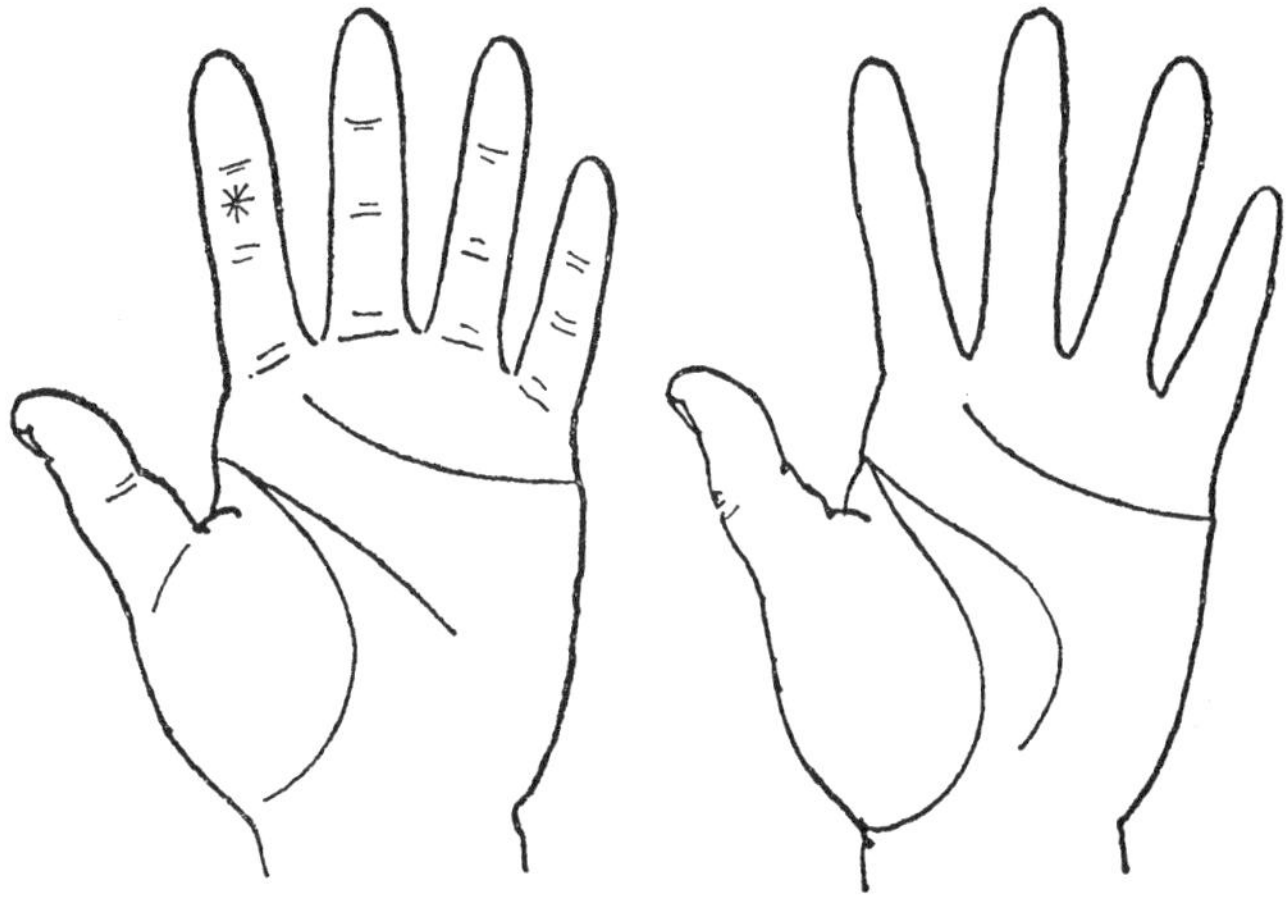

第125図

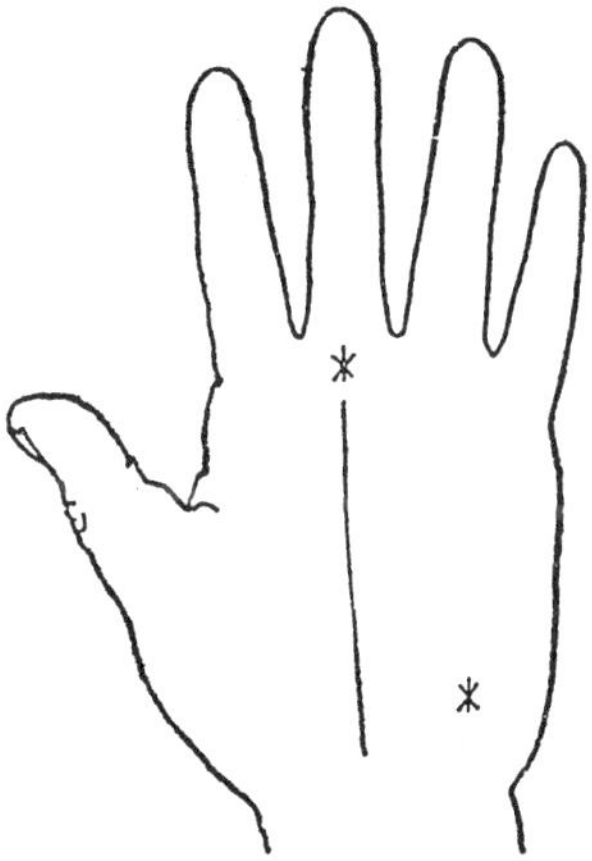

（上）第126図
（下）第127図

第126図のように、頭脳線が月丘へ向かって進み、人差指の第二指骨（中節）に星形がある人は、精神錯乱を起こす。精神分裂症の人の毛細血管は、正常の人と違ってねじくれているといわれるが、それが星となってあらわれる。その原因は便秘による毒素の吸収である。

第127図のように、両手の運命線の終末に星があり、月丘の下にも星があるのは、自殺でもしなければならないという傾向をとる。周囲の事情から、やむなく辞表を出すときも同じである。多くは神経衰弱や精神

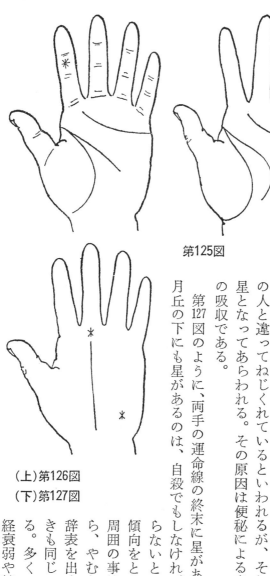

錯乱で死ぬ。芥川竜之介のように思想上のいきづまりに悩む。三島由紀夫も感情線が人差指の根元まで延びていて、情熱的な手相をしていたと思われる。

運命線の終末、中指の根元の土星丘は内省的な孤独をあらわす。ここがくもったり、星があったりするのは憂うつ症である。月丘は想像をつかさどるところで、ここがくもっているのは精神錯乱などになることを示す。

第128図のように、頭脳線の勢威線（生命線の枝ではない）が運命線を横切るのは、自己暗示に陥りやすく、自分で想像して自分で精神異常に陥る人に多くみられる。医学書を読むと、病気の症状が自分に当てはまるような気がして、自分で病気をつくってしまう人が少なくない。これをノイローゼという。精神病院の医者に精神病が多いのは、殉職ではないし、自己暗示による場合が多いと思われる。

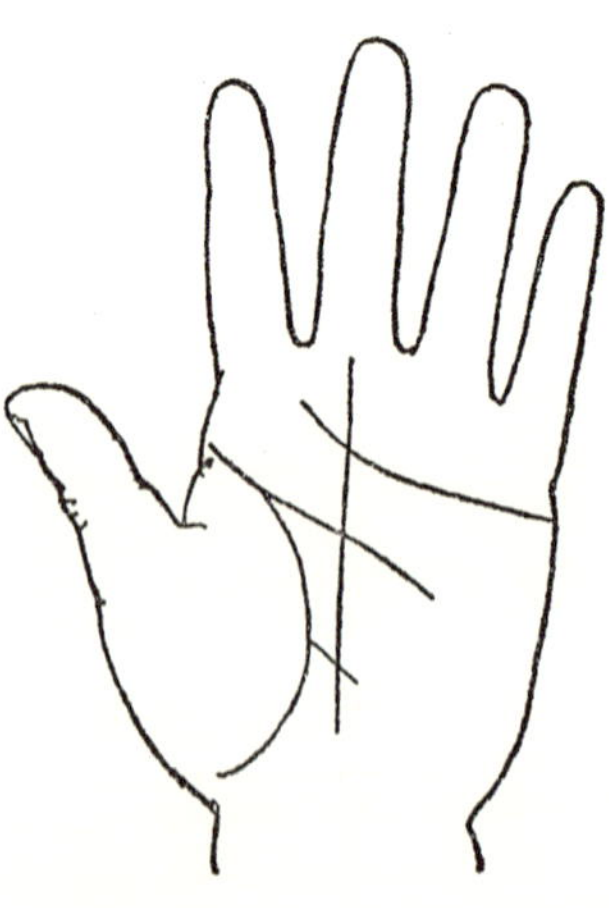

第128図

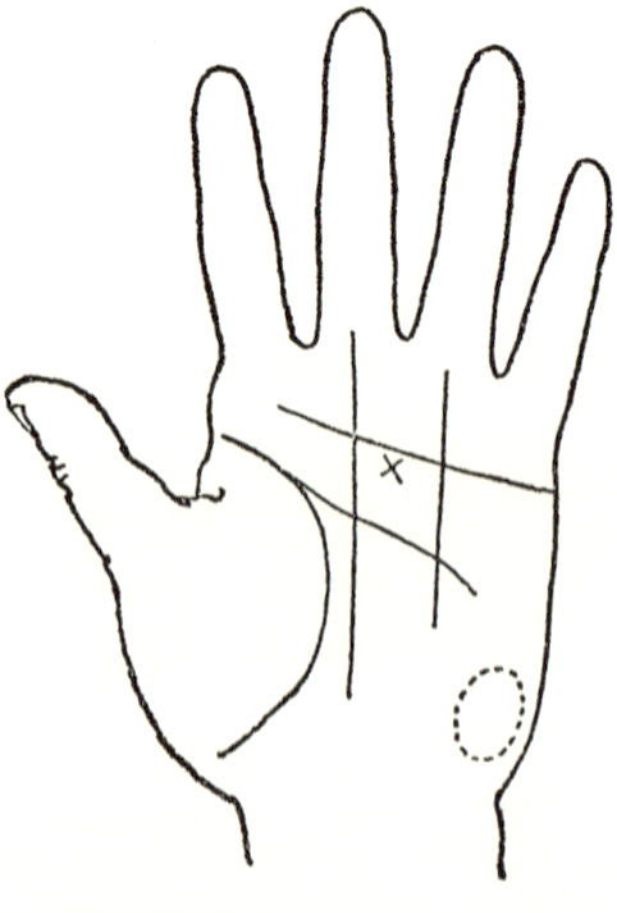

第129図

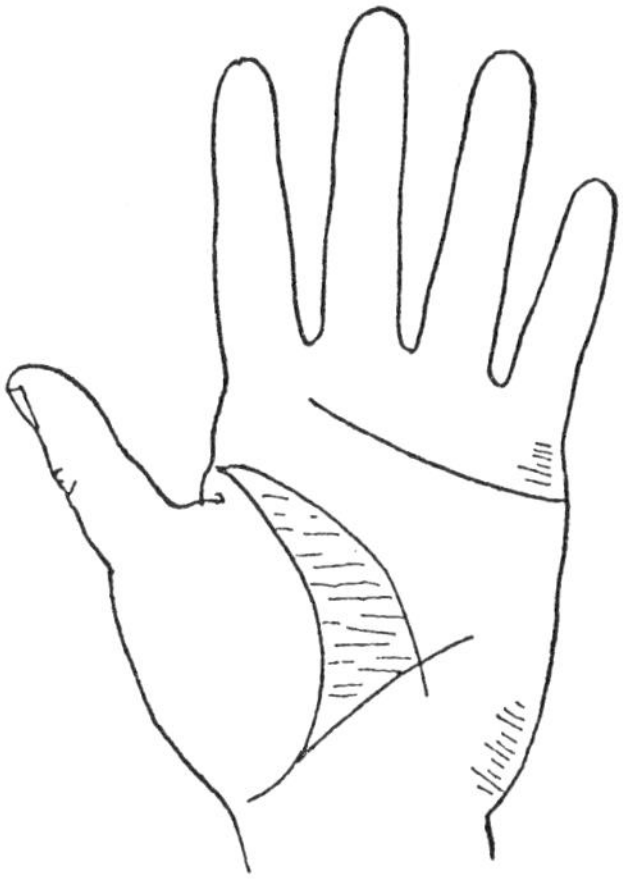

第130図

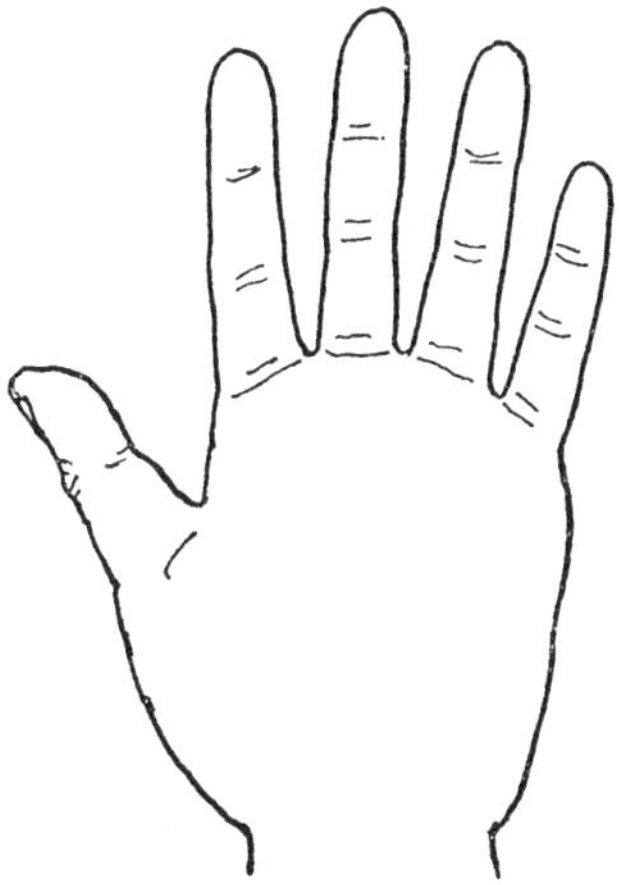

第131図

第129図のように、方形（感情線と頭脳線の間で、人差指と中指の境界線、薬指と小指の境界線で囲まれる部分）内で中指の延長上に貧弱な形の十字があり、これが両手にあるのは不吉な示徴で、その手の中で最も隆起した丘の不健全な性向を示す。月丘が盛り上がっていれば精神錯乱である。

　第130図のように、三角庭（頭脳線・生命線・健康線で取り囲む領域）内に幾多の横線があり、小指の根元の水星丘、あるいは下方の月丘にも多くの線があるものは、危険の前兆で、更に頭脳線が深く下垂するときは神経衰弱となり、それがこうじると精神異常になる。

　中指の根元の土星丘に月の印  があるのは精神錯乱である。

　月丘が卓越している人は、幻想にとらわれ、時として、精神錯乱を起こすことがある。気違いと天才とは紙一重というが、気違いを治そうと思えば、それに同調して何を考え、何をいっているかを理解しないといけない。天才の想像力や独創力が凡人に理解できないで、気違い扱いされることがある。ピカソの絵で、顔があっちへ向いたり、こっちへ向いたり、いくつもあるのは、瞬間的な動きを一枚の絵に描写しようとするからである。

第131図のように、中指の第一指骨（末節）上に横線があるものは、自殺の傾向があり、精神錯乱を起こす。十字があるのは、迷信がこうじて精神錯乱となり、犯罪または自殺の傾向をもつことを示す。

第132図のように、薬指の第一指骨（末節）に格子があるのは、最悪な精神錯乱である。

第133図のように、頭脳線が生命線の中途から出ている人は、消極的で、自殺などをする傾向がある。

精神異常についていては、昔は狐つきとか、何かのた

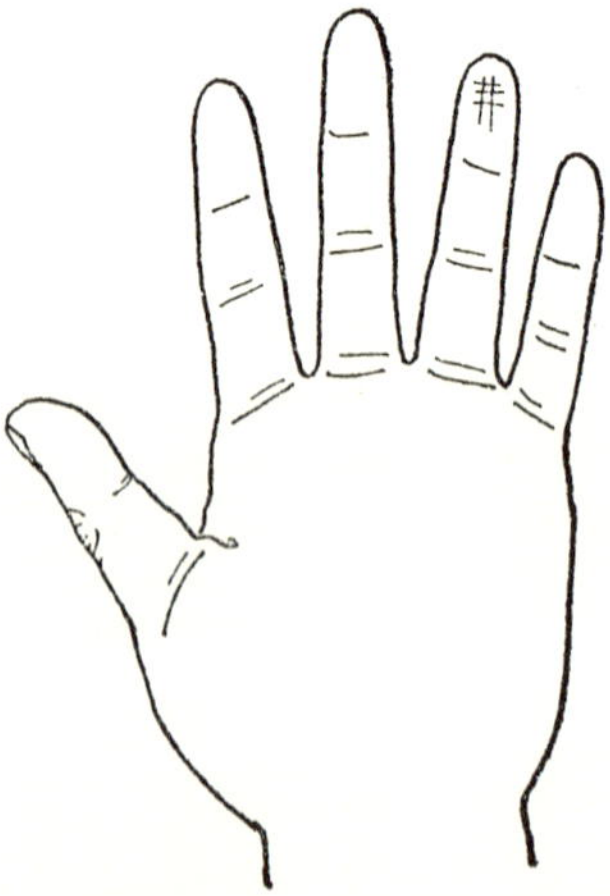

第132図

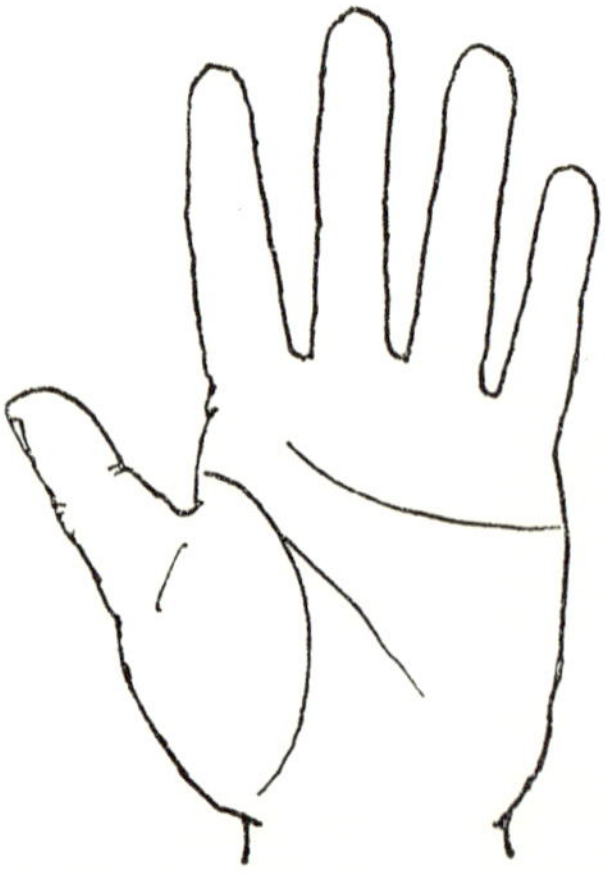

第133図

たりだといったが、今も精神分裂症とか、躁うつ病とか呼び名はかわったが、原因は依然分かっていない。分からないから「遺伝」とか「素質」とかいうのである。精神安定剤と称する薬もサリドマイドで知られるように、結局は毒物であり、副作用の為に肝臓障害を引き起こしたり、大脳を麻痺させたりする。

フォーブズ・ウインスロウ博士は、その著『精神錯乱について』の中で、「精神錯乱の初期状態とその全過程を通じて、腸はしばしば執拗な宿便保留状態にある。抑圧的感情の影響を受けている精神を緩和する上において、下剤ほど確実に、かつ効果的に働く能因はない」と述べている。

宿便を除去する方法としては、断食のほかに純生野菜食、[*119]スイマグの大量飲用で大下痢をさせるなどがある。[*195]宿便を出せば精神異常も治り、もちろん手の悪い示徴も消える。

断食

私は昭和四五年八月にモスクワ大学のニコラエフ教授をモスクワ精神病研究所に訪問した。教授は八〇床の病室を案内して説明してくれたが、精神病はじめ、高血圧症・肥満症・リウマチ・喘息・十二指腸潰瘍などの患者に、もっぱら二〜四週間の断食をやらせて治療していた。断食をやると、黒褐色ののりのつくだ煮状のや、砂粒や石ころのような便が出る。これは腸壁にへばりついたり、腸にポケットをつくってたまっている。そういうものがたまると、腸がふくらんで腸壁が薄くなり、毒素や細菌がすけて出て、血液中に入ったり、臓器に浸入したりする。

生殖器系統の病気

婦人病と出産

第134図のように、生命線に島があり、月丘のくもるものは子宮病ですが、月丘を手掌の中心に向かって（健康線のところで）折るように動かすことを練習すれば、くもりも消える。動かない部分は静脈血がたまって黒ずむ。島はいずれの場合も、その期間中のブランク（渋滞・病気）を示し、ラチがあかないといった形である。生命線上の島によって、何才から何年間病床にあったということも判る。どこの病気かはその他の示徴によって判断する。月丘のくもりは子宮の故障である。小指の曲がったのは、子宮か卵巣を手術しているか、肋膜炎をやった人である。

第135図のように、手頸の小指側のほうが出っ張り、小指の縮んだり、曲がった人は足や腰が冷え、婦人

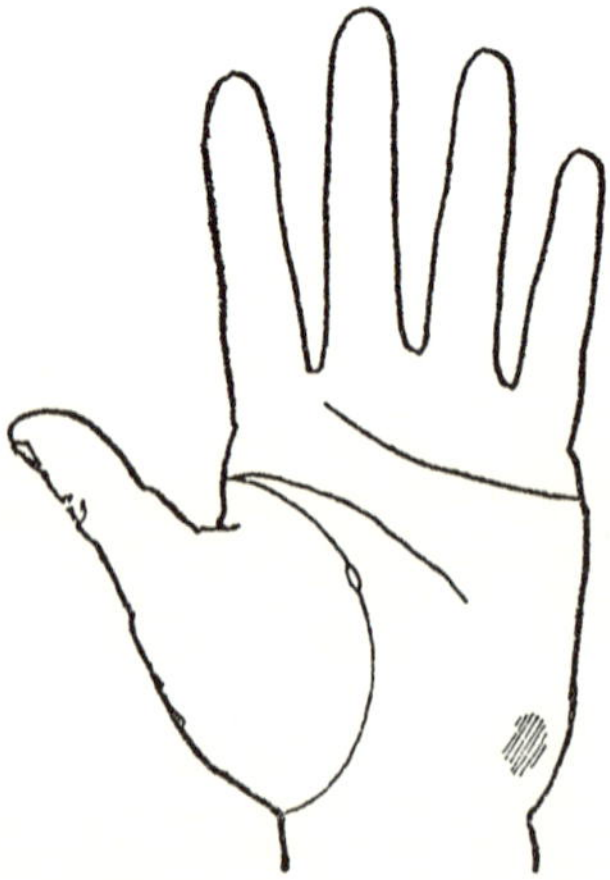

第134図

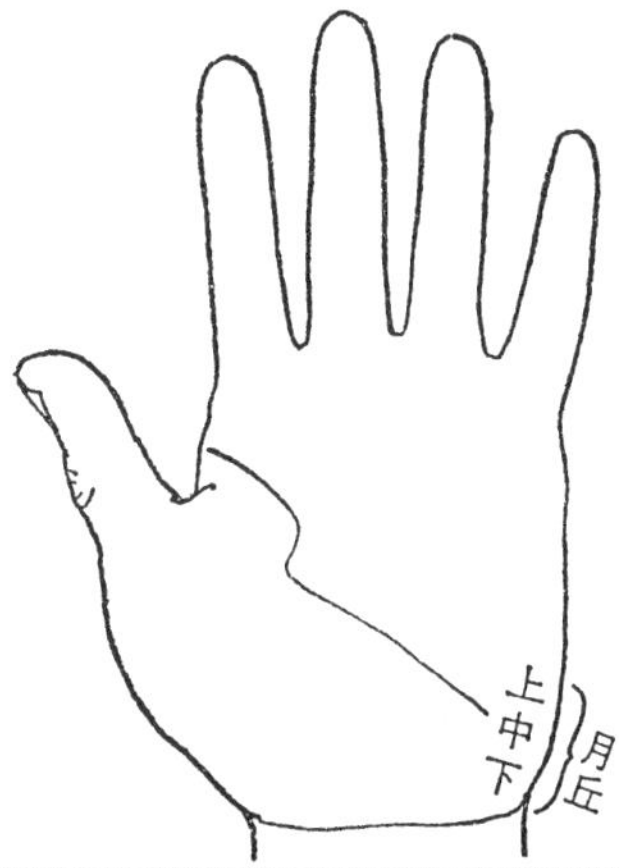

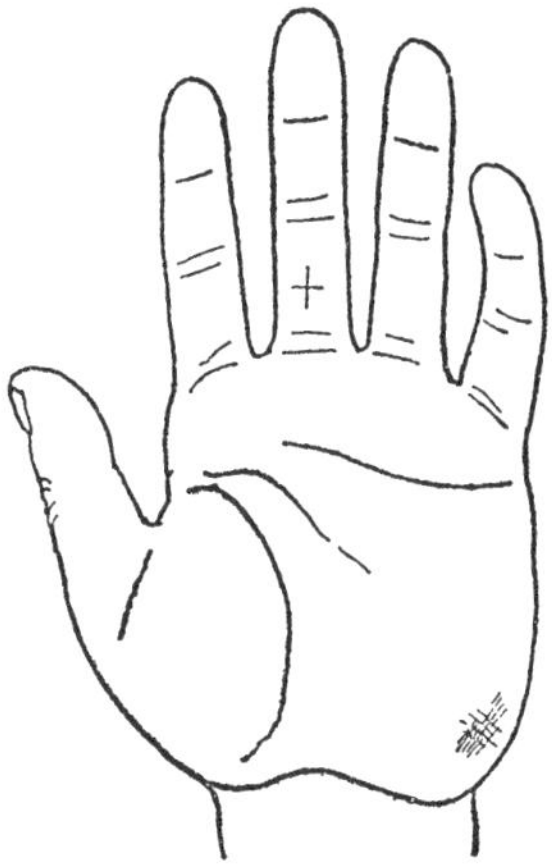

第135図

病に冒されやすいが、小指を始終引っ張って伸ばすようにするとよい。手首を自由に回転できる人は手頸横線が水平である。中指の第三指骨（基節）に十字のあるのは不妊である。

　第136図のように、生命線が起始部からしばらく正常で、急に月丘の下方部へ転向し、月丘で終わっているものは、重症性の婦人病、たとえば子宮ガンの兆候である。

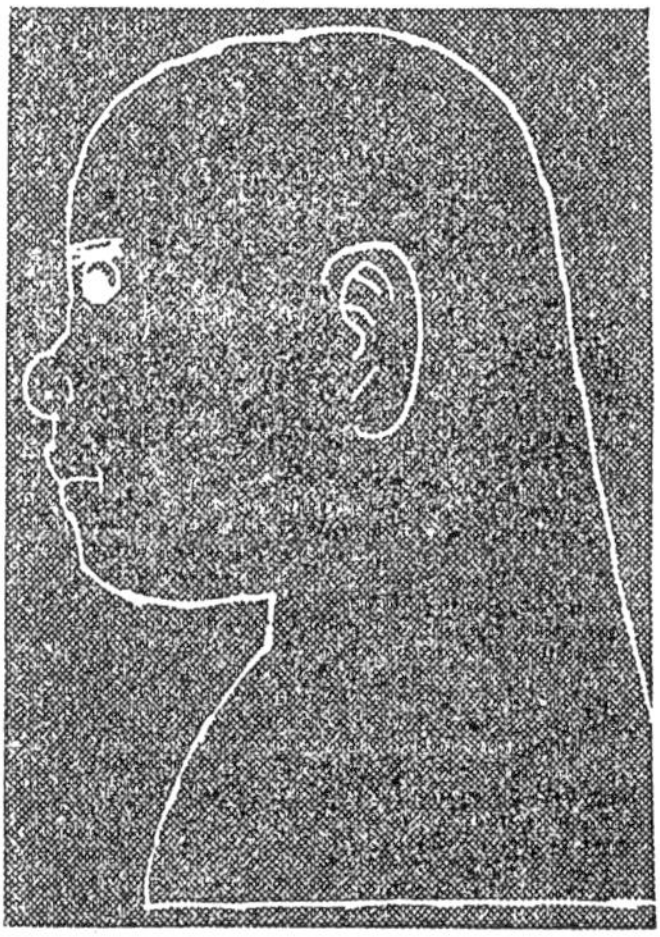

(上)第136図

(下)第137図

　子宮ガンになる婦人の夫は、第137図のように頭が禿げ、猪頸（頸が短く後頸部が凹まない）で、精力絶倫の場合が多く、ビタミンCの不足のところへ性交過多のため出血し、子宮膣部にカサブタがついて、ついにはガンが発生する。

昭和初期の歌人九条武子夫人は、子宮出血のために夫婦生活を続けることができず、後に歯を一本抜いたら敗血症となって亡くなった。お姫様育ちで生のものを食べさせられなかったので、慢性ビタミンC欠乏症だったのであろう。

第138図のように、生命線の内側の金星上から起こって中指のつけ根を交切する線があり、おまけに頭脳線と健康線との結合点に星があり、月下丘に混乱した線がみられる人は、子宮の障害で出産困難となる。

仰向けに寝て、目をつぶって両足を拡げ、次にひざを曲げて左右の足蹠をピタリとそろえられる人には子宮発育不全はない。

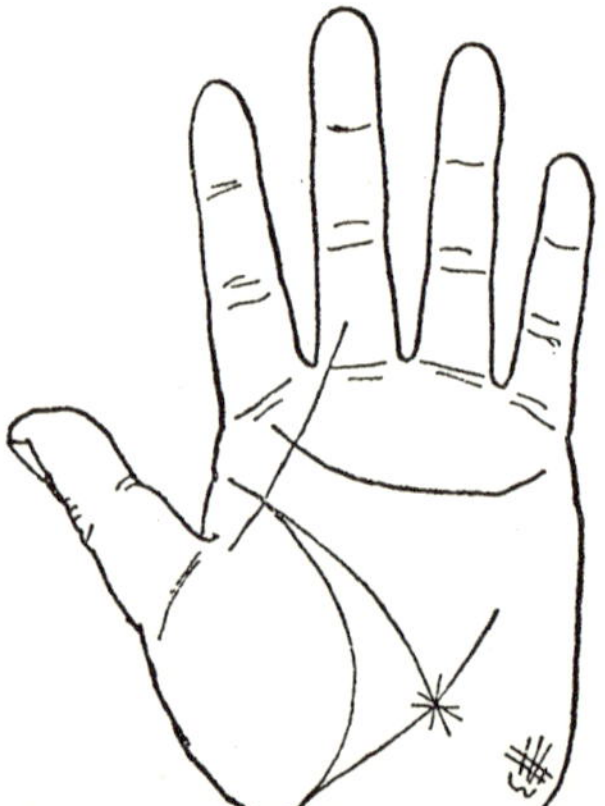

第138図

合掌合蹠

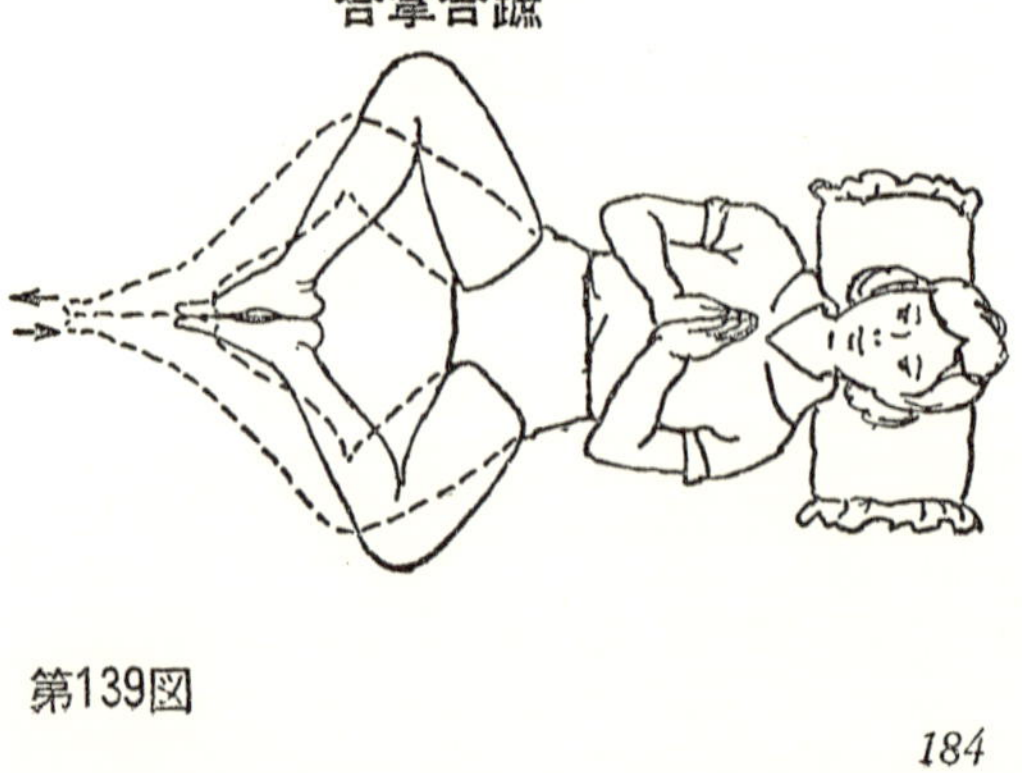

第139図

合掌合蹠

第139図のように、仰臥《ぎょうが》して正しく合掌し、これと同時に左右の蹠を合わせ、下腿の長さくらいを前後に一〇〜六〇回動かした後、二、三分間合掌合蹠のまま静止する。左右の神経、筋肉などをそろえ、安産法にもなる。妊娠中は五分間以上そろえていることを朝夕行なうと婦人病もよくなり、逆児も直って安産する。夏の**股展法**[*192]も有効である。不妊症には、マンガンとビタミンEの豊富なチシャ・玄米・半つき米などを食べ、合掌合蹠をすればいっそう有効である。

婦人は人前でトイレへいくのをがまんする習慣があるので、腸が伸びたり、ふくらんだりして便秘になりがちである。腸がふくらむと、腸壁が薄くなる結果、細菌や毒素が透過して、付近の臓器に浸入する。その化学的障害と便のたまって圧迫する機械的、物理的な障害とが重なって婦人病を引き起こす。

便通をつけるには、金魚運動[*127]・スイマグ[*195]の飲用・生水食用・生野菜食[*119]がある。

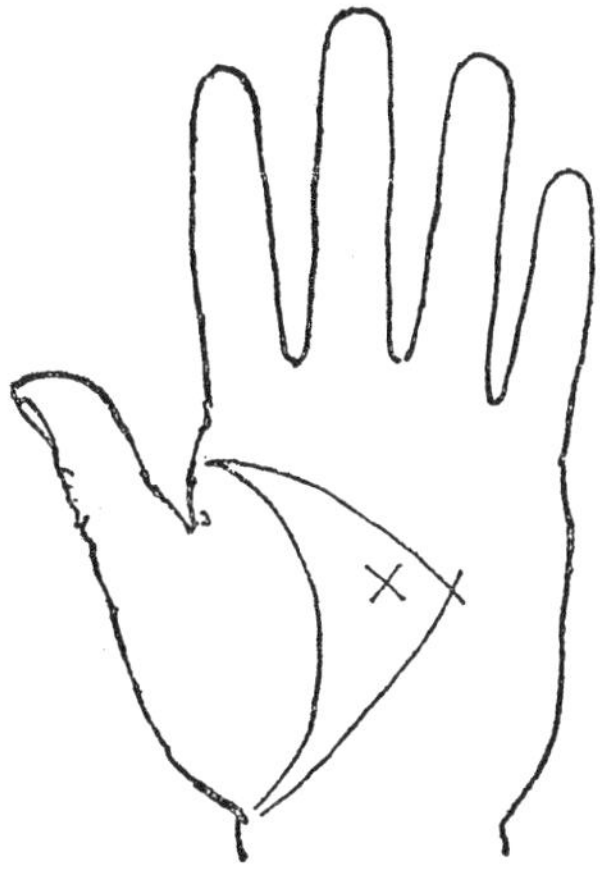

第140図

第140図の×の位置、すなわち三角庭（頭脳線・生命線・健康線で取り囲む領域）に赤点があるものは妊娠の兆候である。人差指と中指の中間の延長線が

生命線とぶつかる付近に、ズキズキと拍動を感じるのは妊娠の兆候である。右手に強ければ右はらみで女の子、左手に強ければ左はらみで男の子が産まれる場合が多いと考えられる。

前回の月経の初日から数えて一三～一六日目が受胎可能日であるが、その二日くらい前からお粥でも食べて栄養を悪くしておくと、つまり夫がお粥を食べれば男の子、妻が減食すれば女の子を妊娠する。果樹でも、枝を横にはわせると、樹の勢いは悪くなるが、実が多くみのるのと同じである。美食していると子供ができにくくなる。夫婦の間では弱ったほうの性の子供が生まれる。男女の数を同じにしようという天のはからいである。

皮膚呼吸

生後一時間四〇分裸体で放置する理由は、図に示すように、胎児では肺循環が行なわれないために心臓の右心房と左心房の間に卵円孔という孔が開いているが、これが閉鎖するのに、生後一時間四〇分裸で置いて皮膚呼吸を盛んにする必要があるからである。卵円孔が塞らないと、肝臓を通った血液が肺で酸化されないで動脈内へ流れるために、初生児黄疸を起こし、成長しても黄疸を起こしやすく、胃腸が弱く、心臓弁膜症にも罹りやすくなる。

また、肺動脈と大動脈を連絡するボタロー氏管が存続すると、全身に静脈血が流れる青ん坊（blue baby）となり、大動脈と大静脈を結ぶアランチウス氏管が存続すると、動脈血が静脈へ流れ込み、黒ん坊になって、静脈瘤・痔疾・脚気・腎臓病などになる。

胎児の循環から普通の循環に切り換えるには、生後一時間四〇分裸体で放置し、四八時間は乳を飲まさず、スイマグ水を飲ませ、温冷浴の産湯《うぶゆ》をつかわ貧乏人の子だくさんというが、米国では白人は産児制限し、黒人は野放しのため、黒人の人口が増えるのが社会問題になっている。地球上には二、三百億の人が住めるとされているので、人口の増加は心配ないわけであるが、片輪の子供だけは産みたくないものである。妊娠中合[*185]掌合蹠を行なって、手足をそろえたまま五分間以上静止する運動を朝夕やり、生[*119]野菜や柿茶[*148]でビタミンCを不足させないようにしていれば、まず安産は間違いなく、脳性小児麻痺や精神薄弱の子供は産まれない。

せることが必要である。

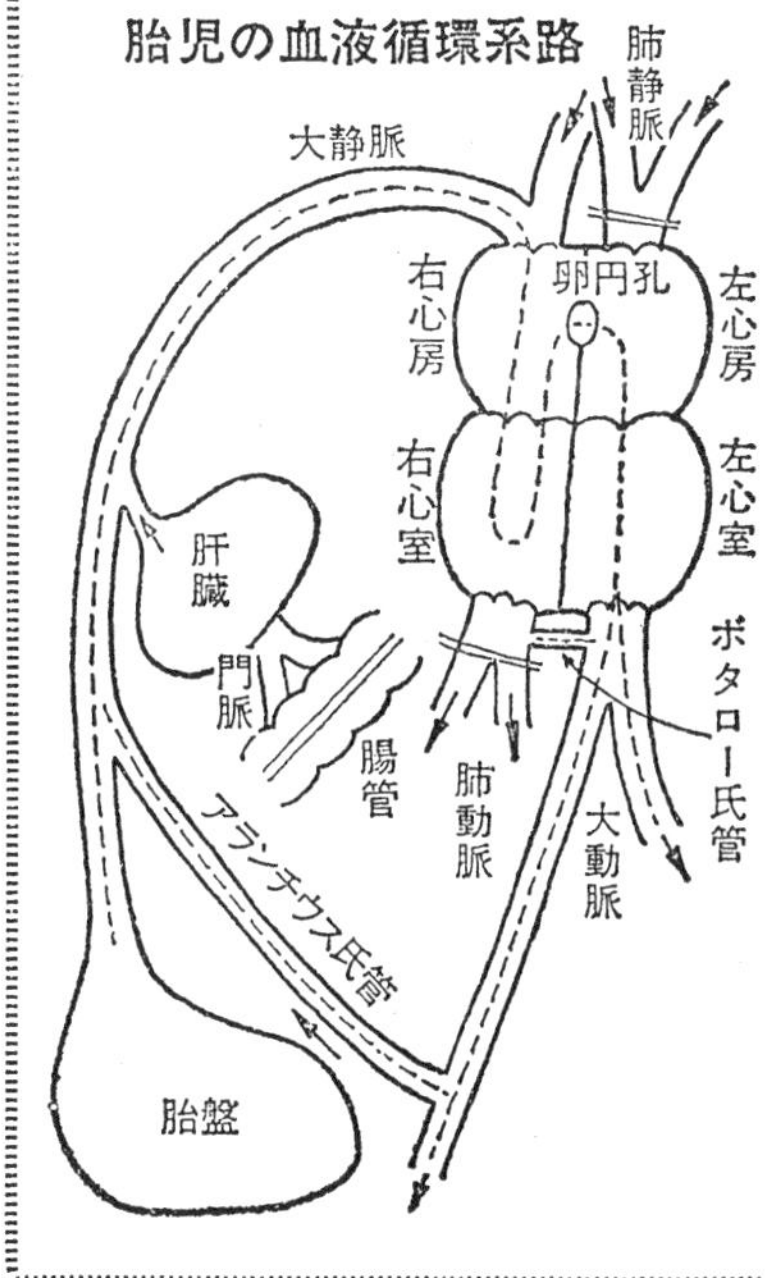

胎児の血液循環系路

生後、室温（二〇度以下のときは電気ストーブなどで温める）に一時間四〇分、赤ん坊を裸体で放置し、それから温冷浴の産湯をつかわせる。一年未満はお湯から先でよく、第一回目のお湯は、四〇度で十分温めてよく洗い、二〇度の水と四〇度のお湯に一分ずつ交互に合計六回つける。最後は水で終わる。こういうお産の取り上げ方をすると、新生児黄疸にもならず、将来肝臓病・心臓病・小児麻痺にもならない。

性病

性病には、梅毒・淋病・軟性下疳・鼠径《そけい》リンパ肉芽腫症があるが、梅毒は全身に拡がり、心臓・腎臓・肝臓・骨・神経系とあらゆる臓器を侵す厄介な病気である。

感情線が青白く、幅が広い人は性病である。

第141図のように、金星丘に点がある人は性病（ビタミンC不足による皮下出血・静脈瘤を示す）。黒点は梅毒であり、一本、時には何本かの細いスジが黒点のところを横切るときは梅毒で、身体に損傷を起こし、鼻も落ちるようなときである。

金星丘が卓越してはいるが、他の点で好ましくない示徴のあるのは、梅毒という最も恐るべき血液中毒症の一つに冒されることが多い。それは運命線や個性線といった縦の線がないために、人間的な思慮

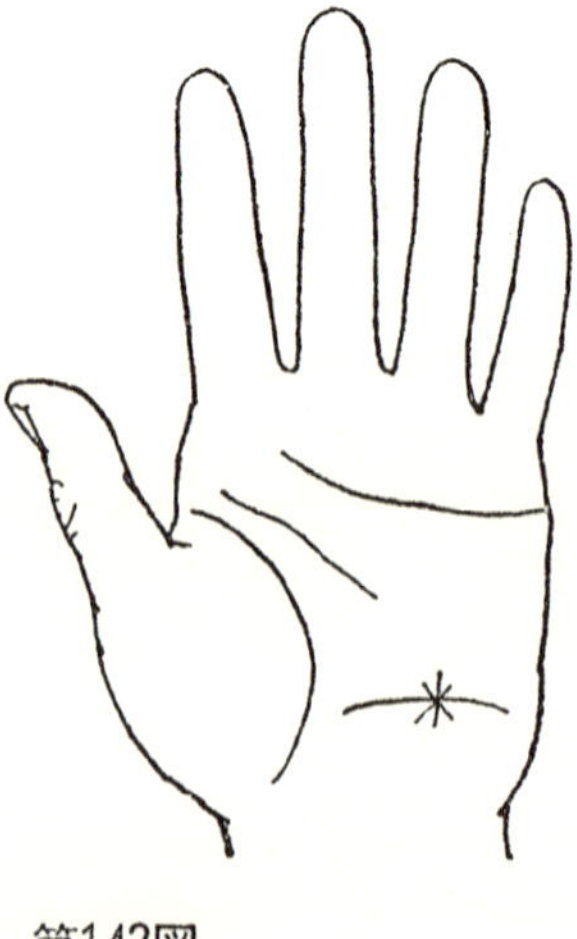

第142図

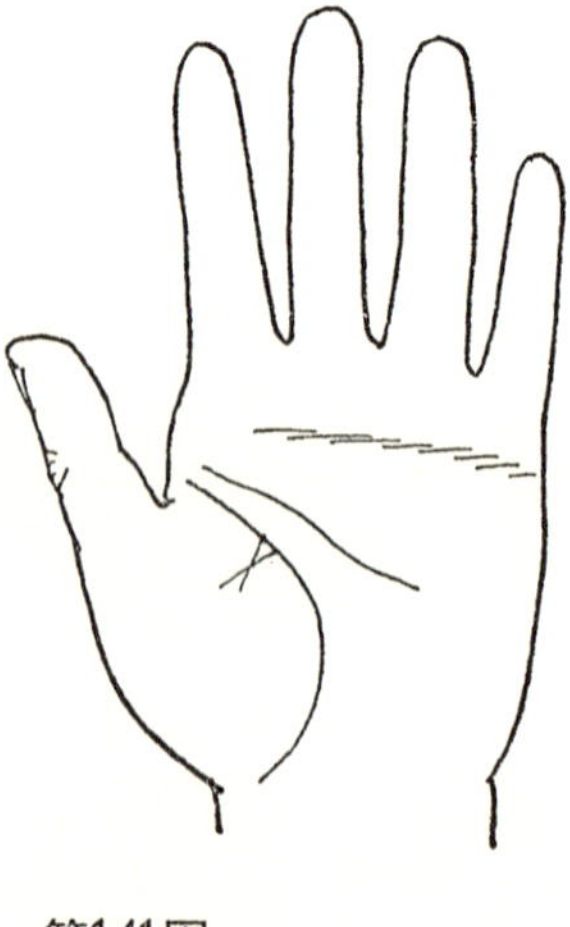

第141図

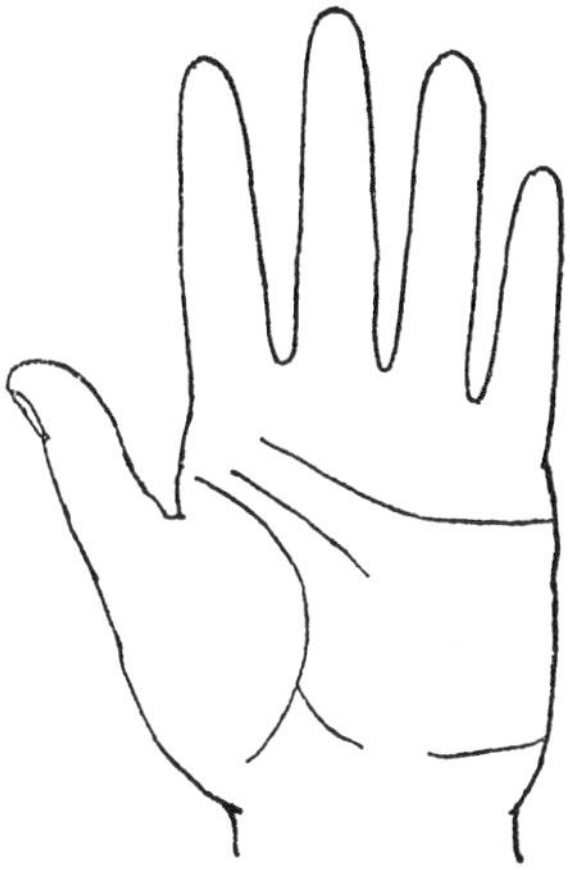

第143図

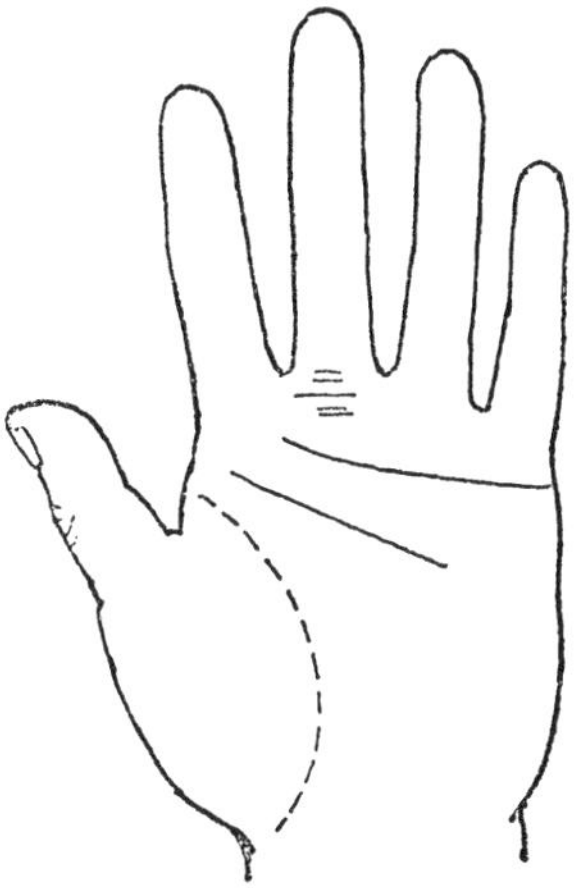

第144図

がなく、動物的本能によって行動するからである。

月丘上に弓形の線ができ、時には生命線に食い込むのを放縦線（第142図）といい、不節制を表徴するが、この上に星のあるのは性病のおそれがある。打撃縁まで突き抜けているまっすぐな線は旅行線といい、海外などへ旅行することを示し、放縦線とは区別しなければならない（第143図）。

生命線の下の部分が紫色なのは梅毒である。口唇に紫黒色の斑点がある人は、梅毒があるか梅毒に罹りやすい人である。

第144図のように、生命線が切れ切れで、中指のつけ根の土星丘に横線が多数あるものは梅毒に罹る。循環系統に病原体が入ると、それを追いのけようとして、循環系をつかさどる中指の根元にしわができる。

生命線の起始部の下の火星下丘に堅いグリグリが

あるのは、リンパ系統が腫れていることを示し、梅毒の疑いがある。火星下丘の陥没したのは梅毒か淋病で、過度に発達したのは色魔である。

第145図のように、中指のつけ根の土星丘に星があり、感情線の副線である金星帯が二重または三重になっているのは、悪性の梅毒で命を失うなどする。心臓に栄養を与える冠状動脈が梅毒でやられるのは皮膚呼吸が妨げられるからで、裸療法[*154]がよく効く。体液（血液、リンパ液）が酸性に傾くと梅毒に罹りやすくなる。

梅毒のときは、爪にゴツゴツの岩状隆起ができることがある。

性病の対策としては、感染の機会を避けることが一番であるが、万一感染した場合は、長期間の純生野菜食をやると根治する。皮膚や粘膜に傷がなければ、病原体も侵入しない。傷がつくのは皮下出血で、ビタミンCの不足が原因になる。また、ふだんから合掌合蹠[*185]を行なって、左右の神経がそろっている人は、性病に感染しない。

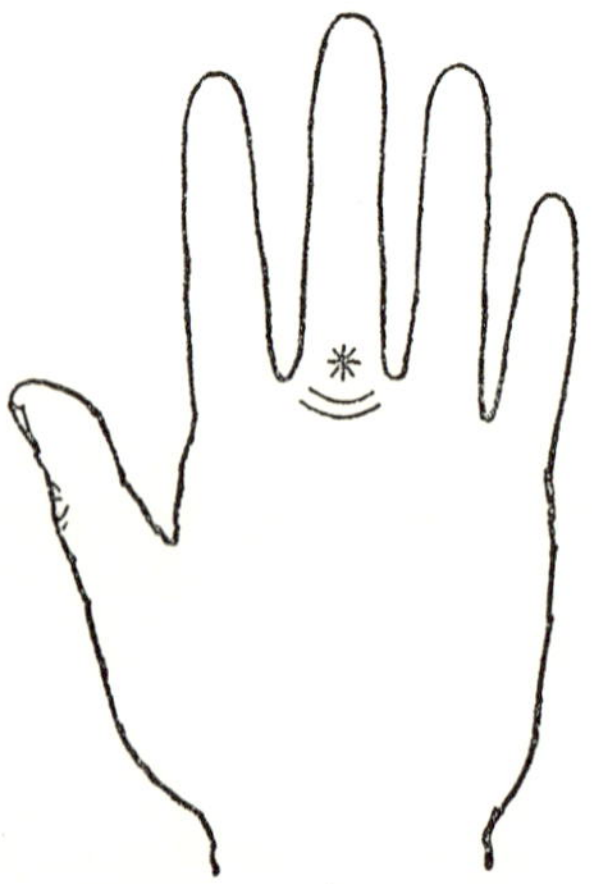
第145図

性能不能

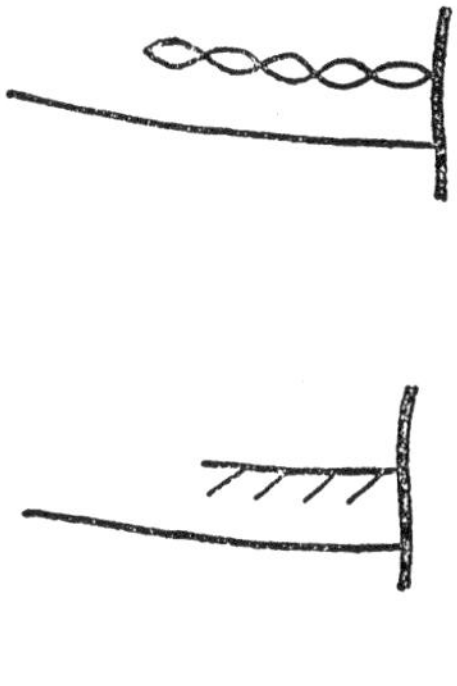

第146図

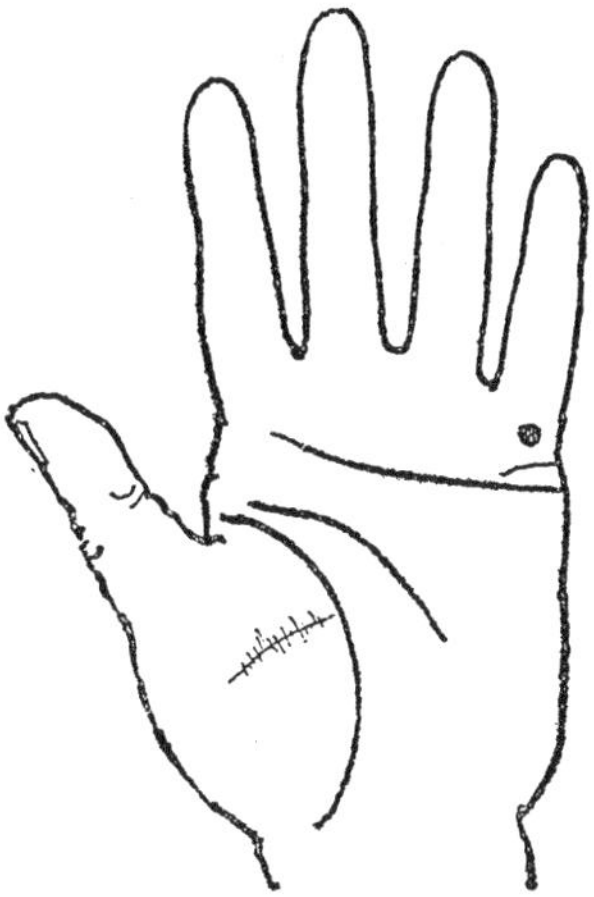

第147図

正常な結婚線は、感情線と小指のつけ根との間において打撃縁を水平に横切り、水星丘へ達入する。第146図のように、結婚線が小さな島または下向枝に満ちたものは、甚しい放蕩のために性能不能となったものである。

小指のつけ根の水星丘上に大きな点があるのは、性能不能者である（第147図）。

また、愛情の丘（生命線の取り巻く金星丘）の肉が落ち、横しわができたり、生命線に沿った同心円や格子状の線が見られるのは、金星丘の力の弱いことを示し、性能が衰えたことを物語る。

離婚の原因として、性格の不一致とか、家族との折り合いが悪いとか、経済的な問題（事業に失敗したとか、金使いが荒いなど）とかが挙げられているが、それは表面的な口実で、実はどちらかの性能不能あるいはセックスのバランスが保てないことが多いとされている。またそれが病気の原因になることもある。性能不能者の多くは糖尿病体質で、[*45]グローミューが融けてしまっているからである。

生殖器を表わす小指が良く折れれば、結婚線は水平にはっきり出る。結婚線をはっきりさせるには、上肢を横に真っ直ぐに伸ばし、小指も伸ばして、その根本に四〇〇グラムくらいのおもり（ふろしき包みでも、本をひもで縛ったものでもよい（をつるし、二分間ぶら下げる。左右とも練習し、徐々に目方を増やして四〇〇〇グラムくらいに達すると、結婚線が明瞭になる。また、叉や下垂線のような離婚死別などをあらわす示徴も消える。こうなることは生殖器官と呼吸器官が健全になったことを示す。

生殖器官を養う内股筋を伸ばし、脚を丈夫にし、精力増進・若返りの方法に股展法がある。第148図のように、股を直線的に開き、尻が水平面と三〇センチくらいになるように練習する。両股が水平になるようにするのが理想である。一度にやっては腱を切って危険である。[*110]毛管運動や[*111]温冷浴を行ない、[*119]生野菜を食べて毎日練習することが大切である。これができる人は、脳溢血やガンにもならず、年をとっても性能が衰えることはない。

股展法

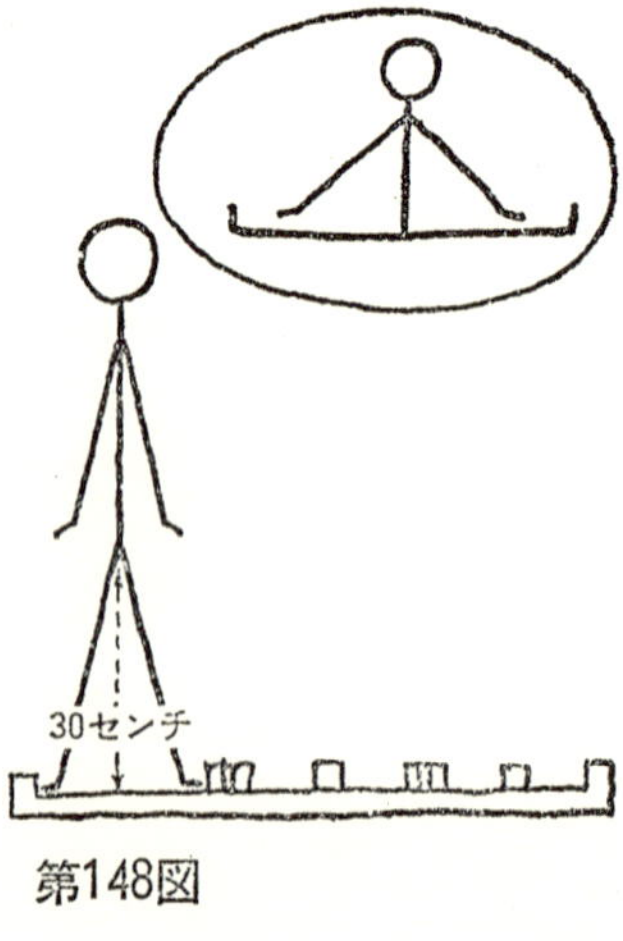

第148図

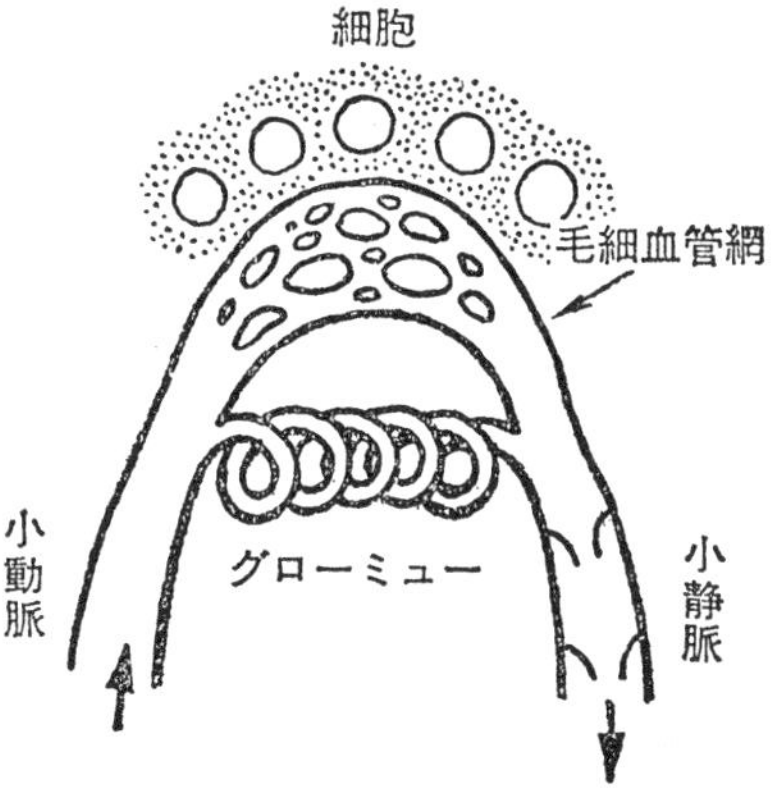

第149図

性能不能症は、たいてい糖尿病体質である。「大きくなったり小さくなったりするものは何か?」という答えに、「それは提灯だ」というのがあるが、人間でいえば生殖器官である。妊娠時の子宮は別としても、男根でも、女子の外陰でも大きくなったり小さくなったりするのは、血管の膨脹・収縮によるものである。その血管の使い分けは、図に示すように、毛細血管とグローミューとの関係による。

勃起器官のグローミューはラセン形になっていて(第149図)、非常によく発達している。血液は必要に応じて、ある時は毛細血管網を流れ、ある時はグローミューを流れる。

このグローミューが砂糖で融けたり、アルコールで硬化すると、機能を失い、性能不能症・勃起不能となる。それを防ぐのが[*110]毛管運動、[*111]温冷浴、[*119]生野菜食である。温かくして、じっとして足を使わないでいると、老化現象が早くなる。

手相と宿便

手に線が生ずるのは握力に関係し、掌の筋肉と皮膚の収縮によるもので、手の骨格と筋肉と皮膚とは、脳に始まる遠心性神経原から神経分布を受けている。さて、大腸内に糞便が停滞すると、大脳皮質部の血管が破れ、その破れる箇所が中枢神経の中の手足の部分をつかさどる局部に最も関係が深い。

宿便を出す方法の一つに「腹部ミソ湿布」がある。

ミソ湿布

ミソ湿布は便通がつき、お腹が張ったり痛んだりするのを治し、呼吸を楽にし、解熱・利尿・腹水を吸収させるなどの効果がある。脳溢血にも心臓病にも、ほとんどすべての病気に有効である。

茶わん一杯ほどのミソを熱湯で練り、タオル三つ折ぐらいのものに厚さ六ミリぐらいに延ばし、その上にガーゼ一枚を置き、ヘソを中心にしてガーゼの方が腹につくように貼る。ヘソには直径三センチぐらいの紙を貼り、ミソが入らないようにする。ミソの上から熱湯で絞ったタオルを当て、フトン綿を当てて冷えるのを防ぎ、腹帯で縛っておく。普通就寝時に施して、翌朝取り除く。これを何日間か続ける。

スイマグ（コロイド状水酸化マグネシウム）剤を用いる方法もある。ただし便通があるくらいではだめで、下痢気味にしてそれを一定期間継続すると、宿便が排除される。

スイマグ

標準の飲み方としては、一回量五ＣＣを清水一〇〇ＣＣ（コップ一杯）に薄めて、起床時と就寝前にそれぞれ一回ずつ服用し、翌日スイマグを一回量一〇ＣＣに増量し、三日目は一五ＣＣと、毎日一回量五ＣＣずつ増量して、三〇ＣＣに至

宿便

慶応大学医学部教授川上漸博士著「老衰の原因」（昭和一一年三月二〇日発行）によると、死者一〇〇人中九七・七人の脳髄出血者があり、その中で生前医師の診断のついていたのはわずかに四・七人で、残りの九三人は医師はもちろん、本人も家族もこの脳髄出血を知らない状態であったという。そしてこの一〇〇人中の九七・七人の人の大腸内には、皆宿便を保留していたことを死体解剖の結果が証明している。

更に、ウサギに腸閉塞を人工的に起こさせると、腸内に毒物が生成され、同側の脳に出血する実験も行なっている。これはまた一〇二ページ第37図の身体故障伝達図と一致する。

以上のことから、手相―脳髄―宿便の結びつきが証明され、身体の故障が手相にあらわれることや手相が変わるものであることが判る。

る。水は常に一〇〇ＣＣとし、三〇ＣＣ（一日二回だから計六〇ＣＣ）を五日間持続し、次に二五ＣＣ、二〇ＣＣと毎日減量して、もとの五ＣＣに戻り、四、五日服用を休止して、また前記の方法を繰り返す。そうすれば、四〜六ヵ月で宿便を排除するようになる。排除後は、一週間に一度二〇〜三〇ＣＣを服用して、一週間の糞便を排除すれば、腸内の健康が保てる。

宿便がたまると姿勢が崩れ、筋肉も硬化する。第150図のような五つの動作ができれば、横隔膜以下に故障がないことを証明するもので、これを**自己診断五方法**という。

①のように両脚をまっすぐにして直立し、ひざを曲げないでこぶしを握ったまま床につける。これのできないのは脊髄、胃の故障である。

五方法

①

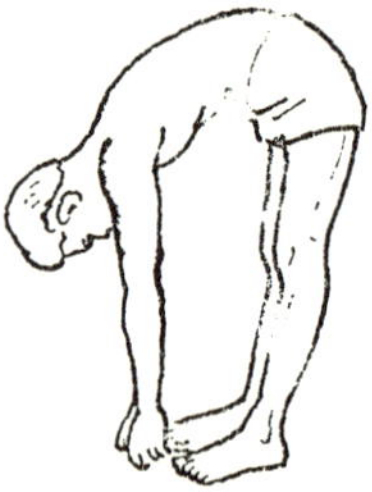

②

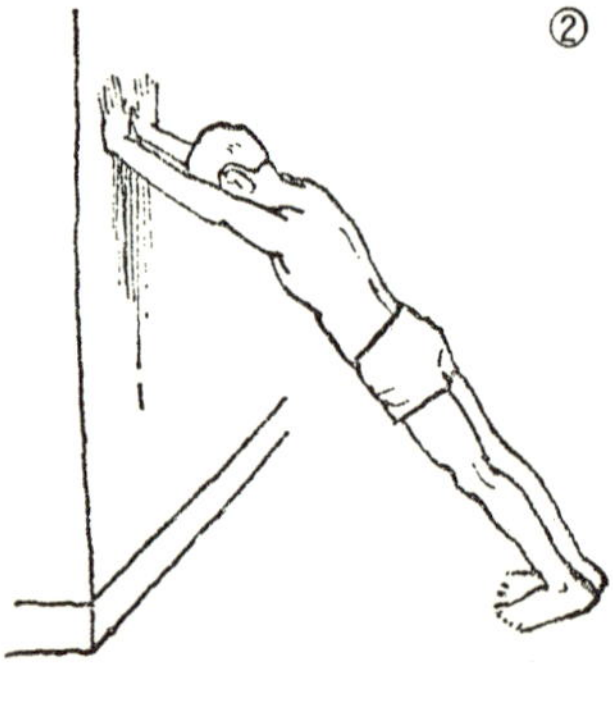

②のように壁か何かにもたれかかり、床面と約三〇度ぐらいの角度に傾斜して、かかとが床面から離れずにできるか。これのできないのは生殖器

自己診断

③

④

⑤

の故障、座骨神経痛である。

③②の反対にして、爪先が床面を離れないでできるか。これのできないのは腎臓の故障である。

④のように仰臥《ぎょうが》し、両手を床面につけながら体をひっくり返して、足の爪先が床面につくか。これのできないのは肝臓の故障である。

⑤図のように正座し、ひざを床面につけたまま離れないで後ろに寝ることができるか。これのできないのは腸、泌尿器の故障である。

以上を練習すれば故障も治癒する。また、この前後に毛*110管運動をするとよい。

やせた人は小腸が短く、小腸に便がたまるので太れず、太った人は小腸が長く、栄養の吸収がよくて太り、大腸に便がたまってお腹が大きくなる。

やせ型の人は、神経反射が敏感迅速であるが継続短く、萎縮性関節炎・咽喉・足の故障・腸の病気・寄生虫・結核・伝染病一般に冒されやすく、肥満型の人は神経反射が遅く、継続長く、動脈硬化症・肥大性関節炎・痛風・慢性腎臓病・胆石・喉頭・肝臓の病気に冒されやすい。

むすび

手相というと運勢と結びつけるのが従来のしきたりであったが、運勢というのも実は健康状態が基礎になっている。健康でなければ、恋愛にも、就職にも、入学にも、金もうけにも成功しない。

手相の形成は胎児期の発育に関係し、胎児が拳《こぶし》をしっかり握れるようだと、よい手相ができるが、握れないと線が乱れる。これは子宮内の胎児の体位が正常かどうかに左右されるものである。

健康は皮膚・食物・四肢・精神の四つの要素により成り立ち、手相はこれを示す。手相は時々刻々変化していて、また変えられるものである。皮膚は弾力性があって桜色をしているのが健康の証拠であるが、内臓の故障は敏感に皮膚にあらわれる。皮膚を丈夫にする方法には温冷浴と裸療法がある。

食物については、腹八分目が第一で、酸性・アルカリ性の問題、ビタミンCの不足がないかを注意しないといけない。また、朝食を廃止し、生水・生野菜を摂るよう心がけることが肝要である。

江戸時代の相法の大家、水野南北は、「南北相法」十巻の他に「南北相法修身録」四巻を遺している。後者には、富貴長命の相も貧窮短命の相も、運勢の吉凶も、すべて食養の正不正によって定まること、粗食少食の徳を説いている。

朝、目がさめたとき、拳を握って見て、手に力が入らないのは過食で、手の線もぼやける。四肢については、毛管運動を朝夕行ない、手足が自由に動くようにしなければならない。手足が自由に動き、握力の強い人は内臓も丈夫である。

精神は肉体と表裏一体の関係にあり、お互いに影響し合っている。自分で正しく心がけるようにすると手相もよくなり（自己暗示）、手相を良い方に変える努力をすれば、精神状態も良くなる。病人ほど利己主義なものはなく、一方、他人のことを考えている人は病気をする暇もない。いかなる宗教も、自分を捨てて他人のために尽くすことを教える。自分を忘れれば、病気も悩みも生じない。

生命線……………………………15
赤痢………………………………91
性能不能…………………… 190
性病……………………………188
喘息………………………………85
前立腺肥大症……………………93

タ　行

太陽丘……………………………23
太陽線……………………………88
打撃縁(線)………………………23
胆石………………………………89
胆のう炎………………… 89,94
チアノーゼ………… 59,82,108
虫垂炎……………………………89
腸チフス…………………………93
腸閉塞……………………………90
テタニー…………………………94
てんかん……………………94,172
透視線……………………………42
糖尿病……………………92,138
動脈瘤………………………… 111
倒立法………………………… 167
土星丘……………………………23

ナ　行

生野菜食……………………… 119
尿崩症……………………………92
尿毒症……………………… 93,95
尿路結石…………………… 90,91
尿路腫瘍…………………………91
熱病…………………………… 144
脳溢血……………………… 86,96
脳炎…………………………87,93,95
脳腫瘍……………………………95

ハ　行

肺炎…………………………82,84,94
肺ガン……………………………85
肺結核…………………… 84,94,151
背腹運動……………………… 168
破傷風……………………………95
裸着法………………………… 154
白血病……………………………94
ビタミンC補給法…… 128,147
ヒポクラテスの爪 108,152,153
平床寝台…………………………78
腹水症……………………………84
婦人病………………………… 182
便秘………………………………86
扁桃炎……………………………93
膀胱炎……………………… 91,93
膀胱結核…………………………93
母指球……………………………86

マ・ヤ　行

慢性腸炎…………………………91
慢性扁桃炎………………………94
ミソ湿布……………………… 194
毛管運動……………………… 110
木星丘……………………………23
野菊粥………………………… 143

ラ　行

リウマチ……………………… 140
緑内障……………………………87
肋膜炎……………………… 82,88
肋間神経痛………………………88

・**太字**は療法

ア　行

胃潰瘍……………………89, 91
胃ガン……………………91
萎縮腎……………………92
一酸化炭素中毒……………………87
咽喉炎……………………156
インフルエンザ……………………87
運命線……………………20
扇形運動……………………102
温冷浴……………………111

カ　行

下肢柔軟仰臥法……………………172
かぜ……………………84, 94, 156
火星下丘……………………23
火星上丘……………………23
硬枕……………………156
脚気……………………83
合掌合蹠……………………185
からし湿布……………………158
ガン……………………134
感情線……………………18
肝臓病……………………132
肝硬変……………………91
気管支炎……………………85
気管支喘息……………………82
寄生虫症……………………90
脚湯法……………………150
脚絆療法……………………113
急性関節リウマチ……………………93
急性腸炎……………………89, 91
急性肺炎……………………94
急性肋膜炎……………………94
狭心症……………………88
金魚運動……………………127
金星丘……………………23
月丘……………………23
結婚線……………………22
健康線……………………22, 41
高血圧症……………………87
喉頭ガン……………………86
個性線……………………21
股展法……………………192

サ　行

痔……………………113
子癇……………………95
子宮外妊娠……………………90
自己診断五方法……………………196
十二指腸潰瘍……………………89, 91
宿便……………………194, 195
上下運動……………………103
静脈瘤……………………112
視力障害……………………169
腎盂炎……………………93
心筋硬塞……………………88
心臓病……………………82, 83, 104
腎臓結核……………………92, 93
腎臓結石……………………90
腎臓病……………………83, 115
水星丘……………………23
スイマグ……………………195
膵臓壊死……………………89
頭脳線……………………19
髄膜炎……………………87
勢威線……………………178
精神病……………………176

樫尾 太郎（かしお たろう）
1918年（大正７）新潟県生まれ。
1942年　東京大学医学部卒。医学博士。
内科専攻。元名古屋商科大学講師。
著書　「君も秀才になれる」「近眼治療法」
「保健治病の手引き」「顔による診断と治療」など多数。
訳書　「生野菜汁療法」
「いたみ」

〔お願い〕
著者樫尾太郎先生は1996年(平成８年)12月ご逝去されました。申し訳ございませんが、本書の内容に対するご質問につきましてはご遠慮させて頂きます。(株式会社東洋書院編集部)

【復刻版】ズバリ！異常が分かる 手相による病気診断法

２０１８年６月28日　初刷発行

定　価――本体１、６６７円＋税
著　者――樫尾太郎
発行者――斎藤　勝己
発行所――株式会社東洋書院
〒１６０－０００３
東京都新宿区四谷本塩町15―８―８Ｆ
電　話　０３－３３５３－７５７９
ＦＡＸ　０３－３３５８－７４５８
http://www.toyoshoin.com
印刷所――株式会社平河工業社
製本所――株式会社難波製本

ISBN978－4－88594－518－2